MULHERES PROFISSIONAIS E SUAS CARREIRAS SEM CENSURA

Colaboradores

Adélia Marina de Campos Cursino
Alexandre de Pádua Carrieri
Allan Claudius Queiroz Barbosa
Ana Paula Diniz
Antonio Carvalho Neto
Betania Tanure
Carolina Maria Mota Santos
Fernanda Versiani
Heliani Berlato dos Santos
Janete Lara de Oliveira
Juliana Oliveira Andrade
Nuni Vieira Jorgensen
Paula Furbino Bretas
Raquel Alves Furtado
Raquel Santos Soares Menezes
Tatiana de Almeida Xavier

Juliana Oliveira **Andrade**
Antonio **Carvalho Neto**
Organizadores

Mulheres Profissionais e suas Carreiras sem Censura

Estudos sob diferentes abordagens

SÃO PAULO
EDITORA ATLAS S.A. – 2015

Capa: Zenário A. de Oliveira
Composição: Luciano Bernardino de Assis

Dados Internacionais de Catalogação na Publicação (CIP)
(Câmara Brasileira do Livro, SP, Brasil)

Mulheres profissionais e suas carreiras sem censura : estudos sob diferentes abordagens / Juliana Oliveira Andrade, Antonio Carvalho Neto (organizadores) – São Paulo: Atlas, 2015.

Bibliografia.
ISBN 978-85-224-9670-9
ISBN 978-85-224-9671-6 (PDF)

1. Carreira profissional 2. Mercado de trabalho 3. Mulheres – Comportamento 4. Mulheres nas profissões 5. Sucesso profissional 6. Organizações – Administração I. Andrade, Juliana Oliveira. II. Carvalho Neto, Antonio.

14-12506
CDD-650.1082

Índice para catálogo sistemático:

1. Mulheres : Carreira profissional : Administração 650.1082

Depósito legal na Biblioteca Nacional conforme Lei nº 10.994, de 14 de dezembro de 2004.

Impresso no Brasil/*Printed in Brazil*

Editora Atlas S.A.
Rua Conselheiro Nébias, 1384
Campos Elísios
01203 904 São Paulo SP
011 3357 9144
atlas.com.br

"Por que não houve uma produção contínua
de escrita feita por mulheres antes do século XVIII?
[...] A resposta atualmente está fechada
em velhos diários, afundada em velhas gavetas,
meio apagada na memória dos antigos.
É para ser encontrada nas vidas obscuras –
nesses corredores quase sem luz da história
onde figuras de gerações de mulheres são
tão indistintas, tão instavelmente percebidas.
Porque sobre as mulheres muito pouco se sabe."

Virginia Woolf
O valor do riso e outros ensaios
Cosac Naify, 2014, p. 270-271.

SUMÁRIO

SOBRE OS ORGANIZADORES

Juliana Oliveira Andrade

Doutora em Administração, professora associada da Fundação Dom Cabral, pesquisadora do Núcleo de Estudos em Recursos Humanos e Relações de Trabalho (NERHURT) do Programa de Pós-Graduação da PUC-Minas. Sócia da Rede Aptta, consultoria voltada à orientação e recolocação de carreiras para mulheres profissionais. Autora de livro, capítulos de livros e artigos na área da gestão de pessoas.

Antonio Carvalho Neto

É doutor em Administração, pesquisador do CNPq, professor permanente e coordenador do Núcleo de Estudos em Recursos Humanos e Relações de Trabalho (NERHURT) do Programa de Pós-Graduação da PUC-Minas. Autor de 10 livros e outros 33 capítulos de livros sobre essas áreas, além de 53 artigos, publicados em revistas científicas no Brasil, Argentina, Estados Unidos, Canadá, Alemanha, França e Portugal.

SOBRE OS AUTORES

Adélia Marina de Campos Cursino
Mestre em Administração pela PUC-Minas (2013). Pós-graduada em Gestão Estratégica de Negócios e Marketing pela Fundação Getulio Vargas (2004). Graduada em Administração pela Universidade Federal de São João Del-Rei (2001) e graduada em Ciências Contábeis pela Fundação Educacional Monsenhor Messias (2005). Professora do CEFET e funcionária da Empresa Brasileira de Correios e Telégrafos.

Alexandre de Pádua Carrieri
Doutor em Administração, bolsista de produtividade do CNPq, professor titular da UFMG. Coordenador do NEOS – Núcleo de Estudos Organizacionais e Sociedade do CEPEAD – Centro de Estudos e Pesquisas em Administração da UFMG. Já publicou oito livros sobre temas de Estudos Organizacionais e Sociedade.

Allan Claudius Queiroz Barbosa
Professor associado do UFMG. Pós-doutor pelo ISEG/Universidade de Lisboa e Estudos em Competência pela OIT/Itália. Doutor em Administração pela USP. Professor afiliado da Universidade do Porto. Coordenador do Núcleo Interdisciplinar sobre Gestão em Organizações (Não) Empresariais (Nig.One) do Observatório de Recursos Humanos em Saúde da FACE/UFMG.

Ana Paula Diniz
Mestre em Administração pelo CEPEAD/UFMG. Atua nas linhas de pesquisa em Estudos Organizacionais e Simbolismo e Relações de Poder e de Trabalho.

Antonio Carvalho Neto
Doutor em Administração, bolsista de produtividade do CNPq, professor permanente do PPGA – Programa de Pós-Graduação em Administração da PUC-Minas. Coordenador do NERHURT – Núcleo de Estudos em Recursos Humanos e Relações de Trabalho – da PPGA da PUC-Minas. Já publicou nove livros sobre temas de Recursos Humanos e Relações de Trabalho.

Betania Tanure
Ph.D. pela Brunel University. Professora do PPGA da PUC-Minas e professora convidada do Insead. É consultora em empresas nacionais e multinacionais. Membro do Conselho de Administração de Empresas. Autora de vários livros e artigos no Brasil e no exterior.

Carolina Maria Mota Santos
Psicóloga. Doutora em Administração pelo PPGA da PUC-Minas. Professora da graduação do curso de Psicologia da PUC-Minas e da especialização em Administração do IEC da PUC-Minas. Autora de artigos em revistas especializadas.

Fernanda Versiani
Mestranda em Administração pelo PPGA - Programa de Pós-Graduação da PUC-Minas. Bolsista do CAPES e membro do NERHURT - Núcleo de Estudos em Recursos Humanos e Relações de Trabalho - do PPGA da PUC-Minas.

Heliani Berlato dos Santos
Professora no Departamento de Economia, Administração e Sociologia da USP, *campus* Luiz de Queiroz. Doutora em Administração pela FEA/USP. Tem experiência em cursos *in company* e MBAs. Participa em atividades de pesquisa e de consultoria para organismos nacionais na área de Gestão de Pessoas e Carreira.

Janete Lara de Oliveira
Professora adjunta do Departamento de Ciências Administrativas da UFMG. Coordenou o Programa de Pós-Graduação em Administração e o Centro de Pós-Graduação e Pesquisas em Administração (CEPEAD) no período 2009-2013. Doutora em Administração pela UFMG. É bolsista de produtividade do CNPq; editou o periódico *GES - Gestão e Sociedade* no período 2009-2013.

Juliana Oliveira Andrade
Doutora em Administração pelo CEPEAD - Centro de Estudos e Pesquisas em Administração - da UFMG. Professora associada da Fundação Dom Cabral. É sócia-proprietária da Rede Aptta, consultoria voltada à orientação e recolocação de carreiras para mulheres profissionais. Membro do NERHURT.

Nuni Vieira Jorgensen
Graduada em Relações Internacionais pela PUC-Minas, com experiência principal em gênero e mobilidade humana, tendo atuado em organismos das Nações Unidas sobre o tema. Foi bolsista CNPq pela PUC-Minas na área de Administração. Trabalhou na assessoria internacional do SEBRAE.

Paula Furbino Bretas
Mestranda em Administração pelo CEPEAD/UFMG. Membro do NEOS - Núcleo de Estudos Organizacionais e Sociedade do CEPEAD da UFMG. Tem experiência em pesquisa nas áreas de Comunicação e Administração.

Raquel Alves Furtado
Coach Executiva e de Carreira. Doutora e mestre em Administração, pós-graduada em RH, Mastery em Gestão de Mudança. Certificada pelo ICI, The Coaching Clinic® e Leadership Practice Inventory®. Professora e pesquisadora da PUC-Minas nas áreas de recursos humanos, *coaching*, liderança, comunicação e cultura organizacional <www.coachraquelfurtado.com>.

Raquel Santos Soares Menezes
Professora na Universidade Federal de Viçosa, *campus* de Rio Paranaíba. Doutora em Administração pela UFMG. Coordenadora do NEGEST - Núcleo de Estudos em Gestão, Sociedade e Trabalho, que realiza pesquisas e consultoria em gestão de pessoas para pequenas e médias empresas.

Tatiana de Almeida Xavier
Especialista em Estatística, mestre em Administração pelo PPGA da PUC-Minas, membro do NERHURT - Núcleo de Estudos em Recursos Humanos e Relações de Trabalho - do PPGA da PUC-Minas. Analista financeira. Professora convidada da PUC-Minas.

AGRADECIMENTOS

Agradecemos, em nosso nome e em nome de todas as autoras e autores, à CAPES, ao CNPq e à FAPEMIG, que nos proporcionaram diversos tipos de apoio, seja em forma de bolsas de iniciação científica, de mestrado, de doutorado ou de financiamento aos projetos de pesquisa e aos grupos de pesquisa dos quais fazemos parte em nossas universidades. Tal apoio foi imprescindível para a realização das diversas pesquisas cujos resultados são apresentados e discutidos neste livro.

Agradecemos o apoio institucional da PUC-Minas, da UFMG, da USP e da FDC, onde todos nós estudamos e/ou trabalhamos.

Agradecemos às centenas de mulheres que nos receberam, se dispondo a serem entrevistadas, cedendo generosamente parte de seu precioso tempo para falar conosco sobre suas conquistas, seus desafios, suas expectativas, suas esperanças.

Os organizadores.

INTRODUÇÃO

A temática da mulher é discutida pelo senso comum, mas ainda de forma bastante superficial e repleta de clichês que reforçam estereótipos e pouco contribuem para que as mulheres alcancem de fato o espaço que merecem.

Este livro trata das trajetórias de mulheres profissionais a partir de um ângulo raro na literatura: em seus capítulos contempla abordagens bastante diversas, o que proporciona ao leitor, seja ele acadêmico ou profissional de mercado, uma visão de pesquisas realizadas com todo rigor científico, obedecendo a variadas orientações epistemológicas. Ou seja, aqui o leitor encontrará tanto concepções mais críticas quanto visões mais pragmáticas, mais interpretativas.

Resolvemos construir este livro com o objetivo de reunir e propagar diversos e significativos estudos acadêmicos, frutos de vários grupos de pesquisa de importantes centros acadêmicos do país que originaram teses de doutorado e dissertações de mestrado sobre essa temática.

Organizamos a obra em três grandes temas, partindo do olhar de fora para dentro do ambiente organizacional: O contexto da mulher profissional: ontem e hoje; A mulher profissional na sociedade e, por fim, A mulher profissional na organização.

No Capítulo 1, os autores Carolina Maria Mota Santos, Betania Tanure e Antonio Carvalho Neto tratam dos desafios, medos, sucessos e conquistas da mulher, incluindo análise de dados do mercado de trabalho brasileiro. Para isso, discutem o percurso do trabalho feminino começando pelo período colonial, época em que a grande maioria das mulheres tinha como papel na sociedade ser fundamentalmente mãe e esposa. No final do século XIX, com o surgimento das primeiras escolas normais no Brasil, surge outra possibilidade: o magistério. De 1950 até os anos 1980, ela deixa de atuar como força de trabalho secundária e passa a conquistar empregos mais qualificados. Hoje, muito mais presentes em todas as áreas do mercado de trabalho, as mulheres continuam sendo responsáveis pelo lar, além da carreira. Em busca de conciliar tempo para a dupla jornada de trabalho, enfrentam desafios que são explorados ao longo do estudo.

No Capítulo 2, Juliana Oliveira Andrade e Allan Claudius Queiroz Barbosa tratam sobre elementos do contexto do emprego e do mercado de trabalho que influenciam a carreira da mulher profissional. No contexto atual do emprego, do mercado de trabalho e das mudanças nas organizações e na gestão de recursos humanos, discutem as implicações da legislação trabalhista, da flexibilidade da jornada e do contrato de trabalho para as carreiras das mulheres profissionais. Apresentando uma pesquisa descritiva realizada em duas etapas (com cinco grupos de foco; e um *survey* com a participação de 694 mulheres profissionais), os autores descrevem esses elementos do contexto e como eles se configuram na contemporaneidade.

No Capítulo 3, Raquel Santos Soares Menezes e Janete Lara de Oliveira abordam três variáveis de significado para a mulher profissional: o trabalho, o corpo e a dominação. Analisam como as mulheres que atuam como gestoras constroem suas identidades de gênero femininas e, ao mesmo tempo, ocupam um lugar social historicamente construído em termos masculinos. Para articular conceitos tão amplos – gênero, feminilidades, subjetividades e trabalho –, utilizam-se da análise de discurso como técnica de pesquisa e de análise, entrevistando 26 mulheres gestoras.

No Capítulo 4, novamente Raquel Santos Soares Menezes e Janete Lara de Oliveira discutem, na perspectiva da mulher profissional, o paradoxo de ser feminina ou ser executiva. Considerando o incontestável aumento de mulheres que buscam algum tipo de ocupação profissional, chegando inclusive aos postos mais altos das organizações, a questão do gênero e trabalho passa a ser abordada com mais frequência em três anos da revista *Cláudia*, segmentada para o público feminino. Essas publicações constituem um recorte significativo sobre como são tratadas as feminilidades de mulheres que atuam no campo dos negócios. As autoras concluem que tais revistas exercem o papel de propor a identificação das mulheres, enfatizando representações do feminino, influenciando, assim, a produção das subjetividades sobre o ser feminina e/ou executiva.

No Capítulo 5, Ana Paula Diniz apresenta também a mulher nos negócios, presente nos discursos da revista *Exame*. Em sua análise, objetiva compreender como discursos gerenciais-administrativos representam atributos entendidos como femininos. A questão que se coloca é a de que, no discurso gerencial, características social e historicamente naturalizadas como femininas são apropriadas como recursos a serem gerenciados para alcance de melhores resultados. Tal apropriação, na visão da autora, reforça e reifica estereótipos de gênero, criando uma clivagem entre as mulheres, diferenciando aquelas que são aceitas nas organizações das "outras". Para desenvolvimento do estudo, a autora se voltou para a análise de textos midiáticos com foco na revista de negócios *Exame*.

No Capítulo 6, os autores Raquel Alves Furtado, Alexandre de Pádua Carrieri, Nuni Vieira Jorgensen e Paula Furbino Bretas se aprofundam nas percepções de múltiplos *stakeholders* sobre a mulher profissional. Buscam compreender a percepção da imagem da mulher gestora no contexto histórico de uma grande empresa majoritariamente masculina. Para isso, consideram a construção de espaços sociais determinados e hierarquizados baseados nas diferenças de sexo e gênero caracterizados por uma valorização do masculino em detrimento do feminino e o conjunto de práticas cotidianas, as quais vivificam e perpetuam diariamente essas distinções e desigualdades.

No Capítulo 7, Juliana Oliveira Andrade e Allan Claudius Queiroz Barbosa tratam mais objetivamente dos instrumentos, políticas e práticas de Recursos Humanos, com foco nas carreiras de mulheres profissionais. Esses instrumentos, práticas e políticas de carreira vêm sendo discutidos na literatura como sugestão para serem implementados nas organizações, buscando minimizar o conflito entre as demandas, muitas vezes conflitantes, da mulher e da empresa. Buscando aprofundar nesses movimentos e subsidiar a gestão de recursos humanos das organizações na elaboração de políticas e práticas mais adequadas às mulheres profissionais, foi realizada uma ampla pesquisa descritiva contendo a percepção de 694 mulheres profissionais sobre essas ações.

No Capítulo 8, Adélia Marina de Campos Cursino e Antonio Carvalho Neto discutem o estilo de gestão da mulher executiva na visão feminina e na masculina. O tema do gênero é abordado como direcionador na análise das características de gestão da mulher executiva brasileira. Trata das mulheres executivas brasileiras, categoria importante no contexto de inserção mundial da mulher no mercado de trabalho. Os autores estudaram a percepção de 21 executivas e 24 executivos sobre o estilo de gestão das mulheres executivas, considerando se esse estilo conteria características "femininas" ou incluiria traços "masculinos".

No Capítulo 9, Carolina Maria Mota Santos, Betania Tanure e Antonio Carvalho Neto tratam de fatores pessoais que interferem no crescimento de 47 executivas de grandes organizações. Discutem a tentativa de conciliação entre vida pessoal e carreira das mulheres que conseguiram chegar ao topo das grandes organizações situadas no Brasil. Além disso, analisam a mudança de significado do trabalho para essas mulheres, pois, apesar de todo o cansaço e demandas, a carreira é motivo de muita realização. Aprofundam em alguns aspectos: as três jornadas de trabalho (consideradas como as atividades extraempresa); o sentimento de culpa (na relação com a família); a realização no trabalho; o que fariam se pudessem viver novamente.

No Capítulo 10, Tatiana de Almeida Xavier, Antonio Carvalho Neto e Fernanda Versiani tratam do difícil equilíbrio entre trabalho e família de mulheres profissionais. Apresentam o resultado de uma pesquisa que objetivou classificar a percepção das executivas sobre a possibilidade de conciliação de sua carreira com a vida pessoal, segundo tipologia proposta por Belle (1994), de acordo com a faixa etária. A percepção das mulheres (30 executivas de alto escalão) foi analisada separadamente de acordo com as idades entre 30 a 39 anos; 40 a 49 anos e 50 a 60 anos, por se acreditar que há mudanças na vida profissional e na vida pessoal durante a passagem de cada ciclo que causam diferentes impactos.

Por fim, o Capítulo 11, de autoria de Heliani Berlato dos Santos, trata da temática da *Dual Career*, abordando os fatores determinantes que constituem o fenômeno no contexto brasileiro. Traz como tema central estudar as relações de gênero, dando enfoque ao movimento conhecido na literatura internacional como *dual career* e entendido no Brasil como a carreira do casal, ou seja, em função do protagonismo da mulher dentro do contexto da família. A pesquisa foi feita com casais. Foram entrevistados separadamente cada cônjuge, num total de 361 pessoas.

Sem a pretensão de esgotarmos temática tão vasta, complexa e relevante, esperamos que a obra contribua para maior compreensão desse movimento da profissionalização das mulheres e que enseje novos caminhos que tragam mais equilíbrio e satisfação para a vida de mulheres e maior compreensão dos homens sobre o seu papel nesse novo contexto.

Boa leitura!

1

O PERCURSO DO TRABALHO FEMININO NO BRASIL: VESTÍGIOS DOS PRIMÓRDIOS NO PRESENTE

Carolina Maria Mota Santos

Betania Tanure

Antonio Carvalho Neto

Para falar sobre os desafios, medos, sucessos e conquistas da mulher atual é necessário entender a história da mulher no Brasil. Este capítulo pretende discutir o percurso do trabalho feminino começando pelo período colonial, época em que a grande maioria das mulheres tinham como papel na sociedade ser mãe e esposa. No final do século XIX, com o surgimento das primeiras escolas normais no Brasil, surge uma outra possibilidade: o magistério. De 1950 até os anos 1980, ela deixa de atuar como força de trabalho secundária e passa a conquistar empregos mais qualificados. Hoje, ainda mais presentes no mercado de trabalho, as mulheres estão voltadas para o lar e para a carreira, em busca de conciliar tempo para a dupla jornada de trabalho.

1 Período colonial: o lugar da mulher na família patriarcal brasileira

A família é uma instituição social que reflete a estrutura política e econômica de uma sociedade, mas também atua na formação e organização desta, pois a partir do convívio familiar as pessoas se constituem enquanto sujeitos e cidadãos. Algumas considerações sobre a história da família brasileira serão tratadas aqui, pois apontam valores atribuídos às mulheres, aos cuidados infantis e ao trabalho feminino (CASEY, 1992; ALMEIDA, 2007).

Se, por um lado, falar da família brasileira é buscar entender a mulher brasileira, o inverso também é verdadeiro, pois "[...] para se falar do Brasil de modo global fala-se melhor utilizando-se da imagem de uma mulher [...]" (DaMATTA, 1991, p. 137). Para o autor, fala-se do Brasil ao falar de Dona Flor, Gabriela, Iracema, Capitu e de muitas Marias, Dolores e Marinas que estão nas músicas e nos versos brasileiros.

Foi apenas com o início do cultivo da terra que a família começou a ganhar importância no Brasil. Entretanto, a organização patriarcal não se restringia apenas à família, mas dava conta da política e da economia latifundiária e monocultora. O *pater familias* autoritário dominava tudo: a economia, seus parentes, filhos e sua esposa submissa (ROCHA-COUTINHO, 1994).

A exploração da mulher pelo homem foi uma característica do regime patriarcal, que dominou longo tempo no Brasil, ocorrendo também uma extrema diferenciação dos sexos. Ele, o sexo forte, ela o fraco. Ele o nobre, ela o belo (FREYRE, 2004).

A permanência da mulher no interior da casa, junto a seus filhos, familiares, agregados e escravos era uma característica da classe dominante do período colonial brasileiro. Diante destes dois papéis únicos (mãe e esposa), a mulher vivenciava uma situação de dependência absoluta. Primeiro com relação ao pai e, depois, ao marido. Esse enclausuramento era reforçado pelo fato de ela não ter a necessidade de se ausentar de casa para obter o que necessitava. Tudo era entregue em domicílio pelas lojas, mascates e quitandeiras (ROCHA-COUTINHO, 1994; CARDOSO, 1980). Se as casas no Brasil possuem serviçais que, em certo sentido, lhes pertencem, não é estranho verificar que a mulher (mãe e esposa) também pertença a esse núcleo em uma situação de submissão e de dependência.

Quando falamos de "casa", não estamos nos referindo simplesmente a um local onde dormimos, comemos e usamos para abrigo. É uma rede complexa de símbolos e com limites bem definidos. A casa e a rua são modos de ler e falar do Brasil, não são apenas espaços geográficos. Se a mulher é da rua, ela é vista e tratada de um modo. Se ela é de casa, o tratamento é outro (DaMATTA, 1986; 1991). A mulher da casa não possui a liberdade da mulher da rua. Além disso, é vista como parte da casa, precisando estar "segura".

Enquanto o feminino se infantiliza, a partir do momento em que as mulheres são relegadas à parte subalterna da sociedade que deve ficar confinada em um espaço restrito e controlado, os homens se definem pelos atributos e finalidades de um adulto: são chefes, guerreiros, caçadores. Produzem as regras e os valores que fundam a cultura e a sociedade (OLIVEIRA, 1992).

No sistema patriarcal, o homem possui todas as oportunidades de iniciativa e contatos diversos, limitando as oportunidades da mulher ao serviço e às artes domésticas e contato com os filhos. A extrema diferenciação do sexo feminino em "belo sexo" e "sexo frágil" faz da mulher um ser artificial, serva do marido (FREYRE, 2004).

Mas esse estereótipo de mulher pura e protegida não era válido para todas as famílias. Seu comportamento variava de acordo com a situação do casamento ou da falta dele e com a classe social. As mulheres de baixo poder aquisitivo, apesar de terem maior liberdade, trabalhavam de forma árdua. Algumas de classe mais alta, como as viúvas que dirigiam fazendas, também trabalhavam (ROCHA-COUTINHO, 1994). Havia também senhoras de engenho (FREYRE, 2004). Muitas eram ativas, participaram de conflitos e reações contra a política colonial. Nos ciclos do ouro dos séculos XVII e XVIII, por exemplo, circulavam e misturaram-se aos homens, animais e mercadorias que cruzavam a colônia de norte a sul (DEL PRIORE, 1992).

Corroborando os autores acima, Del Priore (1992) coloca que erroneamente estende-se para todo o Brasil a realidade apresentada por Gilberto Freyre da família patriarcal no Nordeste da colônia. O retrato da mãe no Nordeste é o da jovem matrona desgastada pelas inúmeras gestações, os partos a partir dos 14 anos, a falta de exercícios e a reclusão ociosa (DEL PRIORE, 1992). Ou seja, aparece aqui apenas o papel de mãe e esposa.

Mas não era assim para muitos autores. A vida da mulher e sua inserção na sociedade aproximavam-se mais da condição masculina do que os estudos históricos pressupunham. Além de uma participação ativa na administração da casa, a mulher se encarregava do tratamento dos doentes, da educação das crianças e da fiscalização dos escravos (COSTA, 2002). Não só as mulheres índias, mas também a mulher do senhor tinham um papel importante na organização da atividade agrícola, uma vez que os homens tinham constantes viagens pelo sertão (CALDEIRA, 1999).

Neder (2002) também afirma que a família tradicional patriarcal, que foi tema da obra seminal *Casa-grande & senzala,* de Gilberto Freyre, apresenta diferenciações sobre o perfil da mulher. No Nordeste, a sinhazinha, como era chamada a mulher da família patriarcal, tinha o perfil relacionado à docilidade e passividade, com atividades voltadas mais para o interior da casa-grande. Já no Sul, as bandeirantes eram convocadas a administrar fazendas e a controlar a escravaria na ausência do homem. Dado o caráter militar e estratégico da colonização do Sul, deu-se essa diferença (NEDER, 2002).

Comparando essa situação com outras regiões do mundo, em tempos de guerra, as mulheres também fazem tarefas masculinas e, assim, invadem espaços que antes não ocupavam. Dirigem bondes, táxis, entram em usinas, ajustam peças. Mas, quando a guerra acaba, elas sofrem pressões para voltar ao lar, colocado como ideal e como um dever (PERROT, 1998).

Na colônia, havia mulheres mergulhadas em ofícios variados e no trabalho exaustivo que lhes assegurava a sobrevivência (DEL PRIORE, 1992). Entretanto, apesar desses exemplos, em geral não houve muita alteração no papel da mulher mãe e esposa na sociedade patriarcal brasileira (ROCHA-COUTINHO, 1994).

Em decorrência da educação das crianças, somaram-se à esses dois papéis o dever da atenção aos idosos e doentes e a conservação de valores afetivos, familiares e tudo que está relacionado ao relacionamento privado (JABLONSKI, 1998). É da sociedade patriarcal que o homem surge como o principal ganha-pão familiar e a mulher como seu principal e natural campo de atividade: reprodutora da família (PENA, 1981).

Mas a dependência e a submissão não aconteciam somente no interior das casas. O discurso moralista que a Igreja e o Estado tinham sobre suas vidas mostra como essas duas instituições buscavam enaltecer a mulher para melhor submetê-la. "Ao modelo de desordem sensual que representam, impõe-se a necessidade de recato que as feche, enclausuradas, em casa, e onde tenham por tarefa a instrução cristã dos filhos" (DEL PRIORE, 1992, p. 59). Assim se mantém a dominação masculina: apoiada na religião e na lei.

Ainda sobre a religião, verifica-se que o papel de mãe como um dos mais importantes da mulher brasileira é reforçado também no culto místico da mãe no Brasil, identificada com pessoas ou instituições santificadas, como a Virgem Maria e a Igreja como protetora (ROCHA-COUTINHO, 1994; BERTOLINI, 2002). Por um lado, é vista como mãe "pura e santa"; de outro lado, constata-se uma imagem da mulher associada à sensualidade que necessita de privação.

Com a chegada da corte portuguesa no Brasil, acrescenta-se outra função às mulheres de classe alta, que passam a ser colaboradoras e incentivadoras dos homens. São as responsáveis pelo sucesso não apenas dos filhos, mas também do marido (ROCHA-COUTINHO, 1994). A ideia de "por trás de um grande homem sempre há uma grande mulher" toma mais corpo. Essa nova função que aparece aqui com a chegada da corte portuguesa se mantém com a organização da chamada nova família, modernizando assim as concepções sobre o lugar da mulher nos alicerces da moral familiar e social. Ao contrário da família tradicional, a nova mulher deveria ser educada para desempenhar o papel de educadora e de suporte do homem para que este pudesse enfrentar a labuta do trabalho fora de casa (NEDER, 2002; FRIEDAN, 1971). Aí está então o perfil da mulher-suporte.

A educação feminina se torna diferente da masculina desde o Brasil Colônia. Pelo fato de ser destinado às mulheres o papel de mãe e esposa, a educação formal das meninas permanece atrasada com relação à dos meninos por um longo tempo. Com o objetivo do casamento, a mulher era tirada da escola aos 13 ou 14 anos (ROCHA--COUTINHO, 1994). A educação das meninas tinha o objetivo de aprimorar as duas funções primordiais da mulher: guardiã da economia doméstica e mentora dos filhos. Elas aprendiam a bordar, ler, escrever e principalmente "exercitavam-se numa arte difícil e absolutamente necessária à sua condição feminina: a arte de prender seus maridos e filhos" (SILVA, 1981, p. 77).

A famosa frase de Engels: "Na família, o homem é o burguês e a mulher representa o proletariado" (ENGELS, 1995, p. 80) mostra a diferença entre os sexos: é papel do homem ganhar os meios de alimentar a família, o que lhe dá posição dominadora (ENGELS, 1995; CARDOSO, 1980). Para Engels (1995), com a família patriarcal, monogâmica e individual, a mulher converteu-se em primeira criada, sem tomar parte na produção social.

A família, que é o âmbito primário da reprodução social, torna-se também reprodutora da desigualdade (SARACENO, 1995). O fato de a mulher pertencer à unidade familiar pelo casamento e pela responsabilidade de gerar filhos (para a família e para o marido) constitui a "causa" da incapacidade desta ser cidadã. Reconhecê-la como autônoma e cidadã é tirar as bases da unidade da família, introduzindo a possibilidade de conflito. Portanto, "a exclusão das mulheres tem raízes culturais profundas, ainda não destruídas, que se apoiam no conceito de unidade familiar [...]" (CAMARA; CAPPELLIN, 1998, p. 344).

2 Final do século XIX: a professora à espera de um casamento...

Apenas no final do século XIX, surgem as primeiras escolas normais no Brasil, para preparar as moças para o magistério, a única profissão "aceitável" pela sociedade para mulheres de classe média e alta. Além do magistério, os conventos e casas de reclusão passam a ser uma nova "possibilidade" para as solteiras (ROCHA-COUTINHO, 1994).

Sempre que havia a possibilidade de um casamento, a vida profissional, quando existia, era abandonada. O casamento na verdade era quase a única possibilidade de "carreira" aberta à mulher. Permanecer solteira era financeiramente inviável e ocasionava um desprestígio social (ROCHA-COUTINHO, 1994).

Até o final do século XIX, as mulheres trabalhavam quase exclusivamente em casa ou nos negócios da família. O espaço social da mulher estava restrito ao círculo familiar. Com as necessidades de mão de obra da industrialização no século XIX aumentou a demanda de mulheres solteiras de famílias mais humildes para trabalhar nas fábricas. Além dessas atividades, elas começaram a trabalhar no comércio e nos escritórios (ROCHA-COUTINHO, 1994; BERTOLINI, 2002). Mas, apesar do elevado número de trabalhadoras presentes nos primeiros estabelecimentos fabris brasileiros, as mulheres vão sendo expulsas progressivamente das fábricas a partir do momento em que avançam a industrialização e a incorporação da força de trabalho masculina. Além disso, a desqualificação intelectual, o assédio sexual, a discriminação salarial e a intimidação física foram barreiras enfrentadas pelas mulheres para participar do mundo dos negócios nesse período (RAGO, 2001). A opção pelo trabalho da mulher estava relacionada à premência da necessidade econômica e nunca à sua realização profissional.

No mais, aprisionadas dentro dos estreitos limites do espaço da casa ou integradas ao mercado de trabalho criado com as novas manufaturas, as mulheres, no início da Revolução Industrial, continuavam a ocupar um lugar inferior na sociedade. O acesso ao trabalho assalariado não se traduziu em maiores bem-estar e independência. Foi a miséria que as empurrou para as fábricas, obrigadas a desempenhar os trabalhos mais penosos (OLIVEIRA, 1992).

A Revolução Industrial introduz assim uma ruptura no paradigma da diferenciação de mundos, masculinos e femininos, ao dar origem a uma mão de obra feminina, a partir do momento que separa a casa do lugar de trabalho e coloca homens e mulheres a trabalhar nas mesmas máquinas, com as mesmas exigências e mesmos ritmos da produção fabril (OLIVEIRA, 1992).

No início do século XX, pesquisas evidenciam que as mulheres foram progressivamente expulsas e substituídas pela mão de obra masculina. "[...] Enquanto em 1872, as mulheres constituíam 76% da força de trabalho nas fábricas, em 1950 passaram a representar apenas 23%" (RAGO, 2001, p. 582). Mas as trabalhadoras que ajudaram a construir o país não estavam apenas nas fábricas. Estavam no campo, no interior das casas, como empregadas domésticas, lavadeiras, cozinheiras, em escolas, escritórios, lojas, hospitais, asilos, ou ainda circulando pelas ruas como doceiras, vendedoras de cigarros, entre outras atividades. Nas classes média e alta, jovens se tornavam professoras, escritoras, médicas, engenheiras. Aos poucos elas iam ocupando os espaços possíveis de trabalho, mas ainda em guetos femininos (RAGO, 2001; BRUSCHINI; PUPPIN, 2004).

As análises a que Rago (2001) se refere já haviam sido expostas por Cardoso (1980). O primeiro recenseamento brasileiro ocorrido em 1872 mostrou que as mulheres representavam 45,5% da força de trabalho efetiva da Nação, permanecendo próximo deste valor em 1900, 45,3%, reduzindo em 1920 para 15,3%. É apenas com o surto industrial dos anos 1950 que a participação feminina no mercado de trabalho começará novamente a subir (CARDOSO, 1980). Esse crescimento atingiu em 2008 a porcentagem de 47,4% (RAMOS; AGUAS; FURTADO, 2011).

Quadro 1.1 – Recenseamentos brasileiros

Ano do recenseamento brasileiro	Participação das mulheres no mercado de trabalho
1872	45,5%
1900	45,3%
1920	15,3%
1940	15,9%
1970	20,9%
1980	26,6%
1990	35%
2000	44,1%
2008	47,4%

Fonte: Adaptado de Cardoso (1980); IPEA (1996); Guedes e Alves (2004); Ramos; Aguas e Furtado (2011).

Além disso, a Revolução de 1930 foi um marco significativo no processo de urbanização do Brasil, acompanhado também por mudanças de comportamento. O desenvolvimento da vida urbana provocou o enfraquecimento do modelo de família patriarcal rural e diminuiu o sentido de dependência da mulher com relação ao marido. A mulher passa também a exercer tarefas fora do lar. Além disso, a residência na cidade ofereceu à mulher a oportunidade para que ela tomasse consciência dos seus direitos (AZZI, 1993).

A Constituição de 1934 oficializou o direito da mulher na participação política mediante o voto (AZZI, 1993). Entretanto, essa conquista formal em pouco muda seu lugar social de subordinação (OLIVEIRA, 1992).

3 1950 até os anos 1980: de "força de trabalho secundária" até a conquista de empregos mais qualificados

Após um século (anos 1950 e início dos 1960), a sociedade reforçava a ideia do casamento precoce e a vinda dos filhos. O trabalho de casa, pouco prestigiado, isolava a mulher e aumentava a falta de seu poder social. Já o papel de mãe, valor para a época, era importante por ser ela a responsável pelo suprimento dos cuidados físicos e emocionais (ROCHA-COUTINHO, 1994). Em relação ao mercado de trabalho, a mulher participava timidamente como professora primária, trabalho aceito também por ser visto como uma contribuição social da classe burguesa para as classes mais baixas (BERTOLINI, 2002).

Ter uma carreira ainda era inconcebível para a mulher brasileira nos anos 1950 e início dos 1960. A educação era percebida como luxo ou simplesmente para a criação de uma mãe melhor e mulher mais agradável para o marido. Além disso, era inadequado para elas serem superiores em inteligência ou força física a seus maridos. Levada em grande parte pela culpa e vergonha, era dela a responsabilidade por tudo que não ia bem com o marido, casa e filhos (ROCHA-COUTINHO, 1994).

Após a Segunda Guerra Mundial, vários fatores contribuíram para a emancipação da mulher brasileira. Um novo modelo de mulher vigente nos países diretamente afetados pela guerra chegava ao Brasil por meio da literatura e do cinema. Começam na década de 1960 a aparecer fragilidades no rígido modelo patriarcal brasileiro, influenciado pelo movimento feminista norte-americano e pelo liberalismo francês. Era um novo modo de se vestir, um comportamento mais liberado (BERTOLINI, 2002; DUBY; PERROT, 1991c).

Se no Brasil a guerra teve repercussões, nos países diretamente envolvidos a guerra destruiu, por necessidade, as barreiras que opunham trabalhos masculinos e femininos. Para as mulheres, ela não só constituiu uma experiência de liberdade e responsabilidade, pela valorização do trabalho feminino a serviço da pátria e pela abertura de novas oportunidades profissionais, mas porque reacendeu os mitos da mulher salvadora. A enfermeira, por exemplo, mistura de santa e de mãe, é uma das personagens mais louvadas (DUBY; PERROT, 1991c).

Se Bertolini (2002) atesta com razão a influência dos libertários anos 1960, Blay (1975) já argumentava que é falso dizer que a mulher podia decidir quando desejava trabalhar. Na verdade, ela era também conduzida ou impedida de trabalhar dependendo das necessidades do mercado. Outros autores também reforçam o fator econômico como o grande causador do aumento da participação da mulher no mercado de trabalho. A participação feminina no mercado de trabalho brasileiro intensificou-se a partir da década de 1970 com a expansão da economia (crescente urbanização e aceleração do processo industrial). Essa participação progrediu na década de 1980 e na primeira metade dos anos 1990, com o acelerado processo de abertura econômica a partir do governo Collor. O aumento da taxa de participação na força de trabalho das mulheres, concomitante à estabilização das taxas para os homens, concorreu para uma redução do diferencial entre os sexos (LEONE, 2000; SCORZAFAVE, 2001).

A entrada de mulheres no mercado de trabalho e a desvalorização da vida no lar contribuíram para diminuir a fronteira entre o privado e o público, entre o feminino e o masculino. Ao saírem de casa, as mulheres deslocam o desejo de realização para outros planos para além do espaço da família. Há a partir disso uma quebra da identidade feminina, antes centrada na ideia da mulher que se realiza nos afazeres da casa (OLIVEIRA, 1992).

As condições de trabalho estavam se deteriorando a partir dos anos 1980 no Brasil e com isso ocorreu um aumento das taxas de desemprego e diminuição da estabilidade e da remuneração. Logo, em um contexto de maior incerteza, a sobrevivência depende do trabalho de homens e mulheres, ou seja, de um esforço coletivo da família (LEONE, 2000). Cada vez mais, a partir dos anos 1980 no Brasil, com as sucessivas crises econômicas, as mulheres de classe baixa e média foram impulsionadas a entrar no mercado de trabalho. Algumas pesquisas citadas a seguir mostram essa situação.

Em estudo relativo à região metropolitana de São Paulo, realizado na metade da década de 1990, Silva (1995) buscou vincular a participação da mulher na atividade econômica e sua contribuição para a renda familiar em diferentes situações familiares. A contribuição do trabalho feminino na renda familiar ajuda a retirar famílias de situação de extrema pobreza e afastar para mais longe desta linha famílias que já não eram tão pobres (LEONE, 2000).

Quando se faz comparação do Estado de São Paulo com as metrópoles do Rio de Janeiro, Recife e Porto Alegre verifica-se que a contribuição do trabalho da mulher na renda familiar favoreceu de forma evidente as famílias de baixa renda em todas as metrópoles pesquisadas (SILVA, 1995). Entretanto, a busca por complementação da renda familiar não é exclusiva das famílias mais pobres. A complexidade da vida contemporânea e o aumento do tamanho das cidades, gerando maiores gastos, além da elevação do nível de consumo, elevam o nível de gastos familiares (LEONE, 2000). Com isso, as famílias de classes mais altas também precisam da complementação de salário, no caso da mulher, para melhorar e manter o consumo.

Corroborando esses dados, em uma pesquisa realizada no Brasil no período de 1981 a 1990 para averiguar a estrutura familiar, trabalho e renda, verifica-se a presença de alguns fatores:

(1) crescente participação feminina no mercado de trabalho;

(2) o fato de o homem adulto ter sido o mais afetado pelo desemprego e com isso ter dificuldades para se manter como o único provedor do grupo familiar;

(3) as transformações de valores tradicionais que apontavam o casamento como o modelo de vida mais adequado à mulher (RIBEIRO et al., 2002).

Montagner (2000) também verifica os aspectos econômicos envolvidos, para entender melhor essa situação. No passado, a inserção ocupacional da mulher em postos de trabalho acontecia em momentos de recessão. Entretanto, essa situação era emergencial, para suprir a falta de rendimentos da família por causa do desemprego do "chefe do domicílio", numa visão da mulher como uma "força de trabalho secundária" (ABRAMO, 2007), ou "exército industrial de reserva" (BLAY, 1975). Já na metade dos anos 1990, esse chefe passa por recorrentes situações de desemprego de longa duração e com isso acontece o aumento do tempo de trabalho da mulher – situação que também não se restringe apenas aos segmentos mais pobres. Entretanto, segundo Leone (2000), o aumento dessa inserção nas circunstâncias em que ocorreu colocou enormes dificuldades para elas na obtenção de ocupações de qualidade.

Desde a industrialização no Brasil, essa situação de saída das mulheres do mercado de trabalho com a incorporação da força masculina sustenta a visão da mulher como "força de trabalho secundária". Sobre essa ótica, a inserção feminina no trabalho seria precária, eventual, instável. A mulher sai da atividade econômica no momento em que o homem consegue recuperar sua situação ocupacional (ABRAMO, 2007).

A expressão "força de trabalho secundária" é questionada, pois além de existir um aumento na porcentagem de famílias chefiadas por mulheres, percebe-se que nos países em que as condições de emprego têm melhorado para os homens, não se observa a retirada das mulheres do mercado de trabalho (ABRAMO, 2000).

Essa visão é estruturada em torno da ideia de que os movimentos de entrada da mulher no mercado de trabalho estão determinados pelos papéis que ela desempenha na esfera doméstica, associados às funções de cuidado com os filhos e com a casa. Esse tipo de concepção se encontra latente nas afirmações que justificam quando, ocorrendo igualdade de funções entre um homem e uma mulher, esta recebe uma remuneração inferior, a partir da lógica de que ela não precisa tanto do trabalho (ABRAMO, 2007).

No Brasil, a noção de mulher como força de trabalho secundária ainda tem uma forte persistência social. Entretanto, essa imagem cada vez mais se distancia da realidade. A participação percentual no total da força de trabalho e o número de anos que elas dedicam ao trabalho têm aumentado consistentemente. O que parece estar ocorrendo é uma reconstrução das imagens de gênero a partir de uma realidade na qual aumentam a presença das mulheres no mercado de trabalho, bem como a importância dos seus rendimentos para o bem-estar da família (ABRAMO, 2007).

As mulheres se veem obrigadas a tentar compartilhar dois modelos de conduta, ou seja, dois estilos de vida. Elas precisam conviver com o paradoxo do universal (trabalho fora de casa) e do particular (trabalho doméstico) "[...] colocado por uma sociedade que as universaliza como produtoras e as particulariza como mulheres" (OLIVEIRA, 1992, p.47).

Bruschini (2000), ao comparar a participação das mulheres à dos homens no mercado de trabalho brasileiro de 1985 a 1995, retrata que o novo contingente de trabalhadoras é composto por mulheres mais velhas (de 30 a 49 anos) e casadas. Análise diferente dos anos 1950 e 1970, que assistiram a um decréscimo da participação feminina no mercado de trabalho, nas faixas etárias acima de 29 anos, o que para Cardoso (1980), está relacionado ao casamento e à maternidade.

No caso da participação das mulheres mais velhas nos anos de 1985 a 1995, entretanto, suas novas responsabilidades não as eximem das familiares e maternas. Ao contrário, para a maioria delas, a sobreposição das tarefas representa uma enorme sobrecarga. "Mudanças e continuidades são, portanto, bons descritores do perfil da mão de obra feminina dos anos 1990" (BRUSCHINI, 2000, p. 56). Com a consolidação da mulher no mercado de trabalho, verifica-se a partir desse período uma sobrecarga relacionada à dupla jornada de trabalho: trabalho fora de casa, responsabilidade com a formação dos filhos e tarefas da casa.

Indicadores gerais para o Brasil revelam que, no período 1990-1998, a população economicamente ativa (PEA) feminina passou de 22,9 milhões para 31,3 milhões. Em 1998, a mais alta taxa de atividade, superior a 66%, é encontrada entre mulheres de 30 a 39 anos e cerca de 63% das de 40 a 49 anos também são ativas. Entretanto, apesar das mudanças, as mulheres continuam as principais responsáveis pelas atividades domésticas e os cuidados com os filhos (BRUSCHINI; PUPPIN, 2004). É a Amélia moderna: ela ganhou o mercado de trabalho e passou a trabalhar em dobro, em casa e na rua.

Para Engels (1995) é na "grande indústria" que a mulher volta a fazer parte da produção, embora não totalmente, pois se ela cumpre com os deveres da família, fica de certa forma excluída do trabalho fora de casa e nada pode ganhar. Se ela participa do mercado de trabalho e começa a ganhar a vida independente, lhe é impossível cumprir as obrigações domésticas.

As mulheres hoje lidam com o que Engels (1995) achava impossível: conciliar obrigação doméstica e trabalho fora de casa. Entretanto, é possível sim realizar as tarefas de casa e ter um trabalho fora do lar. Esse é o perfil de força de trabalho feminina que vem sendo forjado desde os anos 1980 no Brasil: mulheres mais velhas, casadas e mães trabalham, mesmo quando os filhos são pequenos e com toda a dificuldade para conciliar responsabilidade doméstica, familiar e profissional (BRUSCHINI, 2007). Essa situação é a realidade da mulher atual nas sociedades de capitalismo avançado, a dupla jornada de trabalho. Entretanto, é justamente por buscar um espaço fora do lar e não ter com quem dividir as tarefas domésticas e o trato com os filhos que a mulher sente tanta culpa e cansaço.

É entre as mulheres casadas e com filhos que a taxa de atividade feminina é mais expressiva (AMAS, 1995). A mulher contemporânea está voltada tanto para o trabalho como para a família. A relação lazer/trabalho como consequência dessa situação fica prejudicada para a mulher trabalhadora, casada e com filhos (BRUHNS, 1995).

Em relação às profissões, a partir desse período, percebe-se que a mulher não está mais apenas nas salas de aula trabalhando como professora, apesar das trabalhadoras mais qualificadas ainda predominarem nesses empregos tradicionais. De acordo com o Instituto Brasileiro de Geografia e Estatística (IBGE) e Pesquisas Nacionais por Amostra de Domicílios (PNADs), verifica-se que as trabalhadoras mais qualificadas estão no magistério, na enfermagem e no serviço social.

Elas concentram-se em algumas áreas do conhecimento – artes, humanas, biológicas e saúde – que as qualificam para ocupar os tradicionais guetos profissionais femininos. Certas áreas são de acesso mais fácil, por exemplo, saúde e educação. Essa concentração de empregos em alguns setores e em pequenos grupos de profissões também é percebida quando se analisam a América Latina e países do Mercosul (PERROT, 1998; ABRAMO, 2000; BRUSCHINI, 2000; BRUSCHINI; LOMBARDI, 2001).

Blay (1975) acredita que as mulheres buscavam trabalhos considerados "femininos" não apenas por serem considerados adequados à mulher e não apenas pela relação com a escolha dos cursos escolares, por exemplo, o magistério. A autora vai além. Para ela, a mulher é conduzida a ter aspirações profissionais na medida das necessidades do mercado e não investe na carreira porque acredita que seu trabalho extradomiciliar é uma atividade passageira e porque há também o peso da dupla jornada de trabalho.

A divisão sexual do trabalho relaciona-se diretamente com o papel da mulher no processo reprodutivo, organizando a família internamente e colocando, assim, a mulher na organização doméstica (BRUHNS, 1995). Se inicialmente o fator econômico foi primordial para a elevação da participação feminina no mercado de trabalho, para algumas o trabalho deixou de ser apenas uma atividade passageira ou de mera necessidade econômica. Outros fatores, posteriormente, passaram a fazer parte dessa situação.

Em outras pesquisas sobre o trabalho feminino no final do século XX foi constatada uma redução da desigualdade salarial entre homens e mulheres no Brasil, que pode ter sido provocada pelo ingresso maciço das mulheres em ocupações mais qualificadas e mais bem remuneradas (BRUSCHINI; LOMBARDI, 2001; BRUSCHINI; LOMBARDI; UNBEHAUM, 2006).

Transformações aconteceram e podem ser constatadas nas altas taxas de participação das instruídas em cargos de comando, profissões de prestígio como a medicina, advocacia e bons empregos nas instituições financeiras e bancárias. É nesse polo do setor de serviços que ocorreram as mudanças mais significativas (BRUSCHINI, 2000; BRUSCHINI; LOMBARDI; UNBEHAUM, 2006).

Não se pode deixar de levar em consideração que a análise descrita acima, sobre o percurso do trabalho feminino, se insere no contexto das transformações demográficas, sociais, culturais, políticas e econômicas pelas quais o Brasil passou e continua passando. De acordo com Bruschini (2000) e Ribeiro et al. (2002), alguns indicadores foram: a queda das taxas de fecundidade, o envelhecimento da população, o aumento do número de famílias chefiadas por mulheres, os novos valores relativos ao papel das mulheres na sociedade brasileira e a expansão da escolaridade delas que atualmente supera a masculina a partir do 2º grau. As jovens concluem os cursos técnicos, profissionais e o ensino médio em maior número e, além disso, constituem cerca de 60% das pessoas que cursam o superior (BRUSCHINI; LOMBARDI, 2001; BRUSCHINI; LOMBARDI; UNBEHAUM, 2006).

4 A dupla jornada de trabalho: realidade das mulheres brasileiras desde os anos 1980

Dupla jornada de trabalho é definida aqui como as duas jornadas que muitas mulheres vivenciam hoje no dia a dia. Uma jornada relacionada ao trabalho fora de casa (atividade desenvolvida fora do lar com renda) e a outra jornada está relacionada ao trabalho em casa (rotinas domésticas: cuidado com a casa, com os filhos etc.).

Em pesquisa realizada com 40 mulheres casadas, mães, de escolaridade universitária, residentes na cidade de São Paulo, foi verificado que a dupla jornada é fonte de estresse e que o cansaço chega a atrapalhar o relacionamento conjugal. Elas são as responsáveis pelo cumprimento das obrigações domésticas, mesmo quando as tarefas são divididas entre marido e empregada(s) e ainda que trabalhem fora (BERTOLINI, 2002).

Dados da Pesquisa de Padrão de Vida – IBGE, realizada em 1996-1997 mostraram que 79% das mulheres se dedicavam a afazeres domésticos e gastavam neles 36 horas semanais em média. Dos homens, 28,6% realizavam atividades semelhantes e gastavam nelas 14 horas semanais. Sorj (2004), ao analisar pesquisa de opinião pública com 2.502 mulheres sobre a mulher brasileira nos espaços público e privado, verifica que a jornada semanal de dedicação aos cuidados da casa e da família era de 39 horas e 45 minutos. Somadas às horas de trabalho remunerado, a dupla jornada aferida foi de, respectivamente, 66 horas para as mulheres na PEA (população economicamente ativa) formal e 65 horas para as mulheres na PEA informal (BRUSCHINI; PUPPIN, 2004; RODRIGUES, 2005; VENTURI; RECAMÀN, 2004).

O próprio significado do termo "afazeres domésticos" já traz um viés machista, pois significa o trabalho doméstico realizado por mulheres e considerado como inatividade econômica (BRUSCHINI, 2007).

Apesar do aumento da participação masculina nas rotinas domésticas, o ritmo da mudança ainda é lento e o fato de que o trabalho doméstico realizado pelas mulheres não tenha uma retribuição em dinheiro contribui para desvalorizá-lo. O trabalho doméstico não remunerado, embora responda por até 40% do Produto Interno Bruto, não é computado nas contas públicas dos países. Já em relação aos cuidados com filhos, em 1998, as taxas das mães que trabalhavam eram muito mais baixas quando os filhos apresentavam menos de dois anos (47%) em comparação àquelas das mães de filhos maiores, que giravam entre 62% e 65% (SORJ, 2004; BRUSCHINI; PUPPIN, 2004; RODRIGUES, 2005; TANURE; CARVALHO NETO; ANDRADE, 2007).

Ainda deparamos com a força de séculos de investimento cultural, social e ideológico no que é definido como maternidade. Ela permanece como essencial para a completa realização de muitas mulheres. Mas parece que estamos vivendo uma evolução das raízes tradicionais da identidade feminina, antes baseada apenas na família e na "necessidade biológica" de ter filhos. Agora há uma abertura para novas necessidades individuais, tais como carreira, reconhecimento social e autonomia financeira (LOUSADA; ROCHA-COUTINHO, 2007; VALDAMBRINI, 2005; FLECK; WAGNER, 2003).

O peso do valor cultural de que o principal compromisso das mulheres é com a família é uma das razões que explicam por que a esfera doméstica é uma das mais resistentes à igualdade de gênero no Brasil, ainda que não se possam desconsiderar as importantes mudanças estruturais que causam impacto na tradicional divisão sexual do trabalho na família (SORJ, 2004; D'ELIA, 2009).

Almeida (1987) defende a mesma ideia sobre algumas mudanças na diferenciação sexual tradicional. Ao pesquisar a divisão do trabalho no período de gravidez e nos cuidados posteriores com o bebê nas décadas de 1950 e posteriormente 1980, verifica que essas atividades aparecem como marcadores visíveis da diferenciação sexual nos anos 1950, mas que já nos anos 1980 começa a existir uma construção de uma nova visão da paternidade. O desejo das mães – neste caso estudado, das mães recentes – é cada vez mais de aproximar o marido e mantê-lo atento e participante de todos os aspectos que cercam a gravidez.

É nítido que no Brasil a divisão sexual do trabalho é claramente desfavorável às mulheres. Entretanto, Sorj (2004) verifica que o tipo de inserção ocupacional das mulheres e seu nível educacional têm impactos positivos sobre representações e práticas mais igualitárias da divisão sexual do trabalho.

Considerações finais

Se os homens foram educados e treinados durante toda a vida para exercerem a fala, o discurso e o poder, só há pouco mais de três décadas que as mulheres começaram a ser treinadas, educadas para essas funções. Logo, é pouco tempo para provocar uma mudança estrutural na sociedade e na cultura. Entretanto, apesar dessa exclusão, hoje muitas mulheres estão conscientes de que precisam ser agentes de mudança, formadoras de opinião e capazes de exercer com segurança as atividades para atuarem no espaço público (PORTO, 2007).

Mesmo com as mudanças positivas conquistadas pelo movimento feminista, a desigualdade entre os sexos permanece significativa também na sociedade ocidental atual. Estão aqui os vestígios dos primórdios no presente. Entretanto, o aumento do número de mulheres que trabalham não pode deixar de afetar a divisão de tarefas domésticas e os modelos tradicionais, acarretando, com isto, consequências na aquisição de posições de poder sexualmente diferenciadas no seio da família. Como diz Bourdieu, "[...]

as filhas de mães que trabalham têm aspirações de carreira mais elevadas e são menos apegadas ao modelo tradicional de condição feminina" (BOURDIEU, 2005, p. 108).

Situação relevante, pois as influências familiares sobre o destino profissional da mulher são notáveis. Leite (1994), por exemplo, recorre à frase de Simone de Beauvoir: – "Ninguém nasce mulher: torna-se mulher" – para explicar que a influência familiar na infância da mulher marca muito sua trajetória profissional futura. Apesar do cenário descrito por Simone de Beauvoir ser de 1949, percebe-se que desde aquela data e principalmente atualmente, muitas foram estimuladas à profissionalização.

Muitas mulheres veem o trabalho como uma possibilidade de autonomia, ou seja, se tornam "livres" e podem defender-se melhor porque trabalham e ganham a vida (PERROT, 1998). Friedan (1971) acredita que as mulheres vivenciaram e continuam a vivenciar uma crise. "[...] que começou há muitas gerações, piorou com o passar dos anos e não terminará até que elas, ou suas filhas, tomem uma direção desconhecida e descubram a sua nova imagem [...]" (FRIEDAN, 1971, p. 70).

Apesar de todas as dificuldades, ocorreu no Brasil uma grande diversificação de papéis e ampliação do campo de atuação feminina no decorrer do último século: a mulher busca simultaneamente realização pessoal e profissional; deseja independência financeira; e tenta preservar seu papel de mãe. Integração de papéis que se dá muitas vezes de forma conflituosa, mas que também é uma fonte de *status* e autoestima (BERTOLINI, 2002).

Referências bibliográficas

ABRAMO, Laís Wendel. *A inserção da mulher no mercado de trabalho*: uma força de trabalho secundária? (Tese) – Faculdade de Filosofia, Letras e Ciências Humanas. Programa de doutorado em sociologia.Universidade de São Paulo. São Paulo, 2007.

_________. A situação da mulher latino-americana. In: DELGADO, Dídice G.; CAPPELLIN, Paola; SOARES, Vera. *Mulher e trabalho*: experiências de ação afirmativa. São Paulo: Boitempo, 2000.

ALMEIDA, Leila Sanches. Mãe, cuidadora e trabalhadora: as múltiplas identidades de mães que trabalham. *Revista do Departamento de Psicologia,* UFF, v. 19, n. 2, p. 411-422, jul./dez. 2007.

ALMEIDA, Maria Isabel Mendes. *Maternidade*: um destino inevitável? Rio de Janeiro: Campus, 1987.

AMAS. *Famílias de crianças e adolescentes*: diversidade e movimento. Belo Horizonte, 1995.

AZZI, Riolando. Família, mulher e sexualidade na Igreja do Brasil (1930-1964). In: MARCÍLIO, Maria Luiza (Org.). *Família, mulher, sexualidade e Igreja na história do Brasil.* São Paulo: Loyola, 1993.

BERTOLINI, Lucila Benatti Almeida. *Relações entre o trabalho da mulher e a dinâmica familiar*. São Paulo: Vetor, 2002.

BLAY, Eva Alterman. Trabalho industrial x trabalho doméstico. A ideologia do trabalho feminino. *Cadernos de Pesquisa da Fundação Carlos Chagas*, n. 15, 1975.

BOURDIEU, Pierre. *A dominação masculina*. 4. ed. Rio de Janeiro: Bertrand Brasil, 2005.

BRUHNS, Heloisa Turini. Corpos femininos na relação com a cultura. In: ROMERO, Elaine (Org.) *Corpo, mulher e sociedade*. Campinas, São Paulo: Papirus, 1995.

BRUSCHINI, Cristina. Gênero e trabalho no Brasil: novas conquistas ou persistência da discriminação? (Brasil, 1985/95). In: ROCHA, Maria Isabel Baltar. *Trabalho e gênero*: mudanças, permanências e desafios. Campinas: ABEP, NEPO/UNICAMP e CEDEPLAR/UFMG/ São Paulo: Ed. 34, 2000.

__________; LOMBARDI, Maria Rosa. Instruídas e trabalhadeiras: trabalho feminino no final do século XX. *Cadernos Pagu*, n. 17/18, p.157-196, 2001.

__________; __________; UNBEHAUM, Sandra. Trabalho, renda e políticas sociais: avanços e desafios. In: UNIFEM. *O progresso das mulheres no Brasil*, Brasília, 2006.

__________; PUPPIN, Andrea Brandão. Trabalho de mulheres executivas no Brasil no final do século XX. *Cadernos de Pesquisa*, v. 34, n. 121, p. 105-138, jan./abr. 2004.

BRUSCHINI, Maria Cristina Aranha. Trabalho e gênero no Brasil nos últimos dez anos. *Cadernos de Pesquisa*, v. 37, n. 132, p. 537-572, set./dez. 2007.

CALDEIRA, Jorge. *A nação mercantilista*: ensaio sobre o Brasil. São Paulo: Ed. 34, 1999.

CAMARA, Cristina; CAPPELLIN, Paola. Gênero, trabalho e cidadania nos anos 90. Contribuições para atualizar o referencial teórico. In: ABRAMO, Laís; ABREU, Alice Rangel de Paiva (Orgs.). *Gênero e trabalho na sociologia latino-americana*. São Paulo; Rio de Janeiro: ALAST, 1998.

CARDOSO, Irede. *Mulher e trabalho*: discriminações e barreiras no mercado de trabalho. São Paulo: Cortez, 1980.

CASEY, James. *A história da família*. São Paulo: Ática, 1992.

CASTRO, José Márcio de. *Métodos e técnicas de pesquisa*: uma introdução. Belo Horizonte: PUC/ FDC. Apostila do Curso de Mestrado em Administração, 2005.

COSTA, Cristina. *A imagem da mulher*: um estudo de arte brasileira. Rio de Janeiro: Senac Rio, 2002.

DaMATTA, Roberto. *A casa & a rua*. Espaço, cidadania, mulher e morte no Brasil. Rio de Janeiro: Guanabara Koogan, 1991.

_________. *O que faz o Brasil, Brasil?* Rio de Janeiro: Rocco, 1986.

DEL PRIORE, Mary. *A mulher na história do Brasil*. São Paulo: Contexto, 1992.

D'ELIA, Tatiana Charpinel Pereira. *Mulher, maternidade e trabalho*: dilemas contemporâneos. (Dissertação de Mestrado) – Programa de pós-graduação em Psicologia do Departamento de Psicologia da PUC-Rio, Rio de Janeiro, 2009.

DUBY, Georges; PERROT, Michelle. *História das mulheres no ocidente*. Do Renascimento à Idade Moderna. Porto: Afrontamento, v. 3, São Paulo: Ebradil, 1991a.

_________; _________. *História das mulheres no ocidente*. O século XIX. Porto: Afronamento, v. 4, São Paulo: Ebradil, 1991b.

_________; _________. *História das mulheres no ocidente*. O século XX. Porto: Afrontaento, v. 5, São Paulo: Ebradil, 1991c.

ENGELS, Friedrich. *A origem da família, da propriedade privada e do estado*. Rio de Janeiro: Bertrand Brasil, 1995.

FLECK, Ana Cláudia; WAGNER, Adriana. A mulher como a principal provedora do sustento econômico familiar. *Psicologia em Estudo*, Maringá, v. 8, p. 31-38, 2003.

FREYRE, Gilberto. *Sobrados e mucambos*: decadência do patriarcado e desenvolvimento do urbano. 15. ed. rev. São Paulo: Global, 2004.

FRIEDAN, Betty. *Mística feminina*. Petrópolis: Vozes, 1971.

GUEDES, Moema de Castro; ALVES, José Eustáquio Diniz. *A população feminina no mercado de trabalho entre 1970-2000*: particularidades do grupo com nível universitário. XIV Encontro Nacional de Estudos Populacionais, ABEP, Caxambu/MG, setembro, 2004.

INSTITUTO DE PESQUISA ECONÔMICA APLICADA (IPEA). Relatório sobre o desenvolvimento humano no Brasil, 1996. Disponível em: <http://www.undp.org.br/HDR/Hdr96/rdhb3.htm>. Acesso em: 29 mar. 2010.

JABLONSKI, Bernardo. *Até que a vida nos separe*: (a crise do casamento contemporâneo). Rio de Janeiro: Agir, 1998.

LEITE, Christina Laurroudé de Paula. *Mulheres*: muito além do teto de vidro. São Paulo: Atlas, 1994.

LEONE, Eugenia Troncoso. Renda familiar e trabalho da mulher na região metropolitana de São Paulo nos anos 80 e 90. In: ROCHA, Maria Isabel Baltar (Org.). *Trabalho e gênero*: mudanças, permanências e desafios. Campinas: ABEP, NEPO/UNICAMP e CEDEPLAR/UFMG/ São Paulo: Ed. 34, 2000.

LOUSADA, Beatriz Lucas; ROCHA-COUTINHO, Maria Lúcia. Redefinindo o significado da atividade profissional para as mulheres: o caso das pequenas empresarias. *Psicologia em Estudo*, Maringá, v. 12, n. 3, p. 493-502, set./dez. 2007.

MONTAGNER, Paula. Dinâmica e perfil do mercado de trabalho: onde estão as mulheres? In: ROCHA, Maria Isabel Baltar. *Trabalho e gênero*: mudanças, permanências e desafios. Campinas: ABEP, NEPO/UNICAMP e CEDEPLAR/UFMG/ São Paulo: Ed. 34, 2000.

NEDER, Gizlene. Ajustando o foco das lentes: um novo olhar sobre a organização das famílias no Brasil. In: KALOUSTIAN, Sílvio Manoug. *Família brasileira, a base de tudo*. 5. ed. São Paulo: Cortez; Brasília, DF: UNICEF, 2002.

OLIVEIRA, Rosiska Darcy. *Elogio da diferença*: o feminino emergente. São Paulo: Editora Brasiliense, 1992.

PENA, Maria Valéria Junho. *Mulheres trabalhadoras*. Rio de Janeiro: Paz e Terra, 1981.

PERROT, Michelle. *Mulheres públicas*. São Paulo: Fundação Editora da UNESP, 1998.

PORTO, Maria de Fátima Silva. *Pérolas em chão árido*: organização, ação social, ação política e cultura política de mulheres empresárias no estado de Minas Gerais. (Tese de Doutorado) – Universidade Federal de Minas Gerais. Programa de Pós-graduação em História e Culturas Políticas, 2007.

RAGO, Margareth. Trabalho feminino e sexualidade. In: DEL PRIORE, Mary (Org.). *História das mulheres no Brasil*. 5. ed. São Paulo: Contexto, 2001.

RAMOS, Lauro; AGUAS, Marina Ferreira Fortes; FURTADO, Luana Moreira de Souza. Participação feminina na força de trabalho metropolitano: o papel do status socioeconômico das familias. *Economia Aplicada*, v. 15, n. 4, p. 595-611, 2011.

RIBEIRO, Rosa Maria et al. Estrutura familiar, trabalho e renda. In: KALOUSTIAN, Sílvio Manoug. *Família brasileira, a base de tudo*. 5. ed. São Paulo: Cortez; Brasília, DF: UNICEF, 2002.

ROCHA-COUTINHO, Maria Lúcia. *Tecendo por trás dos panos*: a mulher brasileira nas relações familiares. Rio de Janeiro: Rocco, 1994.

RODRIGUES, Almira. Lugar de mulher é na política: um desafio para o século XXI. In: SWAIN, Tânia Navarro; MUNIZ, Diva do Couto Gontijo. *Mulheres em ação*: práticas discursivas, práticas políticas organizadoras. Florianópolis: Mulheres; Belo Horizonte: PUC Minas, 2005.

SARACENO, Chiara. A dependência construída e a interdependência negada. Estruturas de gênero da cidadania. In: BONACCHI, Gabriella; GROPPI, Ângela (Orgs.). *O dilema da cidadania*: direitos e deveres das mulheres. São Paulo: Universidade Estadual Paulista, 1995.

SCORZAFAVE, Luiz Guilherme da Silva. *A evolução e os determinantes da participação feminina no mercado de trabalho brasileiro*. (Dissertação de Mestrado) – Faculdade de Economia, Administração e Contabilidade. Universidade de São Paulo, São Paulo, 2001.

SILVA, Maria Beatriz Nizza. *Cultura no Brasil Colônia*. Petrópolis: Vozes, 1981.

SILVA, Maritza Maffei. Mulher, identidade fragmentada. In: ROMERO, Elaine (Org.) *Corpo, mulher e sociedade*. Campinas, São Paulo: Papirus, 1995.

SORJ, Bila. Trabalho remunerado e trabalho não remunerado. In: VENTURI, Gustavo; RECAMÀN, Marisol; OLIVEIRA, Suely. *A mulher brasileira nos espaços público e privado*. São Paulo: Fundação Perseu Abramo, 2004.

TANURE, Betânia; CARVALHO NETO, Antonio; ANDRADE, Juliana. *Executivos*: sucesso e (in)felicidade. Rio de Janeiro: Elsevier, 2007.

VALDAMBRINI, Antoninho. A condição da mulher executiva no mercado de trabalho: um estudo da complexidade organizacional e divisão sexual de trabalho. In: SIMPÓSIO INTERNACIONAL DE GESTÃO DE NEGÓCIOS EM AMBIENTE PORTUÁRIO. SINAP - *Anais*..., Santos, 2005.

VENTURI, Gustavo; RECAMÀN, Marisol. As mulheres brasileiras no início do século XXI. In: VENTURI, Gustavo; RECAMÀN, Marisol; OLIVEIRA, Suely. *A mulher brasileira nos espaços público e privado*. São Paulo: Fundação Perseu Abramo, 2004.

2

ELEMENTOS DO CONTEXTO DO EMPREGO E DO MERCADO DE TRABALHO QUE INFLUENCIAM A CARREIRA DA MULHER PROFISSIONAL

Juliana Oliveira Andrade
Allan Claudius Queiroz Barbosa

1 Introdução

Emprego e mercado de trabalho funcionam como "pano de fundo" para o debate sobre a gestão de Recursos Humanos e suas políticas de carreira. Sobre o emprego, há uma grande discussão na literatura sobre seu fim e/ou suas novas configurações, seus padrões "flexíveis" presentes na atualidade, as mudanças no contrato de trabalho e as projeções do emprego para o futuro. (1)

Em relação ao mercado de trabalho, destacam-se os debates sobre algumas tendências (2) a partir do aumento da presença feminina. As mulheres vêm ganhando espaços significativos no mercado de trabalho e já estão em maior número em diversas áreas do ensino superior, no setor de serviços e no setor público. (3)

Apesar dessas modificações, discute-se que os gestores das organizações não têm conseguido acompanhar as mudanças ocorridas com os indivíduos, o que gera descompasso na discussão sobre carreiras na perspectiva organizacional e na visão individual. (4) Os profissionais têm pensado em suas carreiras de forma mais ampla e em formatos diferentes do que as organizações vêm oferecendo como trajetórias. Isso faz com que eles procurem oportunidades oferecidas pelo mercado, como profissionais liberais e/ou empreendedores, para estabelecerem seu posicionamento profissional e a construção de seu futuro profissional. (5)

Tais reflexões sobre carreiras geram um contexto específico na perspectiva da mulher profissional que, a partir da segunda metade do século XX, amplia consideravelmente sua participação no mercado de trabalho. Elas se tornam protagonistas de carreiras que antes eram eminentemente masculinas e passam a enfrentar barreiras para avançar profissionalmente.

Nessa perspectiva, estão as mulheres profissionais pertencentes ao grupo social de classe superior englobando profissionais especializados, o grupo de interesse deste trabalho considerando que estão em etapas diferentes na carreira variando entre iniciais e consolidadas, com idades entre 20 e 59 anos.

À luz do contexto atual do emprego e do mercado de trabalho e das mudanças nas organizações e na gestão de recursos humanos, quais seriam as implicações da legislação trabalhista, jornada de trabalho, flexibilidade e contrato de trabalho para as carreiras das mulheres profissionais? Uma pesquisa descritiva em duas etapas (realização de cinco grupos de foco; e um *survey* com a participação de 694 mulheres profissionais) procurou indicar possíveis respostas a essas questões.

Este capítulo contém um referencial teórico abordando o contexto do emprego e do mercado de trabalho. Na sequência apresenta o percurso metodológico adotado para a realização da pesquisa e a apresentação dos dados obtidos. Posteriormente procedeu-se à análise dos resultados dos grupos de foco e do *survey* e por fim as considerações finais situam o debate em termos dos achados e suas perspectivas.

2 O contexto do emprego e mercado de trabalho

Emprego e mercado de trabalho são dois elementos de um contexto amplo que influencia o debate sobre carreira. Em relação ao emprego,(6) é grande a discussão sobre se há diferença entre o conceito de emprego e o de trabalho. Uma pesquisa realizada por membros do MOW (*Meaning of Work*)(7) para conhecer as diferentes definições de trabalho, em que foram investigados mais de 14.700 indivíduos em oito países, encontrou seis padrões diferentes de definição de trabalho. Em todos, o salário foi o elemento mais importante, o que leva a crer que há pouca diferença entre os conceitos para o indivíduo.

A incapacidade do sistema de produção taylorista-fordista, rigidamente verticalizado, de responder ao cenário de competitividade impulsionou a redução do emprego formal, especialmente do proletariado industrial.(8) Essa redução veio a dar lugar a formas menos regulamentadas de trabalho, reduzindo fortemente o conjunto de trabalhadores estáveis que se estruturavam por meio de empregos formais. Tem ocorrido, em contrapartida, o aumento do novo proletariado fabril e de serviços, em escala mundial, presente nas diversas modalidades de trabalho precarizado. São os terceirizados, subcontratados e *part-time*, entre tantas outras formas assemelhadas, que se expandem em escala global.

Não há o fim do emprego, mas sim uma era de mudanças.(9) Uma das suas expressões significativas é a da diversificação da composição das categorias profissionais e do emprego. Hoje, uma nova estrutura social está apresentada, a qual se caracteriza pela transição de uma economia de produtos para uma economia de serviços, a partir do surgimento de profissões administrativas e especializadas, do emprego rural e industrial e do crescente conteúdo de informação no trabalho.

Ainda não há uma tendência única de evolução do trabalho, mas uma diversidade de situações, que variam em função de diversas variáveis.(10) As condições macroeconômicas, sociais e culturais, as políticas governamentais adotadas pelos países e as questões referentes ao mercado de trabalho são algumas delas. Além disso, apontam-se o sistema de ensino e formação presentes em cada país, o grau de sindicalização, as estratégias de modernização adotadas pelas empresas e o tipo de organização de trabalho que nelas existem, que dão o tom dessa diversidade de situações encontradas.

Essa diversidade torna obsoletas as categorias de emprego tradicionais, surgindo uma estrutura pós-industrial de emprego a partir da década de 1970. Nessa nova estrutura ocupacional, as pessoas, além de estarem envolvidas em diferentes atividades, ocupam novas posições profissionais.(11)

O trabalho tornou-se mais abstrato, assim como a construção das carreiras. Com isso, novas formas de trabalho e, consequentemente, de carreiras estão em processo de construção. A atuação em rede e a flexibilização tornam-se características da nova organização industrial e, com base nas novas tecnologias, possibilitam que as pequenas empresas entrem em nichos de mercado.(12) Assim, há o ressurgimento do trabalho autônomo e da situação profissional mista.(13) A tendência de emprego flexível se torna o modelo predominante de contratação nas empresas, o que dificulta o pensamento das carreiras nos moldes tradicionais.

Modelos de flexibilização do emprego existem.(14) O primeiro é o da flexibilização quantitativa externa, que é a forma de flexibilização que desloca as atividades-meio ou as atividades-fim da empresa para outras organizações. Aumentam a mão de obra sem aumentar o contingente do quadro funcional. São exemplos: terceirização ou subcontratação, rede de empresas, teletrabalho, trabalho em domicílio e cooperativa de trabalho.

O segundo modelo é o da flexibilização quantitativa interna. A empresa altera a quantidade de mão de obra sem aumentar seu quadro funcional mediante a contratação de pessoas via trabalho temporário, trabalho em tempo parcial, trabalho de tempo compartilhado, suspensão temporária do contrato de trabalho e estágios. Este modelo engloba as horas extras, o banco de horas, a jornada de trabalho flexível, os turnos de trabalho e a semana reduzida de trabalho. A chamada "flexibilidade funcional", no âmbito do modelo de flexibilização quantitativa interna, reflete estratégias de tornar o trabalhador multifuncional e polivalente.

Padrões flexíveis de trabalho vêm surgindo.(15) Quatro são os elementos presentes nesta transformação. Primeiro, a jornada de trabalho, significando que o trabalho não está restrito ao modelo tradicional de 40 horas por semana com expediente integral. Segundo, a questão da estabilidade no emprego. O trabalho flexível é regido por tarefas e não inclui compromisso com a permanência no emprego ao longo de grandes períodos de tempo. Terceiro, a localização. Embora a maior parte das pessoas trabalhe regularmente em um local, em uma empresa, um número cada vez maior trabalha fora do local de trabalho durante parte do tempo ou durante todo o tempo, seja em casa, no trânsito ou em instalações de outras empresas. Quarto, o contrato social entre empregador e empregado. O contrato tradicional, baseado em compromisso com direitos bem definidos, padrões de salário, opções de treinamento, benefícios sociais e planos de carreiras previsíveis, especialmente focado em antiguidade, do lado das obrigações do empregador e na lealdade e total disposição para se dedicar à empresa, do lado do empregado, foi se modificando ao longo do tempo.

Uma abordagem alternativa ao contrato tradicional é o contrato psicológico;(16) é derivado de uma negociação entre o indivíduo e a empresa, feita a partir de um acordo explícito ou implícito entre as partes. Baseia-se em expectativas mútuas, numa abordagem muito mais subjetiva do que a apresentada no contrato tradicional. As políticas de carreiras que partem da premissa do contrato psicológico ficam muito mais complexas de serem definidas, desafiando o papel da gestão de recursos humanos nessa construção.

Projeções em relação ao emprego no século XXI são feitas por vários teóricos.(17) A eliminação gradual do emprego rural, o declínio do emprego industrial, reduzido às categorias de artífices e trabalhadores da engenharia, e o crescimento do emprego nos serviços relacionados às áreas de produção, saúde e educação, bem como aos setores varejistas e serviços, contribuem para a participação de atividades de baixa qualificação. Considerando essas projeções para o emprego, há quatro grupos sociais que apresentam perspectivas de carreiras distintas: a classe superior, formada por administradores e profissionais especializados; classe média, composta de técnicos e artífices; classe média baixa, cujos membros são funcionários de vendas, funcionários administrativos e operadores; e classe inferior, que se refere à mão de obra do setor de serviços e do setor rural.

Além do emprego, o mercado de trabalho também se configura como um elemento do contexto que permeia a discussão sobre a carreira. Sua evolução a partir da década de 1970 demonstra diversas tendências.(18) A primeira tendência é de um padrão geral de deslocamento do emprego industrial para o emprego em serviços. Em todo o mundo ocorreu a redução do emprego industrial, paralelamente ao aumento da proporção de trabalhadores informais, combinado com o crescimento do rendimento real dos trabalhadores e do emprego nos setores de comércio e serviços.

Outra tendência é o aumento da participação feminina no mercado de trabalho, em evolução contínua, resultado da luta feminista pela igualdade entre os sexos. Esse aumento caminha *pari passu* com as maiores necessidades econômicas de contribuir no orçamento familiar, com significativo aumento do nível de escolaridade das mulheres e diminuição de barreiras culturais ao ingresso da mulher no mercado de trabalho.(19)

A participação da mulher no mercado de trabalho brasileiro também vem crescendo, especialmente a partir da década de 1990.(20) Apesar disso, diversos estudos apontam para desigualdades, especialmente em termos de remuneração, comparando a situação feminina com a masculina. Segundo dados de pesquisas realizadas pelo Instituto de Pesquisa Econômica Aplicada (IPEA), em conjunto com o Instituto Brasileiro de Geografia e Estatística (IBGE), em 2007 os homens ganhavam 56% mais que as mulheres no Brasil.

As escolhas profissionais das mulheres, usualmente, recaem naquelas áreas tradicionalmente femininas, tais como educação (81%), saúde e bem-estar social (74%) e humanidades e artes (65%). As mulheres mais instruídas, foco da investigação deste artigo, continuam presentes em áreas tradicionais, como no magistério e enfermagem. Entretanto, elas têm adentrado áreas como medicina, advocacia, arquitetura e, até mesmo, engenharia, reduto tradicionalmente masculino.(21)

O contexto do mercado de trabalho e o do emprego influenciam diretamente o debate sobre carreira, pois interferem diretamente as organizações neles inseridas. Mudanças no padrão de emprego, flexibilização, redução de jornada de trabalho, teletrabalho, aspectos relacionados à legislação, presença do contrato psicológico e participação feminina em diversos setores da economia são aspectos que permeiam esse contexto.

3 O enfoque do contexto do emprego e do mercado de trabalho para a mulher profissional

A partir da segunda metade do século XX, a presença feminina no mercado de trabalho começa a intensificar-se, abrindo terreno para a discussão sobre a carreira feminina em posições gerenciais e profissionais. Antes disso, as mulheres eram formal ou informalmente excluídas das ocupações gerenciais e profissionais. As indústrias acolhiam mulheres quando necessitavam de algumas de suas características físicas (como dedos finos e menores) ou quando o trabalho exigia maior tolerância, paciência, concentração e velocidade. Grandes estruturas burocráticas, tais como as instituições financeiras bancárias, excluíam mulheres apoiando-se em regras formais, tais como a saída do emprego após se casarem.(22)

Muito da discussão sobre carreira feminina foca as barreiras enfrentadas pelas mulheres profissionais. Ao longo dos anos de 1990, muito se falou sobre o chamado *glass ceiling*, fenômeno que demonstra as barreiras encontradas por minorias para se chegar ao topo das empresas. O Departamento do Trabalho do governo americano definiu, em 1991, *glass ceiling* como sendo barreiras criadas por atitudes ou tendências da organização que impedem que indivíduos qualificados avancem na hierarquia organizacional.(23)

A discussão sobre as barreiras encontradas pelas mulheres para avançar em suas carreiras, muito embora importante, desvia a atenção sobre o papel da divisão sexual do trabalho. As significativas responsabilidades familiares que moldam e limitam a progressão nas carreiras da mulher são reconhecidas pelo senso comum, mas não têm sido foco de pesquisas sobre gênero e organizações.(24)

Historicamente, sabe-se que a primeira forma de divisão do trabalho nas sociedades primitivas ocorreu entre o sexo feminino e o masculino. Aos homens eram confiadas a caça e a pesca e à mulher, a coleta de frutos, evoluindo para a cultura da terra. A partir da época renascentista, as mulheres vão confinando-se nos lares e exercendo o trabalho doméstico, que perde importância a partir do século XIX. Por ocasião da Revolução Industrial, especialmente, a mão de obra da mulher e do menor é solicitada na indústria têxtil, por ser menos dispendiosa e mais dócil. O processo de industrialização vivido pelo mundo europeu no século XIX caracterizou-se pela exploração dessas duas forças de trabalho.(25)

Do século XIX ao século XXI, a maior participação da mulher na força de trabalho no Brasil e as mudanças na legislação do trabalho contribuíram para que este público construísse carreiras. Em 1920, segundo dados do Censo Demográfico do IBGE, as mulheres representavam 15,3% da força de trabalho. Em 1940, o percentual foi praticamente mantido (15,9%) e reduzido em 1950 (14,7%). Em 1960, o percentual volta a aumentar (17,9%), e em 1970 sobe para 21%. Em 1976, o percentual se eleva novamente para 28,8% e em 1980 há uma redução para 27,4%. Em 1990, há uma elevação para 35% e em 2000, o percentual eleva-se para 39%. Em 2010, a participação da força de trabalho feminina é de 43%.(26)

A legislação, com base na Constituição Federal, evoluiu de 1824 a 1988 no sentido de contemplar o trabalho feminino, dando atenção especialmente à maternidade e à proteção ao bebê em seus primeiros meses de vida. Assim passou-se de sequer menção ao trabalho feminino à proibição do trabalho feminino em condições insalubres, tendo nesse entremeio tratado de matérias como a igualdade salarial entre os sexos quando do exercício da mesma função, da existência dos mesmos critérios de admissão para ambos os sexos, da consolidação da licença-maternidade de 84 a 120 dias e estendendo este direito a trabalhadoras rurais e domésticas, além de assegurar o pagamento integral do salário durante a licença-maternidade em todo o período de afastamento.

Apesar do avanço da legislação constitucional e da crescente representatividade feminina na população economicamente ativa, pesquisas demonstram que as mulheres sofrem um rebaixamento de posição profissional quando entram novamente na força de trabalho após uma pausa para ter filhos.(27) Além do rebaixamento, há uma sensação subjacente de perda de autoestima para mulheres nascidas entre 1944 e 1970 quando interrompem a carreira em função da maternidade.(28)

Muitas mulheres profissionais, especialmente aquelas que são mães, têm uma expectativa de carreira que permite a conciliação de papéis. Quando vivenciam muitas dificuldades para essa conciliação, surgem conflitos entre o domínio profissional e o pessoal, que podem gerar consequências adversas para a profissional e para as organizações. Pessoas que enfrentam os conflitos entre o domínio profissional e o pessoal podem sofrer aumento do risco de doenças, desempenho inadequado com familiares, redução da satisfação em relação à vida pessoal e profissional e desajustes na relação afetiva.(29)

4 Procedimentos metodológicos

Foi realizado um estudo de caráter descritivo através de realização de cinco grupos de foco e, posteriormente, um *survey* com a participação de 694 mulheres profissionais. Os cinco grupos de foco ocorreram entre março e junho de 2011. A realização dos grupos de foco teve por objetivo fomentar a discussão entre as mulheres profissionais sobre os aspectos relacionados às carreiras femininas que permitissem subsidiar a realização do *survey, a posteriori*.

As mulheres profissionais participantes dos grupos de foco variaram em torno de três por grupo, em função da dificuldade de contingências externas e de se conseguir a participação de forma voluntária desse grupo de profissionais que têm o tempo como um recurso altamente escasso. Nos seis grupos de foco realizados, participaram 16 mulheres no total. Os grupos de foco tiveram duração média de duas horas e meia. As participantes foram selecionadas por acessibilidade, respeitando os critérios de idade (de 20 a 59 anos), diversidade de ocupação (gestora, gestora pública, profissional liberal, consultora e empreendedora), estado civil (casada, solteira, divorciada, união estável) e maternidade (com e sem filhos). Todas as participantes tinham formação em nível de pós-graduação e receita mensal acima de 5 salários-mínimos.

A técnica qualitativa utilizada para a análise das discussões resultantes dos cinco grupos de foco foi a análise de conteúdo. O *survey* foi realizado entre agosto e outubro de 2011 a partir de uma amostra não probabilística por acessibilidade, considerando definição *a priori* dos critérios objetivos de seleção (mulheres, de 20 a 59 anos, com rendimentos acima de 5 salários-mínimos e graduadas em curso superior). A base final contou com a participação de 694 respondentes.

O Quadro 2.1 demonstra a síntese dos procedimentos metodológicos adotados.

Quadro 2.1 – Síntese dos procedimentos metodológicos

Procedimentos Metodológicos	Detalhamento
Tipo de pesquisa	Descritiva
Métodos utilizados	Grupos de foco e *survey*
Instrumentos de coleta de dados	Roteiro semiestruturado e questionário *Web*
Número de participantes	16 (nos grupos de foco) e 694 (no *survey*)
Análise de dados	Análise de conteúdo e análise estatística, via programa SPSS, utilizando-se dos seguintes testes: Kolmogorov--Smirnov, Shapiro-Wilk, U de Mann-Whitney, H de Kruskal-Wallis (ANOVA), Qui-Quadrado.

Fonte: Andrade, J. O. *As carreiras femininas no espaço contemporâneo*: trajetórias e perspectivas de mulheres profissionais brasileiras. Tese (Doutorado em Administração) – Belo Horizonte: CEPEAD/UFMG, 2012.

5 Resultados

A amostra da pesquisa, em relação à faixa etária, esteve mais concentrada entre 30 e 49 anos, representando 75% do público participante. Considerando a faixa de remuneração, houve uma concentração maior de mulheres na faixa entre R$2.000,00 a R$10.000,00 mensais, representando aproximadamente 62% da amostra. A mediana encontrada foi de R$ 9.849,10. Houve uma participação um pouco maior (27,2%) de assistentes/assessoras/supervisoras em relação às demais posições de profissionais liberais, sócia de empresa ou empresária, funcionária pública, gerente, diretor, vice-presidente ou presidente. Percebe-se a predominância de mulheres casadas (59,4%), considerando-se também aquelas com união estável (4,8%), perfazendo um total de 64,2%. Em relação ao fato de possuir filhos, percebe-se um equilíbrio da amostra, sendo que 52,4% possuem e 47,6% não possuem. Considerando-se o porte de empresa, 59,8% das mulheres profissionais pesquisadas trabalham em grandes empresas.

5.1 Jornada de trabalho

Com as informações obtidas por meio do grupo focal, observa-se, de forma unânime, que em relação à jornada de trabalho, o vínculo de trabalho das mulheres está relacionado com a entrega que tem que ser realizada e não com a jornada-padrão de 40 horas semanais. Nos grupos em que estavam presentes mulheres abaixo de 31 anos, surgiu a questão de que é o cliente e a chefia quem determina a jornada.

Levar trabalho para casa é uma constante na realidade profissional das mulheres, para tentar diminuir a demanda de trabalho, que, segundo as mulheres profissionais participantes dos grupos de foco, em regra, é grande. Elas nunca sentem que o trabalho finalizou, pois sempre há algo pendente, por mais que se dediquem. O que limita a jornada de trabalho dessas mulheres profissionais é o corpo; ou seja, cansaço físico e as demandas da família, para aquelas que possuem a sua.

Tal quadro foi reforçado pelo *survey*, que indicou que as questões consideradas como reais e bastante reais para as mulheres profissionais em relação à jornada de trabalho estão relacionadas com a entrega de trabalho que a mulher tem que realizar, com 60,3% das respostas; e jornada de trabalho como sendo muito além das 40 horas semanais, para 56,10% das respondentes. As duas questões reforçam que, na perspectiva da jornada de trabalho, a mulher não se vincula à preconizada em lei e que está relacionada à sua capacidade de entrega, e não ao tempo que ela efetivamente se dedica.

Em termos gerais, percebe-se que, de forma mais considerável, para gerentes e diretoras a jornada de trabalho ser além das 40 horas é uma realidade, o que não acontece com as profissionais liberais e funcionárias públicas. Houve significância estatística em relação à remuneração das respondentes ($p < 0,001$) e à questão da entrega do trabalho que tem que ser realizada; remuneração relacionada ao fato de a jornada de trabalho ser determinada pelo chefe/cliente ($p < 0,001$) e; remuneração e a necessidade de apoio social para cumprir a jornada de trabalho ($p < 0,001$).

As mulheres que ganham mais tendem a relacionar a jornada de trabalho à entrega que tem que ser realizada ($p < 0{,}001$). As mulheres que recebem menos tendem a considerar como bastante real o conceito de que a jornada de trabalho é determinada pelo chefe/cliente ($p < 0{,}001$). Já aquelas que recebem as melhores remunerações acreditam que não conseguem cumprir sua jornada de trabalho sem algum tipo de apoio social ($p < 0{,}001$). Em relação ao estado civil e à presença de filhos, houve significância estatística em relação à necessidade de apoio social para cumprir a jornada de trabalho ($p < 0{,}001$) em ambos os casos.

O apoio social pode ser dado pelo par amoroso, mãe, pai, sogro e sogra, entre outros parentes, além de amigos, vizinhos, e/ou contratando profissionais como empregadas e babás ou contando com algum tipo de auxílio, como transporte para promover o deslocamento dos filhos para alguma atividade, especialmente no período em que a mulher está no trabalho. Quanto mais alta a remuneração da mulher profissional, maior é a sua percepção da necessidade do apoio social. A distribuição da função do cuidado com os filhos é essencial para que a mulher profissional consiga cumprir sua jornada de trabalho.

Em relação a esse apoio social, fica aberta uma grande oportunidade para as empresas com sua gestão de recursos humanos que desejarem trabalhar com foco na carreira feminina. Podem atuar tanto auxiliando suas profissionais em estratégias simples, como estabelecer parcerias com agências de empregos especializadas no cuidado infantil ou com instituições de ensino, quanto nas mais complexas, como apoiar políticas públicas que promovam apoio à construção de creches e/ou pré-escolas.

Voltando aos grupos focais, algumas profissionais disseram que trabalhar longas jornadas, no médio e no longo prazo, gera infelicidade e perda de motivação para o trabalho e, até mesmo, para a profissão. Outra questão que surgiu é o excesso de viagens, impactando sobremaneira o aumento da jornada de trabalho e gerando insatisfação e alto *turnover* nas organizações. Várias profissionais discutiram sobre as opções que fizeram de abrir mão de receber uma renda maior para obter mais qualidade de vida para trabalhar menos. Foi debatida a questão da escolha por trabalhar longas jornadas que as mulheres, especialmente as profissionais liberais, fazem. As gestoras públicas e privadas admitiram existir uma cobrança das lideranças nas organizações por trabalhar além da jornada usual, mas que os profissionais também alimentam esse excesso.

Em relação ao fato de o parceiro amoroso tender a não aceitar o ritmo de trabalho da mulher profissional quando este é muito intenso/exige excessiva dedicação, o resultado está relacionado ao peso da contribuição financeira da mulher. No *survey* ficou demonstrado que as mulheres que recebem mais tendem a concordar menos com essa questão. Ou seja, quando as mulheres recebem melhores salários, o par amoroso tende a "se calar" e aceitar melhor o ritmo de trabalho empreendido pela mulher profissional. O peso da contribuição financeira dá o tom da aceitação do ritmo de trabalho.

5.2 Legislação trabalhista

Em relação à legislação trabalhista, nos grupos de foco em que estavam presentes empreendedoras, foi feita uma reflexão de que, como empregadoras, elas veem a legislação desfavorecendo a mulher profissional, pois desestimula as empresas a contratarem mulheres com a perspectiva de engravidar, ou seja, para a organização é um peso ter a mulher em idade fértil. Como mães profissionais, todas gostariam de ter os benefícios garantidos por lei e acreditam que se não houvesse a legislação, as mulheres seriam expurgadas do mercado após a maternidade.

Os resultados do grupo de foco foram confirmados pelo *survey*, uma vez que, sobre o fato de a Legislação Trabalhista proteger a mulher profissional ao garantir-lhe licença-maternidade e estabilidade durante e após a gestação, a percepção de 71,8% das mulheres é de concordância (44,1% da amostra concorda parcialmente e 27,7% concorda). No que se refere à concordância da mulher profissional sobre o fato de a legislação a favorecer quando ela engravida, 67% concordam (29,5% concorda parcialmente e 37,5% concorda).

Em uma eventual disputa por iguais posições nas empresas com homens, foi empreendida uma discussão nos grupos focais de que a legislação desfavorece a mulher a competir em igualdade, especialmente pela questão cultural arraigada de que tudo que acontece com o filho cabe à mulher a maior responsabilidade de dar o devido acompanhamento. No entanto, com o *survey* observou-se que a opinião das mulheres profissionais tende mais a discordar do que a concordar: 50,7%, sendo 28,4% discordando totalmente e 22,3% discordando parcialmente que a legislação prejudica a competição igualitária entre homens e mulheres no mercado de trabalho, contra 36,9% concordam que a legislação prejudica (26,7% concordando parcialmente e 10,2% concordando totalmente).

Como resultado do *survey*, as mulheres profissionais enxergam que a legislação trabalhista veio favorecer a construção da carreira feminina. Outras discussões se deram em torno de que a legislação, ao favorecer a mulher em fase de procriação, desfavorece a profissional em disputas com homens por posições nas organizações. Outro ponto levantado foi sobre concursos públicos, nos quais, na visão das participantes, a mulher é favorecida por não haver distinção de gênero nos processos seletivos. Não foram identificadas em relação à legislação trabalhista diferenças estatisticamente significativas entre as questões e as variáveis analisadas, como idade, remuneração, ocupação, estado civil, se possui ou não filhos e porte da empresa.

Um debate contemporâneo sempre presente é de que uma das mudanças no contexto dos padrões de trabalho está no surgimento do contrato psicológico. Quanto a esta relação entre contrato psicológico e o contrato tradicional, a partir das discussões dos grupos de foco, ficou claro que o que faz a mulher profissional se dedicar ao trabalho é o contrato psicológico. Quando elas acreditam na causa, na seriedade do trabalho desenvolvido pela organização da qual fazem parte, seja uma empresa privada, seja um empreendimento próprio, isso estreita o seu vínculo profissional.

Visto que a perspectiva de carreiras na premissa do contrato psicológico fica muito mais complexa de ser definida do ponto de vista das organizações, esse ponto desafia o papel de mediação profissional/empresa da gestão de recursos humanos. Cabe a ela definir e intermediar os acordos celebrados entre os profissionais e a organização e mapear expectativas mútuas com o objetivo de atendê-las para potencializar o contrato psicológico.

5.3 Flexibilização do trabalho

Em um grupo de foco surgiu a discussão sobre o fato de que elas trabalham mais quando a jornada de trabalho é livre e flexível. A frase que surgiu no debate ilustra: "quando virei uma profissional de carteira assinada, comecei a pensar na jornada de trabalho e passei a me policiar e resistir para não mais ultrapassar as horas contratadas". Sobre a rigidez da jornada de trabalho, dois relatos que ilustram a percepção das mulheres profissionais são sintetizados: "a exigência do presencial sufoca"; e "não poder ajustar a jornada de trabalho de forma a ter possibilidade de fazer algo no período que é fixo é desgastante".

Outra categoria analisada é o teletrabalho. Todas as mulheres participantes dos grupos de foco, em maior ou menor grau, utilizam-se da tecnologia para trabalhar de forma remota. A dificuldade, presente em todas as discussões, é dar o limite; ou seja, fazer com que a mulher profissional consiga se policiar e não tornar, nas palavras delas: "o *home office* mais *office* do que *home*".

Em relação às políticas de flexibilização, a discussão de todos os grupos girou em torno de que o modelo flexível é ideal para quem tem que conciliar papéis de profissional e de mãe, especialmente. Algumas médicas que participaram dos grupos de foco disseram gostar de trabalhar à noite "pois não faz falta para os filhos como durante o dia". Várias acham interessante nos dois primeiros anos dos filhos poder trabalhar no modelo *part time*. Algumas participantes que não são mães defendem que os modelos flexíveis são mais produtivos, pois em determinadas tarefas elas renderiam muito mais se estivessem num ambiente tranquilo e sem interrupções; ou seja, fora da organização. Em três dos cinco grupos, foi debatida a percepção comum de que mais profissionais, não só mulheres, estão adotando de forma mais ampla a estratégia de flexibilidade e que ela proporciona grande satisfação pessoal, sintetizada na seguinte frase: "Poder escolher o horário de trabalhar ou de fazer ginástica faz com que qualquer profissional se sinta muito mais feliz e completo."

Uma reflexão que surgiu em um grupo no qual estavam presentes empreendedoras é que há grupos profissionais que não necessitam de controle, pois o que importa é o resultado. Portanto, a flexibilização seria uma estratégia adequada. Outro grupo, mais operacional, necessita de controle e precisa estar presencialmente em horários determinados, caso contrário o trabalho não é realizado. A partir das análises do *survey*, houve significância estatística em relação a: ocupação das respondentes relacionada à flexibilidade de jornada de trabalho, jornada de trabalho muito além das 40 horas semanais ($p < 0{,}001$) e não ter flexibilidade na jornada de trabalho atualmente, mas promovendo o planejamento pessoal e profissional para poder ter ($p < 0{,}001$). A Tabela 2.1 demonstra os resultados.

Para profissionais liberais e sócias de empresa ou empresárias a flexibilidade é mais presente. Para funcionárias públicas e não públicas é menor. Das diretoras, 41,8% consideram que não possuem flexibilidade e 48,8% consideram que sim ($p < 0{,}001$).

Tabela 2.1 – Ocupação e flexibilidade da jornada de trabalho

Ocupação	Jornada de trabalho para mim é flexível por poder fazer o meu horário.					Total
	Conceito não é real para mim (%)	Conceito é parcialmente real para mim (%)	Conceito é indiferente para mim (%)	Conceito é real para mim (%)	Conceito é bastante real para mim (%)	
– Profissional Liberal	13,9	21,9	2,2	27,0	35,0	100,0
– Sócia da empresa ou empresária	17,8	17,8	2,7	28,8	32,9	100,0
– Funcionária Pública	35,4	23,2	5,1	19,2	17,2	100,0
– Assistente/ Assessora/ Supervisora	37,0	20,1	7,9	21,7	13,2	100,0
– Gerente	31,4	19,0	9,2	24,8	15,7	100,0
– Diretora	20,9	20,9	9,3	20,9	27,9	100,0
Total	**28,0**	**20,5**	**6,2**	**23,8**	**21,6**	**100,0**

Fonte: Andrade, J. O. *As carreiras femininas no espaço contemporâneo*: trajetórias e perspectivas de mulheres profissionais brasileiras. Tese (Doutorado em Administração) – Belo Horizonte: CEPEAD/UFMG, 2012.

Quando questionadas se gostariam de ter flexibilidade, 98% das mulheres profissionais afirmaram que sim. Funcionárias públicas, assistentes, assessoras, supervisoras e gerentes que respondem não possuir flexibilidade na jornada de trabalho desejam ter, mas não se planejam para isso. Em relação ao teletrabalho, ficou demonstrado que 72,6% da amostra utiliza-se de alguma tecnologia que permite o trabalho remoto (*e-mail*, celular, videoconferência) e que 59% trabalha remotamente, investindo até quatro horas extras além da jornada usual do seu dia.

Houve relação estatisticamente significativa em relação à remuneração e ao fato de trabalhar remotamente ($p = 0{,}004$). As mulheres profissionais que recebem mais (acima de R$ 8.000,00) trabalham mais utilizando-se da tecnologia remota do que as que recebem menos (abaixo de R$ 6.750,00). Perguntou-se também sobre o significado de ter flexibilidade, sendo que 46,8% da amostra respondeu que é essencial para a sua satisfação e 32,9%, que a flexibilidade é essencial para o seu modelo de vida atual, que precisa conciliar papéis (de mãe e de profissional, por exemplo).

Houve também significância estatística de ter flexibilidade com as variáveis idade ($p = 0{,}017$), remuneração ($p = 0{,}02$) e ocupação ($p < 0{,}001$). As mulheres mais velhas e aquelas que possuem melhores remunerações tendem a ter mais flexibilidade no trabalho. Identificaram-se significâncias estatísticas (ambas com ($p < 0{,}001$) em relação ao estado civil e ao fato de possuir filhos, apurando-se a resposta de que ter flexibilidade é essencial para o modelo de vida atual da respondente, que precisa conciliar papéis (de mãe e de profissional, por exemplo). Foi identificada também significância estatística mediante a aplicação do teste qui-quadrado entre as mulheres que possuem filhos e têm flexibilidade ($p = 0{,}037$).

Observou-se significância estatística em relação ao fato de ter flexibilidade e ao porte da empresa ($p < 0{,}001$). Micro e pequenas empresas são mais flexíveis para 93,6% e 83,1% da amostra, respectivamente, demonstrando que essas apresentam uma possibilidade de melhor conciliação nas demandas de papéis para as mulheres profissionais. Esse é um indício de que empresas menores têm sido mais favoráveis à perspectiva das carreiras femininas contemporâneas.

A perspectiva de um empreendimento próprio e de maior autonomia tem levado mulheres profissionais a migrarem do ambiente organizacional para carreiras autônomas. Este é um ponto a ser analisado pelas organizações e sua gestão de recursos humanos. Para promover a atração e retenção de mulheres profissionais, as relações de trabalho mais flexíveis merecem ser mais bem estudadas e colocadas em prática, sem prejuízo legal para a organização e para a profissional.

A pesquisa demonstrou que as mulheres profissionais mais jovens têm se programado para trabalhar numa perspectiva de maior flexibilidade na jornada de trabalho. Essa questão reforça o fato de que as empresas, micro, pequenas, médias ou grandes, que quiserem atrair e reter mulheres profissionais, devem estruturar estratégias para flexibilizar a jornada de trabalho, de modo a atender às necessidades desse público.

Profissões que permitem maior flexibilidade de jornada de trabalho possibilitam que as mulheres conciliem melhor o trabalho com as demandas da vida pessoal. Com isso, as profissionais liberais, sócias de empresas ou empresárias e diretoras, pela autonomia que possuem, na medida em que conseguem conciliar melhor os papéis, "agradam" mais ao seu par amoroso, que tende a aceitar melhor o ritmo de trabalho da mulher. Esse dado confirma a literatura(30) que diz que os diversos papéis fora do trabalho, especialmente aqueles ligados à rotina da casa, estão a cargo da mulher, incitando uma reflexão da necessidade de repensar melhor esse equilíbrio, que, hoje, ainda não é uma realidade.

Quadro 2.2 – Síntese das categorias de análise

Categorias de Análise	Síntese
Jornada de trabalho	– Não se vinculam a jornada de 40 horas. – Vínculo com a entrega que tem que ser realizada. – Para cargos mais baixos, determinada pela chefia e cliente. – Levar trabalho para casa é uma constante. – Sensação de que nunca finaliza. – Limite quem dá é o corpo e a família. – Longas jornadas geram infelicidade e perda de motivação. – Excesso de viagens gera insatisfação e alto *turnover*. – Abrir mão de renda maior para mais qualidade de vida com jornada menor. – Cobrança para além da jornada é prática dos gestores, mas também é pessoal. – Trabalham mais quando jornada é flexível. – Rigidez na jornada é vista como negativa.
Teletrabalho	– É uma prática de todas. – Dificuldade de dar limite entre o espaço do trabalho e do não trabalho.
Legislação trabalhista	– Como empregadora, a legislação desfavorece e desestimula a empresa. – Como mãe, a legislação é favorável e se não houvesse as mulheres sairiam mais do mercado pós-maternidade. – Na disputa com homens por posições nas organizações, a legislação as desfavorece. – Vantagem do Concurso Público não fazer distinção entre homens e mulheres no processo de seleção.
Contrato psicológico *versus* tradicional	– Contrato psicológico é mais forte do que o contrato tradicional. – Contrato psicológico gera mais envolvimento e mais dedicação.
Políticas de Flexibilização	– Modelo flexível é o ideal para conciliar papéis. – *Part time* nos primeiros dois anos dos filhos. – Modelo mais produtivo para determinadas tarefas que exigem concentração. – Mais profissionais vêm adotando modelos flexíveis. – Mais adequado a determinados perfis profissionais.

Fonte: Elaboração própria (2013).

O modelo *part time* nos primeiros dois anos dos filhos foi defendido por mulheres que são mães. Aquelas que não são mães também defendem o modelo, pois acreditam que a flexibilidade é mais produtiva para executar determinadas tarefas que exigem concentração que o ambiente organizacional não permite, como a de analisar de relatórios, descrever materiais, elaborar estratégias. Na visão das mulheres, cada vez mais profissionais vêm adotando modelos flexíveis.

Para as mulheres profissionais empreendedoras, determinados perfis de profissionais de nível mais superior são passíveis de "receber a benesse" da flexibilização. Para aquelas que requerem maior supervisão, o modelo flexível não é adequado. Esse dado demonstra que a flexibilização precisa ainda ser mais bem compreendida, analisando-se sua eficácia, suas implicações práticas, para que, de fato, possam ser implementadas com sucesso em diversos níveis das organizações.

6 Considerações finais

Com base nos dados apontados neste capítulo apurou-se que os responsáveis pela gestão dos recursos humanos devem trabalhar no sentido de melhorar o alinhamento entre as necessidades organizacionais e as da mulher profissional.

Considerando a questão da jornada de trabalho, percebe-se que a mulher profissional pesquisada não se vincula ao modelo-padrão das 40 horas semanais, mas sim à entrega que realiza. Esse é um primeiro elemento importante para ser considerado pelas organizações e sua gestão de recursos humanos. Valorizar e basear suas políticas de carreira em relação à entrega realizada pelos seus profissionais, e não pelo tempo, é uma ação que merece ser aprofundada e implementada como política organizacional. Sobre a questão da legislação, é reconhecido pelas mulheres profissionais que esta contribui no sentido de apoiá-las, especialmente em relação aos primeiros meses da maternidade. Contudo, há muito a se desenvolver na construção de relações trabalhistas mais flexíveis que conciliem melhor as necessidades da mulher profissional e as da empresa, ora opostas, ora similares.

Quanto à flexibilidade, os dados estatísticos demonstram que, na medida em que avança na carreira, a mulher profissional busca padrões mais flexíveis. Isso serve de alerta para as organizações e sua gestão de recursos humanos que ainda não consideram políticas de flexibilização para o seu contingente funcional. No caso feminino, essa desconsideração da perspectiva de flexibilidade pode contribuir, no médio e no longo prazo, para a perda de talentos femininos da organização, especialmente considerando-se um contexto do mercado de trabalho aquecido.

Diante da demanda apresentada, possibilitar flexibilidade em termos de jornada de trabalho é uma estratégia que deve ser pensada pelas organizações e sua gestão de recursos humanos. Como exemplo, uma alternativa é utilizar a tecnologia como forma de permitir e maximizar a flexibilização e disponibilizar videoconferências para minimizar necessidades de viagens, uma vez que, atualmente, tais recursos são acessíveis às micro, pequenas, médias e grandes empresas. O desafio é saber fixar o limite entre os espaços de trabalho e de não trabalho.

Por outro lado, se a mulher profissional está avançando em termos de carreira, aumentando seus rendimentos e contribuindo significativamente no orçamento familiar, parece existir uma razão cultural arraigada que determina que as tarefas ditas "do lar" fiquem a cargo da mulher, seja ela profissional ou não. Questiona-se então: não é passada a hora de repensar esses papéis? Cabe, em pesquisas posteriores, aprofundar melhor essas questões para compreender mais a fundo o tema/dilema, considerando, inclusive, a perspectiva da cultura brasileira. Em termos de pesquisas futuras, recomendam-se: aprofundar a questão do apoio social (do par amoroso, da família ampliada e de prestadores de serviços especializados) para o desenvolvimento das carreiras femininas; avaliar o impacto de questões culturais brasileiras e do par amoroso na perspectiva de ascensão na carreira da mulher profissional; e realizar estudos comparativos entre profissionais do sexo masculino e do sexo feminino sobre a temática do contexto do mercado de trabalho.

Referências bibliográficas

1 (CASTELLS, 1999; KOVÁCS, 2002; ANTUNES; ALVES, 2004; PICCININI; OLIVEIRA; RUBENICH, 2006).

2 (CASTELLS, 1999; NERI et al., 2000; ANTUNES; ALVES, 2004).

3 (BRUSCHINI, 2007; IBGE, 2010).

4 (ZUBOFF; MAXMIN, 2003).

5 (DUTRA, 2010).

6 (KOVÁCS, 2002).

7 (MORIN, 2001).

8 (ANTUNES; ALVES, 2004)

9 (CASTELLS, 1999).

10 (KOVÁCS, 2002).

11 (CASTELLS, 1999).

12(ZUBOFF; MAXMIN, 2003).

13 (CASTELLS, 1999).

14 (PICCININI, V.; OLIVEIRA, S. R.; RUBENICH, N. V., 2006).

15 (CASTELLS, 1999).

16 (MENEGON, 2004).

17 (CASTELLS, 1999).

18 (CASTELLS, 1999; NERI ET AL., 2000; ANTUNES; ALVES, 2004).

19 (BETIOL; TONELLI, 1991).

20 (BRUSCHINI, 2007).

21 (BRUSCHINI, 2007).

22 (CROMPTON, 2006).

23 (WRIGLEY, 2002).

24 (CROMPTON, 2006).

25 (BARROS, 1995).

26 (IBGE, 2010).

27 (DEX, 1987).

28 (CARR, 2002).

29 (GREENHAUS, J. H.; BEUTELL, N. J., 1985; DUTRA, 2010).

30 (HEWLETT, 2002).

Referências bibliográficas completas

ANTUNES, R.; ALVES, G. As mutações no mundo do trabalho na era da mundialização do capital. *Educ. Soc. Campinas*, v. 25, n. 87, p. 335-351, maio/ago. 2004.

BARROS, A.M. *A mulher e o direito do trabalho*. São Paulo: LTr Editora, 1995.

BARUCH, Yehuda. Transforming Careers: from linear to multidirecional career paths. *Organizational and individual perspectives career development international*. v. 9, n. 1, p. 58-73, 2004.

BETIOL, M. I. S; TONELLI, M. J. As mulheres executivas e suas relações de trabalho. *RAE – Revista de Administração de Empresas*, São Paulo, v. 31, n. 4, p. 17-33, 1991.

BRUSCHINI, Cristina. Trabalho e gênero no Brasil nos últimos dez anos. Fundação Carlos Chagas, Grupo de Pesquisas Socialização de Gênero e Raça. *Cadernos de Pesquisa*, v. 37, n. 132, p. 537-572, set./dez. 2007.

CANTELLI, P. O. *O trabalho feminino no divã:* dominação e discriminação. São Paulo, LTr, 2007.

CARR, D. The psycological consequences of work-family trade-offs for the threecohorts of man and woman. *Social Psychology Quarterly*, v. 65, n. 2, p. 103-124, 2002.

CASTELLS, M. *A sociedade em rede*. São Paulo: Paz e Terra, 1999.

CHURCHILL JR., G.A. *Marketing research:* methodological foundations. Chicago: The Dryden Press, 1987.

CRESWELL, John W. *Research design:* qualitative, quantitative and mixed method approaches. London: Sage, 2003.

CROMPTON, R. *Employment and the family:* the reconfiguration of work and family life in contemporary societies. Cambridge University Press, 2006.

DEX, S. *Women´s occupational mobility.* Basingstoke: Macmillan, 1987.

DUTRA, Joel Souza (Org.). *Gestão de carreiras na empresa contemporânea.* São Paulo: Altas, 2010.

FOWLER JR., J. Floyd. *Survey research methods.* 3. ed. London: Sage, 1986.

FREITAS, H.; OLIVEIRA, M. Focus group: instumentalizando o seu planejamento. IN SILVA, A. B. de; GODOY, C.; BANDEIRA-DE-MELLO, R. *Pesquisa qualitativa em estudos organizacionais:* paradigmas, estratégias e métodos. São Paulo: Saraiva, 2006.

GREENHAUS, J. H.; BEUTELL, N. J. Sources of conflict between work and family roles. *Academy of management review*, v. 10, n. 1, p. 76-88, 1985.

HEWLETT, Sylvia Ann. *Creating a life:* professional women and the quest for children. New York: Hyperion, 2002.

IPEA. *Objetivos de Desenvolvimento do Milênio. Relatório Nacional de Acompanhamento.* Setembro, 2005. Disponível em: <http://www.ipea.gov.br/odm/cap3.pdf>. Acesso em: 3 abr. 2006.

IBGE. *Mulher no mercado de trabalho*: perguntas e respostas. 8 de março de 2010. Disponível em: <http://www.ibge.gov.br/home/estatistica/indicadores/trabalhoerendimento/pme_nova/Mulher_Mercado_Trabalho_Perg_Resp.pdf>. Acesso em: 2 jan. 2012.

KOTLER, P. *Administração de marketing.* 10. ed. São Paulo: Prentice Hall, 2000.

KOVÁCS. I. *As metamorfoses do emprego:* ilusões e problemas da sociedade da informação. Oeiras, Portugal, 2002.

MALLON, M.; COHEN, L. Time for a change? Women's accounts of the move from organizational careers to self-employment. *British Journal of Management*, v. 12, p. 217-230, 2001.

MENEGON, L. F. *Contratos psicológicos como influenciadores dos índices de rotatividade voluntária em empresas de consultoria.* Dissertação (Mestrado em Administração) – São Paulo: FEA/USP, 2004.

MORIN, Estelle M. Os sentidos do trabalho. São Paulo: *Revista de Administração de Empresas.* v. 41, n. 3, p. 8-19, jul./set. 2001.

MOTTA, V. T.; OLIVEIRA FILHO, P. F. *SPSS análise de sados biomédicos.* Rio de Janeiro: Medbook, 2009.

MAINIERO, L.A.; SULLIVAN, S. E. Kaleidoscope careers: Alternate explanation for the "opt-out" revolution. *Academy of management executive*, v. 19, n. 1, 2005.

NERI, M.; CAMARGO, J. M.; REIS, M. C. *Mercado de Trabalho nos anos 90*: Fatos Estilizados e Interpretações. Disponível em: <http://www.fgv.br/ibre/cps/artigos/Textos_Discus/Mercado%20de%20Trabalho%20nos%20Anos%2090%20Fatos%20Estilizados%20e%20Interpretacoes.pdf>. Acesso em: 13 abr. 2009.

OLIVEIRA, M.; FREITAS, H. Focus Group: Instrumentalizando o seu planejamento. In: GODOI, C. K.; BANDEIRA DE MELO, R.; BARBOSA DA SILVA, A. (Org.). *Pesquisa qualitativa em estudos organizacionais:* paradigmas, estratégias e métodos. São Paulo: Saraiva, 2006.

PICCININI, V.; OLIVEIRA, S. R.; RUBENICH, N. V. Formal, flexível ou informal? – reflexões sobre o trabalho no Brasil. In: PICCININI, V.; HOLZMANN, L.; KOVÁCS, I.; GUIMARÃES, V. N. (Org). *O Mosaico de trabalho na sociedade contemporânea:* persistências e inovações. Porto Alegre: Editora da UFRGS, 2006.

SOARES, J. F.; SIQUEIRA, A. L. *Introdução à estatística médica*. 2. ed. Belo Horizonte: Coopmed, 2002.

VERGARA, Sylvia C. *Métodos de pesquisa em administração*. São Paulo: Atlas, 2005.

WRIGLEY, Brenda. Glass ceiling? What glass ceiling? A aualitative study of how women view the glass ceiling in public relations and comunication management. *Journal of Public Relations Research*. v. 14, n. 1, p. 27-55, 2002.

ZUBOFF, S.; MAXMIN, J. *O novo jogo dos negócios:* por que as empresas estão decepcionando as pessoas e a próxima etapa do capitalismo. Rio de Janeiro: Campus, 2003.

3

AS VARIÁVEIS DE SIGNIFICADO DA MULHER PROFISSIONAL: GÊNERO, FEMINILIDADES, SUBJETIVIDADES E TRABALHO

Raquel Santos Soares Menezes

Janete Lara de Oliveira

Introdução

Ao longo da história, o trabalho tem sido uma categoria importante para a diferenciação sexual, na medida em que uma divisão funcionalista do mundo social, em duas esferas – uma pública e outra privada – atribuiu aos homens o espaço público, político, do trabalho remunerado e da produção; e às mulheres, o espaço privado, doméstico, do cuidado familiar e da reprodução (PATEMAN, 1993). Entretanto, no momento histórico atual, observa-se que as mulheres têm avançado dentro do mercado de trabalho, conquistando postos de prestígio social. Historicamente, a noção de divisão sexual do trabalho apresenta esses postos como ocupações pertencentes aos homens, já que, existindo uma hierarquia entre as ocupações masculinas e femininas, as mulheres estariam em desvantagem em relação aos homens (KERGOAT, 2009).

Nesse contexto, destaca-se a relevância de estudos das novas configurações da divisão do trabalho, visto que, como apontado, há um maior número de mulheres ocupando posições gerenciais, sendo proprietárias, diretoras ou presidentes de organizações em geral. De todos os novos empreendimentos inaugurados no Brasil em 2010, praticamente metade foi iniciada por mulheres, o que coloca o país como um dos que têm o maior número de empreendedoras do mundo (GEM, 2011). Nas maiores empresas do país, as mulheres ocupam cerca de 27% dos cargos de liderança (TANURE, CARVALHO NETO e ANDRADE, 2007). Segundo dados do Grupo Catho, entre 1999 e 2009, o número de mulheres em cargos gerenciais passou de 17% para 34%. No serviço público federal, o número de mulheres em cargos de gestão é estimado em 26% (FONTENELE-MOURÃO, 2006). Numericamente, estes dados demonstram o avanço das mulheres brasileiras em espaços antes ocupados em sua quase totalidade por homens. Ao mesmo tempo, esses números refletem o aumento do nível de escolaridade das mulheres e mudanças na estrutura familiar brasileira, com um maior número de mulheres como chefes de família, aumento da renda e diminuição do número de filhos (BRUSCHINI, 2007).

Há que se considerar ainda, que, segundo Del Priore (2002), refletir sobre os papéis sociais das mulheres, em diferentes momentos, requer o entendimento de que "ser mulher", na contemporaneidade, apresenta novos significados, os quais operam num nível simbólico e atuam na constituição do que se espera de uma mulher, em termos de sua identificação com o gênero.

Ao considerar a dimensão temporal das relações de gênero, construídas no passado e replicadas no presente, como relações hierárquicas de poder vê-se que a dominação masculina não é contestada, mas lega às mulheres que alcançam os cargos de poder a alternativa de se aproximarem da "norma masculina" (BILLING, 2011). Contudo, pode-se questionar se os estudos que partem desses argumentos, para investigar as mulheres em cargos gerenciais, não acabam reduzindo a complexa questão feminina a uma visão essencialista do gênero.

Nessa visão, um paradoxo encontra-se inerente às mulheres que trabalham em cargos de gestão: como ser mulher, continuar sustentando uma condição feminina e, ao mesmo tempo, ocupar um espaço, construído em termos masculinos, no campo organizacional? Segundo Billing (2011), é necessário buscar formas mais elaboradas de analisar essa questão, considerando que não se trata simplesmente de uma questão "generificada", mas também de uma congruência entre o trabalho e as competências necessárias para executá-lo. Buscou-se, por isso, rejeitar associações tradicionais entre trabalho gerencial e a masculinidade, visto que coadunam com a noção de paradoxo e reforçam a lógica dos binarismos de gênero, a qual tem passado por processos de contestação em diversos campos do conhecimento (BUTLER, 2010; MATOS, 2008).

Admitir que mulheres em cargos de gestão "perdem" a feminilidade ou se masculinizam equivale a alinhar-se ao paradigma dos binarismos, desconsiderando a possibilidade de que novas feminilidades possam surgir nos espaços em que as mulheres supostamente exerçam algum "poder". Para evitar essa visão reducionista, optou-se por recorrer à noção de significados simbólicos do gênero, os quais possibilitam conectar, por um lado, a cultura social, que estabelece um conjunto de valores, experiências e significados interpretados como femininos, e, por outro, as subjetividades tipicamente sentidas como naturais de mulheres ou mais atribuídas a elas, em um contexto particular (ALVESSON, BILLING, 2009).

Nesse ponto, o encontro com a psicodinâmica do trabalho, sintetizada por Dejours et. al. (2011), foi bastante profícuo. Essa abordagem parte da análise dos processos psíquicos mobilizados pelo encontro estabelecido entre o sujeito e as imposições geradas pelos processos de trabalho. Com isso, a psicodinâmica adentra no estudo da subjetividade, entendida como modos de ser socialmente (REY, 2005). Em especial, destacam-se os desdobramentos desse campo a partir das pesquisas de Molinier (2002, 2003, 2009), uma vez que as mesmas apontam as interferências entre gênero e trabalho, destacando o papel crucial que o desempenho de uma atividade profissional exerce junto à construção das feminilidades, ou seja, junto às identidades de gênero femininas, por meio das quais o sujeito se apresenta e se reconhece no mundo.

Com base nessas considerações, o objetivo deste capítulo é analisar como mulheres que atuam como gestoras constroem suas identidades de gênero femininas ao mesmo tempo que ocupam um lugar social historicamente construído em termos masculinos. Como alternativa possível, para articular conceitos amplos - gênero, feminilidades, subjetividades e trabalho - optou-se por utilizar o discurso como técnica de pesquisa e de análise. Essa opção justifica-se, na visão de Molinier (2004), pelo fato de que há um verdadeiro hiato entre as definições sociais (androcentradas) de feminilidade e a maneira como essa se apresenta no discurso das mulheres.

Assim, partiu-se do pressuposto de que, se as mulheres ocupam, atualmente, mais posições "de poder" no espaço organizacional, alguns discursos se responsabilizam por conferir sentido a esse sujeito feminino "nos negócios". Desse modo, os discursos são tomados em sua visão constitutiva, a qual contribui para a produção, transformação e reprodução da vida social (FAIRCLOUGH, 2008); e a investigação das feminilidades das mulheres que atuam como gestoras passa a ser tratada como uma construção discursiva. A Análise de Discurso Crítica (ADC) foi utilizada como técnica de análise das 26 entrevistas narrativas realizadas com mulheres que ocupam cargos de gestão em organizações de diversos portes e setores, localizadas em Belo Horizonte-MG.

Na sequência, apresenta-se o embasamento teórico que permeou a presente análise, a partir das contribuições da psicodinâmica do trabalho aos estudos de gênero e do entendimento das feminilidades com identidades de gênero. Posteriormente, apresenta-se a metodologia utilizada para coleta e análise das narrativas, em foco na Análise de Discurso Crítica, sintetizada por Resende e Ramalho (2006). Os resultados são apresentados na forma de Configurações Discursivas, ou seja, enunciados que permearam a narrativa das entrevistadas e ancoram-se no gênero para justificar diferenças na identificação que as mulheres fazem de si mesmas e de outras, ora aproximando-se do que acreditam ser esperado como parte de sua identidade feminina, ora repudiando o que entendem como inadequado ao trabalho, e aproximando-se do que referem como sendo "masculino".

Contribuições da psicodinâmica do trabalho aos estudos de gênero

A psicodinâmica do trabalho é situada, por Dejours, como pertencente à teoria psicanalítica e "designa o estudo dos movimentos psíquicos afetivos gerados pela evolução dos conflitos intersubjetivos e intrasubjetivos" (DEJOURS et. al., 2011). Iniciando pela concepção de trabalho e entendendo-o do ponto de vista sociológico, observa-se que trata-se de uma construção social que sofre influências mútuas e opostas através das condições do *trabalho* e da *organização do trabalho*. As condições do trabalho designam as pressões físicas, químicas e biológicas do posto de trabalho. Tais pressões incidem principalmente sobre o corpo dos trabalhadores, onde elas podem ocasionar desgaste, envelhecimento e doenças somáticas.

Já a organização do trabalho pode ser entendida como uma divisão sucessiva do *trabalho* e dos *homens*. A primeira consiste no modo operatório prescrito sobre a divisão de tarefas entre os operadores, enquanto a divisão de homens reparte responsabilidades, estabelece hierarquias, comandos e controles.

Assim, o funcionamento psíquico toma "o homem" – ser humano – na condição de indivíduo, que tem uma história singular, que o torna um sujeito sem outro igual, portador de desejos e projetos que tomam lugar na forma como reagem à realidade, cada um a seu próprio modo. Quando a organização do trabalho e o funcionamento psíquico encontram-se em conflito, tem-se aí uma fonte de sofrimento e, ao mesmo tempo, uma possível chave para a realização de análises.

A partir de pesquisas conduzidas nessa perspectiva, Dejours et. al. (2011) identificaram-se que, para lidar com o sofrimento no trabalho, existem as estratégias defensivas. Em suas pesquisas, que quase sempre voltavam-se para trabalhadores – homens – operários, o autor constatou que algumas dessas estratégias são construídas, organizadas e gerenciadas coletivamente. Já Molinier (2002, 2003, 2004), em suas pesquisas com mulheres enfermeiras, as quais exerciam um trabalho socialmente "aceitável" para mulheres, já que a Enfermagem trata do cuidado dos outros, não encontrou evidências da existência de estratégias de defesas coletivas femininas, ao contrário das pesquisas de Dejours.

Assim, Molinier (2002, 2003) enfoca o gênero como um componente importante para tratar da identidade no trabalho. Contudo, o construto identidade, na perspectiva da psicodinâmica do trabalho, só tem validade quando tratado em sua ordem singular; a qual, assim como prazer e sofrimento, refere-se a vivências subjetivas. A relação entre a identidade e o trabalho está no fato de que a identidade subjetiva precisa passar por formas de objetivação, sendo o trabalho a forma mais eficaz. Por esse motivo, Molinier (2002) sugere que o trabalho é uma das categorias que influenciam a subjetividade, sendo crucial na mediação da construção das feminilidades (e também das masculinidades) que, nesse contexto, equivalem a identidades sociais.

O problema para as mulheres é que a própria definição social de trabalho é androcentrada. Pateman (1993) aponta para a existência de um contrato sexual, anterior ao contrato social, que torna a esfera pública como "equivalente" à sociedade civil, de forma que os trabalhos realizados na esfera privada são tidos como inferiores sob a ótica da valorização social. A divisão sexual do trabalho, para Kergoat (2009), origina-se, assim, baseada na delimitação de espaços apropriados para os trabalhos femininos (na esfera privada e nas ocupações relativas ao cuidado do outro, numa extensão daquela) e os masculinos (na esfera pública, ou seja, nos negócios, na política, nas ocupações de prestígio social e que dão provas da virilidade masculina, nas demonstrações de coragem e domínio do medo) (MOLINIER, 2004).

Forma-se, assim, um conflito em potencial para as mulheres trabalhadoras, já que a maioria delas não cumpre os cânones próprios das definições do sexo masculino no trabalho. Referindo-se a essa questão, Molinier (2002) sugere o termo *feminilidade social* para designar as ideias relacionadas a como uma mulher deveria ser no trabalho – como um homem ou com o funcionamento psíquico de um homem. Assim, sob o pretexto da feminilidade, as mulheres devem escolher uma aparência que assinale sua interiorização dos códigos estéticos pensados pelos homens, além de adotar, diante deles, uma atitude submissa e não concorrencial quanto ao poder (MOLINIER, WELZER-LANG, 2009).

Na visão da autora, apesar de a feminilidade social variar em diferentes épocas, culturas e origens, há um elemento comum ou um "núcleo central" em torno do qual se articula todo o conceito; o qual se refere à dimensão do cuidar, uma vez que, na sociedade civil, entendida como fundada a partir do contrato social, o cuidado de crianças e/ou de necessitados de cuidados diários (como alimentação, repouso, higiene) são tarefas legadas principalmente às mulheres. Essa distinção, exacerbada pelo contrato social, persiste ainda nos dias atuais, incidindo principalmente na divisão sexual do trabalho.

A identidade sexual, esboçada durante a infância, é colocada em questão não somente pelas primeiras experiências amorosas, mas também, de uma maneira decisiva, pela experiência do trabalho. Quando o adolescente, sujeito sexuado, precisa realizar uma escolha profissional, ele sofre a influência de dois vetores: de um lado, o do inconsciente, e de outro, o da sociedade, já que a situação de trabalho incidirá sobre a vida psíquica e afetiva do adulto. Isso leva a postular que uma "dupla centralidade", a da sexualidade e a do trabalho, estão relacionadas ao funcionamento psíquico e à construção da saúde (MOLINIER, 2004).

Portanto, a abordagem de identidades de gênero, na psicodinâmica do trabalho, implica considerar o construto do gênero situado entre a psicanálise e a sociologia. Dessa forma, a feminilidade (e a masculinidade), como identidade sexual, designa a "capacidade de habitar e amar o próprio corpo e desfrutar dele nas relações eróticas" (MOLINIER, WELZER-LANG, 2009, p. 20). Enquanto o componente social da identidade de gênero, ou seja, o que se estabelece por meio das relações sociais de gênero, marcadas pela dominação masculina, determina o que é considerado "normal" e, em geral, interpretado como "natural" para mulheres e homens.

Procedimentos metodológicos

A temática de gênero é, por natureza, complexa e passível de múltiplas abordagens de pesquisa. Assim, os procedimentos metodológicos aqui propostos para a consecução dos objetivos definidos vão ao encontro da necessidade de considerar as imbricações de diversos campos do saber, levando em conta suas possíveis contribuições para os estudos organizacionais.

Para aproximar as feminilidades dos discursos próprios do mundo dos negócios, considera-se a demanda por pesquisas feministas que levem em conta a diferenciação entre as mulheres, reconhecendo as divergências que, cada vez mais, caracterizam os indivíduos com os quais a pesquisa é feita e o concomitante desvanecimento do conceito de "mulher" ou de "mulheres" universalizadas (OLESEN, 2006).

Compreender como as mulheres atribuem significados e dinamizam o poder em organizações é a maneira encontrada para dar coerência a essa proposta. As premissas que a sustentam são, portanto, a de que a linguagem é a chave de acesso à ordem simbólica e a de que é através dessa linguagem que a identidade de gênero é construída (SCOTT, 1986).

O reconhecimento do corpo como *locus* de legitimação e normalização de discursos e práticas, como verdade e conhecimento, está presente na abordagem das teorias feministas pós-estruturalistas/pós-modernas, as quais têm Foucault como um dos principais autores (CALÁS, SMIRCICH, 1999). Nessa linha de argumentação, é por meio da linguagem que a mulher pode dizer "quem ela é", ou seja, as relações de poder e conhecimento são construídas constantemente através de discursos e práticas que definem sua subjetividade.

As narrativas foram coletadas por meio de uma entrevista semiestruturada, com a ajuda de um roteiro. Para abertura da entrevista, era solicitado à entrevistada que contasse sua trajetória até aquele ponto de sua experiência profissional, e na sequência, a pesquisadora intervinha em alguns momentos a fim de indicar alguns temas específicos, presentes no roteiro de pesquisa.

Nessa etapa, complementar ao enredo iniciado, utilizou-se a técnica da entrevista narrativa (JOVCHELOVITCH, BAUER, 2002), solicitando às entrevistadas que contassem detalhes de suas experiências acerca do assunto investigado; nesse caso, suas feminilidades e o trabalho de gestão. Evitou-se, com isso, prender-se ao esquema das entrevistas convencionais de pergunta e resposta, embora ao longo da pesquisa, em especial nas últimas entrevistas realizadas, a narração tenha assumido uma estrutura ou, como sugerem Jovchelovitch e Bauer (2002), um esquema autogerador. Nesse esquema, que ao longo das entrevistas assume quase o formato de um roteiro estruturado, contemplam-se as seguintes quatro fases: iniciação, narração central, fase de questionamento, fala conclusiva. Assim, na medida em que as entrevistas foram sendo realizadas, novos questionamentos eram incluídos, mas mantendo o foco na narração central, nesse caso, acerca das feminilidades na gestão.

Foram realizadas 26 entrevistas com mulheres, entre 30 e 61 anos, ocupantes de cargos de gestão em organizações de portes e setores distintos em Belo Horizonte-MG. Destas, 7 (27%) são formadas em Administração, 4 (15,4%) em Relações Públicas, Jornalismo ou Comunicação Social, 2 (7,7%) são em Medicina, 2 em Direito, 2 em Economia e 2 em Psicologia. As demais são formadas em áreas diversas, como Pedagogia, Letras, Geografia, Educação Física, entre outras. Das 26 mulheres, 8 (30,7%) possuem pós-graduação. Quanto ao estado civil, 14 são casadas (53,8%), 5 são solteiras (19,2%) e 7 são divorciadas (27%). As que tem filhos somam 19 mulheres (73%). Quanto ao tipo de empresa, 10 (38,4%) trabalham em empresas privadas (nacionais e multinacionais, de médio e grande porte). 7 (27%) são empreendedoras, ou seja, pequenas empresárias que abriram seu próprio negócio, 6 (23%) ocupam cargos de gestão no setor público e 3 (11,5%) estão em empresas familiares.

A escolha das entrevistadas iniciou com a solicitação de conhecidos das pesquisadoras, ligados ao meio acadêmico e empresarial, que indicassem mulheres ocupando cargos de gestão, como gerentes, diretoras, presidentes, coordenadoras etc., em organizações em geral. Após um contato inicial por *e-mail* ou telefone, a entrevista era agendada em local definido pela entrevistada, na maioria dos casos, no próprio local de trabalho em horário de expediente. Ao final, era solicitado que indicassem outras mulheres para participar da pesquisa, desencadeando o processo de "bola de neve". A duração média das entrevistas foi de 40 minutos, sendo todas gravadas em áudio e posteriormente transcritas literalmente, gerando 380 páginas de transcrição. As entrevistadas foram identificadas pela letra "E" seguida de um número, que corresponde à ordem de realização das entrevistas.

Análise de discurso crítica como técnica de análise

Em termos operacionais, Fairclough (2008) aponta três dimensões do discurso, equivalentes às etapas da Análise de Discurso Crítica: texto, prática discursiva e prática social. O procedimento de análise desse autor envolve uma descrição, a qual se refere à análise textual, e uma interpretação, que trata da análise da prática discursiva e da análise da prática social.

Cada entrevista foi analisada como sendo um "texto", considerando-se as categorias dos significados acional, representacional e identificacional propostas por Resende e Ramalho (2006). Em seguida, o conjunto de significados foi analisado como equivalentes das práticas discursivas, as quais são consideradas por Resende e Ramalho (2004), a partir de Chouliaraki e Fairclough (1999), como sendo os processos de produção, distribuição e consumo do texto, os quais são processos sociais relacionados a ambientes econômicos, políticos e institucionais particulares. São as práticas discursivas que medeiam a conexão entre texto e prática social.

Nessa etapa, consideraram-se os itens de análise da dimensão da prática discursiva de Fairclough (2008), os quais consistem: (a) na força dos enunciados; (b) na coerência; (c) intertextualidade. Segundo esse autor, a força de um enunciado contrasta com a proposição. Assim, enunciados "fortes" são aqueles que constituem atos de fala, como o componente acional do discurso: dar uma ordem, fazer uma pergunta, ameaçar, prometer. Já a coerência é propriedade das interpretações e não dos textos. Só se pode afirmar que um texto é coerente se alguém vê nele sentido, fazendo conexões e inferências a partir de pressupostos ideológicos. Segundo Resende e Ramalho (2004), a coerência refere-se às conexões e às inferências necessárias e seu apoio em pressupostos ideológicos. Por fim, a intertextualidade, para análise das práticas discursivas, consiste em tomar os textos historicamente, transformando o passado em presente. Tipos de discurso tendem a transformar em rotinas formas particulares de recorrer a textos e naturalizá-los, como, por exemplo, dar o discurso científico como verdadeiro. Resende e Ramalho (2004) também apontam que a intertextualidade refere-se às relações dialógicas entre o texto e outros textos (intertextualidade) e às relações entre ordens de discurso (interdiscursividade).

Com base nesses elementos, algumas configurações discursivas foram tomadas, como aquelas que apresentaram maior força nas narrativas produzidas. Isso não significa que sejam coerentes, mas apenas que direcionam a análise acerca das articulações entre feminilidades e gestão, nos discursos constituintes e constitutivos das "mulheres de negócios", como se apresenta na seção a seguir.

"*É para mim que eu me cuido*": a inalienabilidade do corpo e o cuidado de si

Os cuidados com a imagem, visando atender expectativas de beleza, perpassaram todas as narrativas das mulheres. Embora muitas tenham se declarado engajadas nos rituais de cuidados com a aparência, não é para trabalhar que as mesmas desejam estar belas, mas para atenderem a um desejo íntimo de possuir o próprio corpo e dele fazer o que quiserem.

> Não me cuido pensando no <u>trabalho</u>. Eu, eu acho que a boa aparência é consequência, eu gosto de <u>estar bem</u>. Faço massagem, ando de bicicleta, jogo tênis, mas na verdade não é pelo trabalho nem pelos outros que me motiva, mas eu <u>faço pra mim</u>, mais pensando em mim, que é o principal. Eu sou super vaidosa, <u>cada um tem</u> um jeito de viver. (E17)

No trecho acima, E17 singulariza sua relação com os cuidados aos quais se dedica, representando, a si mesma, como a principal beneficiária de cuidar do próprio corpo ("estar bem", "cada um tem um jeito"). Na visão de Lipovetsky (2000, p. 120), a mitificação em torno da beleza feminina, que relega às mulheres o lugar do "belo sexo", foi uma invenção moderna que funcionou como uma promoção histórica da beleza, entendida como um "dispositivo cultural que conseguiu impor-se como um traço permanente da civilização ocidental moderna" e que se opõe à concepção tradicional, anterior ao período da modernidade.

O fato é que, após essa inversão do tradicional para o moderno, as mulheres deveriam se submeter a um regime rigoroso de especialização e normalização sistemática, sendo os esforços principais dirigidos para alcançar um ideal de magreza e, mais recentemente, de juventude. Em torno da incorporação desses dois atributos, constitui-se um mercado de bens e de serviços a serem consumidos com os objetivos de alcançar padrões estéticos e de demonstrar uma apropriação do mundo e de si, à qual Lipovetsky (2000) refere-se como *self-management*.

Em oposição à declaração de E17, para quem o cuidado com a beleza atende a um desejo seu, outra entrevistada destaca a utilidade funcional da sedução. Nesse sentido, por meio da beleza, a mulher deve atender a padrões específicos a fim de adentrar num setor com lógica definida, no qual a questão da boa aparência ultrapassa a garantia de confiança em si, tornando-se uma exigência.

> Aqui, no nosso negócio, as nossas contratações são em cima de imagem. [...]. Aqui tem muita mulher e ah essas mulheres são mais bonitas. Tipo mulher feia, "ah, não, você não é operadora comercial não, você não é de banco não". Geralmente é um padrão. A gente brinca que a gente não manda currículo, a gente manda *book*. A gente manda book pra entrevista, não manda currículo (risos). Tô brincando. Mas é o mercado. (E24)

A beleza aparece, na exposição da entrevistada, como uma normatização – "perfil", "padrão", "taxativo" – para a atuação no setor ao qual ela se refere. Assim, tudo que escapa a essa normatização é tido como uma "discrepância". O interdiscurso da lógica do mercado, presente nesse trecho, particulariza o setor bancário, o qual costuma ser considerado um dos mais concorridos, sendo a fixação de metas um dos recursos muito utilizados para pressionar funcionários, em especial aqueles que lidam diretamente com o público, como as operadoras comerciais mencionadas no texto.

Confrontando os dois trechos acima, pode-se questionar a inalienabilidade do corpo, enquanto característica intrinsecamente feminina (MOLINIER, 2002, 2003), uma vez que a "incorporação" pelas entrevistadas, que leva a sintetizar as práticas discursivas da beleza em torno do enunciado *"É para mim que eu me cuido"*, não encontra coerência quando o intertexto com o discurso do mercado se coloca. Ao se referirem a uma postura necessária para o trabalho, como certo cerceamento de condutas apelativas para a sedução, ou apresentar-se bela para conseguir uma vaga de emprego, pode-se inferir que o corpo deve estar resguardado de comportamentos vulgares, os quais, segundo o ponto de vista de algumas, seriam de fato incoerentes com o que "se espera" de uma mulher em cargo executivo. Portanto, o corpo não estaria tão resguardado no "eu" como sugerido.

Ainda há uma predominância de expectativas sociais em torno de que uma mulher demonstre o cuidado com o corpo, mais que o homem.

Segundo Vieira (2004), o corpo tem sido altamente valorizado como um componente discursivo que define e compõe a identidade da mulher, manifestando vários aspectos do *self* e da autoidentidade. Nesse sentido, no ambiente profissional, as mulheres são cada vez mais cobradas pela aparência corporal, a qual inclui o modo de se vestir e de se portar, trabalhando os aspectos corporais em seu cotidiano. Além disso, essa noção de poder traz imbuída a questão do controle que passa pela sensualidade, envolvendo prazer e dor, e pelos regimes aos quais o corpo é submetido em busca de perfeição (VIEIRA, 2004).

"Fui galgando minha posição": o incansável processo de legitimação

No que se refere aos sentidos atribuídos ao ingresso no mercado de trabalho e à construção de uma trajetória profissional no espaço público, a estratégia de legitimação inicial, que dá acesso ao mercado, é a formação superior. Por um lado, entre as que "empreenderam" algo, ou seja, entre aquelas que criaram seus próprios negócios, algumas o fizeram fora de sua área de formação, como o caso da psicóloga que virou empresária, dona de uma empresa de paisagismo. Por outro, vê-se que o discurso da formação específica para a gestão encontra eco, principalmente, nos discursos das mais jovens, uma vez que são elas as que iniciaram sua trajetória em cursos superiores como os de Administração, Economia ou Administração Pública e, logo em seguida, se especializaram, por meio de uma pós-graduação, em áreas como *marketing*, recursos humanos etc.

Ilustrando esse argumento, encontram-se trechos de entrevistas em que a entrevistada realiza julgamentos de valor acerca da profissão executiva, que vão desde atitudes de resistência inicial, em se aceitar como "administradora" ou "executiva", até expressões veladas de autorreconhecimento, como se observa nos trechos a seguir:

> Eu tive muito dilema com isso, porque eu levei muito tempo pra me chamar de administradora, pra começar. Porque eu ficava com vergonha de falar que eu era administradora e não médica, mas eu fui tomando tantas posturas administrativas que, um dia, eu falei numa reunião, eu falei: "sou a administradora do hospital". Então você tem muitos tabus, né? O primeiro é convencer você mesmo de que você exerce uma posição, que ela tem todo esse *mise-en-scène* do cargo, que você precisa ter, né? E eu me negava a isso, que eu achava que não, você não tem que passar essa imagem, porque você pode desmerecer as pessoas. Elas podem achar que você está sendo pedante. Eu sempre pensava que as pessoas podiam achar que eu estava sendo pedante de ter essa postura de que eu sou administradora e tal. Depois, eu cheguei à conclusão de que eu precisava dela pra poder mostrar que eu precisava de resultado, eu precisava ser administradora mesmo. (E2)

A situação conflitiva, em que a médica se encontra até admitir-se como administradora, oculta parte de suas presunções acerca dos significados identificacionais desse "cargo" (como referido por ela). Na visão narrada, não é bom nem desejável colocar-se numa posição diferenciada em relação às outras pessoas, as quais podem se sentir desmerecidas ou, até mesmo, questionar a legitimidade da postura assumida (o que está implícito em "pedante"). O desvelar-se para a profissão executiva, aceitando-se como tal e encenando essa forma profissional ("*mise-en-scène*", expressão francesa sem tradução no português, mas que significa algo como "fazer cena", em uma clara referência à atuação representada), é seguido de outra avaliação acerca do que é necessário ("eu precisava") que um administrador faça, a saber, mostrar resultado.

Outra atitude curiosa das entrevistadas, acerca dos redirecionamentos da carreira que as levam a se tornarem gestoras, trata-se de ofuscar ou, ao menos, não enaltecer méritos na nova posição:

> No início da minha carreira, eu não me imaginava gerente. Então foi uma coisa que foi desabrochando, com o passar do tempo, e hoje, assim, eu tenho a plena consciência né? E, assim, não é querendo me gabar, nem nada, de que é...é... é uma coisa que eu gosto muito, né? Realmente é o meu perfil. (E4)

Nesse trecho, a ocupação do cargo de gerência e, posteriormente, de diretoria aparece como uma atitude despretensiosa ("não me imaginava", "foi desabrochando") e à qual, ao longo do tempo, ela tentou resistir; o que fica explícito por meio das reticências, das repetições e de expressões, como o "né", que destacam a relutância da entrevistada em admitir uma identificação como gestora ("não é para me gabar"). Também nesse caso, ela se justifica através da referência ao que presume serem as funções de um gestor ("perfil gerencial", com o qual ela se identifica pelo uso de verbos do processo mental afetivo como "gostar" – em "eu gosto de").

Outra profissional, de uma empresa privada, que optou por manter-se empregada, relata que a passagem por diversos cargos e níveis hierárquicos a habilitou para assumir posições gerenciais, como no trecho:

> Passei pouco tempo nesse cargo bem operacional. Depois eu fui galgando minha posição de auxiliar administrativo, passei a ser analista. Depois entrei numa empresa onde eu fiquei sete anos. Nela, eu acho que foi a minha formação: eu entrei como supervisora, saí como gerente. Ali eu peguei toda a bagagem gerencial que a gente precisa ter no dia a dia. (E25)

A avaliação da função gerencial, no trecho acima, aparece relacionada ao exercício da prática ("dia a dia", "bagagem"), de modo que os cargos mais baixos configuram-se como passagens desejáveis para a constituição da competência, de E25, como gerente ("formação").

Várias entrevistadas se referiram, ainda, que, para avançarem no campo dos negócios, uma estratégia particular de legitimação, independente do setor e do porte da organização em que trabalham, é apresentar "resultados". Em enunciados como *"fui galgando minha posição"*, o sentido dos resultados apresenta-se com certa força, à qual corresponde o alcance de premiações e certificados, ou a conquista de posições destacadas, na forma de promoções e reconhecimento. Porém, notou-se que, por vezes, essa entrega de resultados exige um esforço exacerbado, como se as executivas tivessem que dar provas de sua competência o tempo todo, justificando-se por, ao mesmo tempo, serem mulheres e ocuparem posições em que, supostamente, não deveriam estar.

O fundamento para a maior necessidade de legitimação de mulheres no mercado assenta-se na divisão sexual do trabalho, a qual tem como "destinação prioritária dos homens a esfera produtiva e das mulheres a esfera reprodutiva, e simultaneamente, a ocupação pelos homens das funções de forte valor social agregado (políticas, religiosas, militares)" (KERGOAT, 2009, p. 67). Os dois princípios organizadores dessa forma de divisão social do trabalho são: (a) separação: existem trabalhos de homens e outros de mulheres; (b) hierarquização: o trabalho de homem vale mais do que o de mulher. Assim, retomando a noção de identidades de gênero da psicodinâmica do trabalho (MOLINIER, WELZER-LANG, 2009), seria menos "natural" à mulher buscar postos mais altos na hierarquia organizacional, uma vez que esses postos foram construídos em termos "masculinos" nas organizações.

Por outro lado, Kergoat (2209) afirma que, no que se refere à divisão sexual do trabalho, as práticas são construções sociais resultantes das relações sociais e que se opõem à ideologia naturalista, a qual relega o gênero ao biológico e reduz práticas sociais a "papéis sociais" sexuados, os quais remetem ao destino natural da espécie. Assim, o caso das mulheres na gestão configura um desses deslocamentos da divisão sexual, uma vez que se trata de uma camada de mulheres com alto grau de escolaridade, cujo reflexo é o acúmulo não apenas de capital cultural, mas também de capital econômico e social. Com isso, os interesses diretos dessas mulheres não são mais mediados pelos homens (pais, esposos, amantes etc.), situação que se opõe à de mulheres em empregos precários, mal-remunerados e não reconhecidos socialmente.

"A mulher é mais humana": a mãe encontra a gestão

Uma característica emblemática da atuação de mulheres gestoras é a vinculação, que ainda existe, a determinados comportamentos que são esperados em função de papéis historicamente construídos, como o de mãe. Enunciados como *"a mulher é mais humana"* atuam como frases clichês, quando pronunciadas pelas próprias entrevistadas, para se referir, ainda que indiretamente, à expectativa de que se preocupem mais com o cuidado do outro. A ligação que se faz entre a "essência do cuidar" de alguém como componente da feminilidade (MOLINIER, 2002, 2004) ressoa nessa configuração. Isso corrobora a ideia de que, nas organizações, também existem espaços generificados.

Nos trechos de discurso que ilustram essa característica, está implícita a expectativa de que as mulheres repliquem determinados papéis, como o de mãe, no ambiente de trabalho. Novamente, a naturalização ajuda a esclarecer como concepções de "mulher sensível" ainda estão arraigadas no imaginário social, inclusive no das próprias mulheres.

> Os papéis ainda são muito divididos. Acho que a mulher tem algumas vantagens, não históricas ou legais, em relação ao homem, mas pela própria identidade feminina, como a sensibilidade, intuição; que a gente leva a sério a nossa intuição. É uma característica feminina que, dentro do contexto empresarial, é um aspecto positivo, somos mães. (risos) (E22)

> Ai, uma coisa que eu gosto assim, dessa coisa de ser mulher. É uma sensibilidade que eu acho que a gente tem assim a mais, assim a mais não, mas é diferente, porque não existe a mais e a menos, existe o direito, é uma sensibilidade diferente talvez assim. E a mulher que já passou também pela gravidez, pela amamentação, hoje é uma pessoa que está inserida no mercado de trabalho, uma mulher, mas é uma mulher feminina.(E20)

> Eu acho que ser mulher tem muito a ver com a questão da sensibilidade. É um olhar diferente perante o mundo. É um estereótipo que coloca a mulher como mais sensível e o homem mais pragmático, mas eu acho que tem muito de verdade. Talvez seja um olhar mais humano para o mundo, que eu acho que nós temos mesmo. (E21)

Nos trechos acima, a identidade feminina, para o trabalho, é ancorada nas experiências da mulher como mãe ("gravidez", "amamentação"). Nota-se que duas das entrevistadas tentam avaliar tal característica como uma diferença, sem necessariamente apresentá-la como uma vantagem ou um benefício, mas apenas como uma capacidade adicional que as mulheres podem possuir e replicar no ambiente de trabalho, principalmente em relação à atenção às outras pessoas ("olhar mais humano").

"Nisso eu pareço um pouco homem": virilidade e negação da mulher

Ainda no que se refere à execução do trabalho executivo em si, noções de feminilidade estereotipadas ainda encontram eco nas vozes das mulheres, sendo o enunciado *"nisso eu pareço um pouco homem"* uma das manifestações, mais visíveis, da impossibilidade de se conjugarem as identidades de mulher e gestora. Essa negação da mulher também se dá, sobremaneira, quando as entrevistadas tratam de avaliar pares ou subordinados, em declarações acerca da preferência ou maior facilidade em trabalhar com homens, por exemplo.

> Eu tenho fama de brava, só que eu sou muito objetiva, eu não fico assim: "ah", eu vou direto! Só que acho que essa parte de preocupar, ao mesmo tempo que eles me acham brava, eles me acham muito justa, muito humana, porque, então, é, eu sempre falei, eu não vim aqui pra ser seu amigo, eu vim aqui pra trabalhar. Se a gente virar amigo, ótimo! Então,

> eles conseguem administrar isso e eu sempre me posiciono muito bem, eu não tenho problema nenhum! (E17)

> Tem mulheres que têm um jeito masculino de pensar algumas coisas, são menos complicadas. Eu acho que eu sou é... um pouco homem em alguns aspectos, porque eu não tenho o menor problema de falar com homens ou mulheres. Eu acho que tem que tomar muito cuidado com a forma quando você vai falar com uma mulher, com um homem não precisa se preocupar tanto com a forma. Homem fala, resolve e tchau. (E3).

Analisando os trechos acima, pela categoria da modalidade, vê-se que o grau de envolvimento das duas entrevistadas com o que dizem, acerca da objetividade masculina, define um estilo de falar que é localizado como típico de homens, o qual é dissociado da identificação feminina e funciona como uma estratégia para que as próprias mulheres profissionais se dissociem do que seria um comportamento "de mulher".

O lugar do qual se fala é um fator utilizado para balizar certas posturas, de modo que algumas expressões aparecem carregadas de sentidos figurados, acerca de juízos de valor, referentes às mulheres gestoras:

> Para meu estilo de gestão, é mais fácil gerenciar homens. Pelo estilo dos meus clientes, parceiros institucionais, o meu estilo teve de ser mais arrojado, mais duro. Daí eu tenho fama de brava, de bruxa, mas eu sou rigorosa mesmo. E eu acho que o homem aceita mais esse estilo gerencial, já que eu falo o que eu tenho que falar. O ouvido do homem é menos sensível ao meu estilo gerencial. (E23)

> Até que eu sou muito dura, muito armada na defensiva. Eu já chego numa reunião assim. Sou muito dura, muito objetiva, não dou margem pra nada. Mas assim, você tem que ser muito firme, mas não pode perder um pouco de ser mulher. Por exemplo, eu mexo com o belo, eu sou bonita. Então você tem que respirar isso né? Então não tem jeito. (E26)

> A minha fama aqui é que eu sou uma jararaca, eu sou uma brava. Eu acho muito difícil você fazer a coisa movimentar se você for muito mansa, sabe assim? Não tem jeito. Não estou falando que saio gritando com as pessoas, nunca. De jeito nenhum. Eu sou muito exigente, eu cobro demais. Então, assim, a minha fama é de ser superbrava, mão de ferro, entendeu? E eu acho que isso é um estereótipo. Por que homem pode ser exigente, sem ficar com o estereótipo de bravo, e mulher exigente fica com estereótipo de brava? (E3)

Um ponto central nesses discursos é que a cobrança de resultados é apresentada como uma característica intrínseca ao trabalho na gestão ("exigente", "rigorosa").

Porém, essa é percebida de forma muito diferente quando exercida por homens ou mulheres, já que sobre as últimas recaem estereótipos negativos ("bruxa", "jararaca"). Há também uma forte conotação de expectativas de gênero, sendo considerado "normal" que os homens sejam rigorosos, mas não que mulheres façam o mesmo ("bravas", "dura", "mão de ferro"). Estudos realizados em outros países, como o de Elsesser e Lever (2011), mostram que os estereótipos de gênero têm exercido menos influência nas avaliações dos gerentes, indicando que o gênero não é, necessariamente, o fator primordial na determinação de resistências ou de aceitação de líderes, mas sim as qualificações e as competências que o gestor apresenta.

Em um interdiscurso como esse, há outro trecho de depoimento que também reforça as expectativas relacionadas às mulheres; porém, aqui, elas aparecem relacionadas ao cargo, e implicitamente, também ao gênero:

> Então eu comecei a imaginar que houvesse alguma coisa nesse nível, tipo assim: será que é porque eu sou mulher e <u>falo baixo</u> e falo <u>manso</u> e sou educada? Que as pessoas pedem muito isso, né? "<u>Bate a mão na mesa</u>!" E eu falava: "Não, esse convencimento não... se eu tiver que fazer isso, eu não sou a pessoa pra fazer isso, eu sou a pessoa pra gerenciar mostrando e convencendo. Eu não tenho esse perfil." (E2)

E2, nessa ocasião, se referia às dificuldades que enfrentara para conseguir verbas para a realização de um projeto, voltado para um hospital público estadual, na organização que dirige. Todos os outros diretores de hospital, que dividem recursos financeiros com ela, são homens e, diante disso, após várias tentativas frustradas de aprovar seus projetos, ela chegou a pensar em desistir do cargo e atribuiu parte de seu insucesso ao fato de ter um estilo associado ao gênero: mulher, de fala mansa, de fala baixa, e educada.

Na visão de E2, sua equipe esperava um comportamento mais agressivo de sua parte, o qual se daria por meio de gestos tidos como masculinos (como bater na mesa) e a levaria a ser ouvida pelos demais diretores e superiores na hierarquia. Entretanto, a estratégia utilizada por ela revela outra prática recorrente entre as mulheres: apelar para uma elevada qualificação profissional e dedicação extrema ao trabalho, obtendo resultados gerenciais de excelência, como certificados e prêmios de qualidade para o hospital etc.

Assim, para se legitimarem, as mulheres buscam agir conforme a leitura que fazem do ambiente em que se inserem, adotando determinadas posturas em determinadas circunstâncias:

> Tem hora que você tem que <u>botar o pau na mesa</u>... (risos), falando o português rasgado. Principalmente quando você está numa estrutura muito grande e que você chefia uma equipe grande. Eu já chefiei equipes grandes e com muitos homens, diante dos homens tem hora que você

> tem que se impor. Eu não sei se eu teria capacidade de fazer isso, se não fizesse parte da minha personalidade. Tem hora que, qualquer situação de comando, pra você se situar você tem que ter uma postura, que eu não diria masculina, mas que é geralmente dada, que é muita firmeza, muita seriedade, muita assim... agora eu acho que a mulher consegue fazer sem agressividade. (E22)
>
> Eu tinha uma máxima de "doa a quem doer", mas não precisa doer. Às vezes eu me pego hoje sendo menos brava, menos bruxa no sentido de falar. Eu não sou ruim não (risos). Eu nunca fui ruim, eu sempre fui dura. Eu não gostei do seu relatório, vamos fazer de novo. Eu te ajudo. Hoje eu falo a mesma coisa: não ficou bom, então vamos fazer de novo. Eu acho que a ternura chegou, não que eu trate os meus técnicos lá como as minhas filhas, mas hoje eu entendo mais algumas coisas, eu aceito mais os posicionamentos. (E23)

Na valoração de E23 e E22, algumas situações de diálogo podem requerer posicionamentos claros, como quando a equipe é grande e composta por muitos homens. O percurso figurativo que se encontra, na tessitura dos dois trechos, é a agressividade como sendo uma característica masculina, à qual as mulheres podem ou não recorrer para serem firmes e imporem seus pontos de vista ("pau na mesa", "doa a quem doer"). O que é interessante, na narrativa de E23, é que ela demarca um tempo em que a incorporação do papel de mãe promove uma mudança em sua postura ("a ternura chegou"). Nesse interdiscurso com a maternidade, "as coisas" que ela diz entender podem silenciar a própria compreensão das limitações humanas, já que o relacionamento com as filhas a fez aceitar os posicionamentos dos técnicos que se reportam a ela.

Considerações finais

A realização da pesquisa que originou este capítulo foi norteada pelo objetivo de analisar como se constroem as feminilidades de mulheres que ocupam cargos de gestão em organizações de "negócios". Para tanto, considerou-se que feminilidades são identidades e, dessa forma, estariam sujeitas à atuação de múltiplas dimensões, que dão sentido à existência social do sujeito, para os outros (a identidade social) e para si mesmo (sua subjetividade). A partir dessa perspectiva, ajustada conforme os pressupostos teóricos e operacionais da psicodinâmica do trabalho, foi possível acessar os componentes discursivos dessas identidades, que se desenvolvem na relação com o outro, constituindo práticas sociais de gênero, em um tipo particular de trabalho, que é a gestão.

A abordagem utilizada inovou ao agregar psicodinâmica do trabalho para a compreensão de um fenômeno contemporâneo e controverso, que diz respeito às mulheres, enquanto indivíduos, e às organizações, como espaços sociais nos quais se desenvolvem diferentes relações entre as pessoas. A constatação de um paradoxo no campo, embora tomada como pressuposto e ponto de partida, não foi simplesmente aceita como justificativa e explicação para a questão dos conflitos, ambiguidades e dilemas que costumam descrever as situações por que passam mulheres em cargos de gestão.

Um olhar sobre os espaços simbólicos de gênero nas organizações das quais fazem parte as 26 mulheres que participaram desta pesquisa revela que discursos sobre modos de gerir convencionados ao longo do tempo como "masculinos" são replicados por elas sem qualquer questionamento. A falta de perspectivas e, sob muitos aspectos, de identificação com o próprio gênero, faz com que os mecanismos políticos dos gêneros nas organizações funcionem recursivamente. Como num jogo de conveniência, ora apela-se para atributos tidos como "femininos" de forma positiva, ora negativa. Por um lado, atribuem-se características positivas das mulheres a serviço de seus cargos – sensibilidade, preocupação com o outro, flexibilidade; por outro, as mulheres dissociam de si alguns atributos tidos como femininos, apontando-os em outras mulheres, como emotivas, instáveis, fúteis. Esses últimos vieses negativos de feminilidades ponderam as avaliações das próprias entrevistadas, as quais, ao qualificarem negativamente o próprio gênero, adotam a visão androcêntrica do trabalho.

Como consequência, algumas dessas mulheres que atuam como gestoras investem considerável esforço em separar "a mulher" da "profissional", como se esse equacionamento aliviasse o "sofrimento" por ter que se alinhar com os mecanismos de defesa viril, identificando-se em posturas e modos de agir cabíveis aos homens, e não a si mesmas. Em sua parte "mulher", caberia então ocuparem-se com os cuidados do corpo, da imagem, da beleza e da aparência, ao mesmo tempo em que a compaixão pelos outros se incumbe de "completar" suas identidades sociais femininas. Comportamentos entendidos como maternais, humanos, sensíveis resguardariam o componente generificado de suas identidades, muitas vezes ancorado na maternidade, que permanece como elemento "natural" da existência pessoal da mulher, a ser replicado no trabalho. E diante da impossibilidade de uma síntese entre as identidades profissionais e de gênero, pouco se pode vislumbrar em termos de uma contribuição efetiva das mulheres em torno de uma melhoria das relações no ambiente de trabalho, já que sua subjetividade feminina deve ser suprimida em detrimento das imposições do cargo.

Constatando a falta de perspectiva dessas mulheres em relação à coletividade, sem nenhuma visão de engajamento político, não se podem vislumbrar mudanças sociais nas organizações geridas por elas, e tampouco na sociedade. Mesmo estando à frente de organizações de diferentes portes e setores, nas quais poderiam estimular práticas que visassem à legitimação de suas feminilidades e de outras mulheres, nenhuma delas se alinha com essa possibilidade, o que lega um caráter recursivo, tradicional e pouco (quase nada) inovador das relações de gênero no espaço organizacional.

A conclusão de que persistem estereótipos e mitos relacionados à mulher que gerencia é retrógrada. A análise pretendida neste artigo, por ser crítica, poderia apontar as perspectivas de mudança social, mas o que se pode constatar é que discursos normatizantes sobre os gêneros perpassam as relações de poder, as quais têm lugar nas organizações investigadas. Esses discursos moldam a prática social, e acabam sendo moldados por ela. Entre quem os interpreta e significa estão as próprias mulheres, que até chegam a mencionar o *status* do espaço de "poder" que ocupam, mas não conseguem articular isso em torno de práticas que possam realmente promover mudanças na vida de outras mulheres e na sociedade. Não há um significado "feminino", no sentido da consciência coletiva e do engajamento com a eliminação de desigualdades que pesam negativamente para as mulheres. Como isso, as práticas sociais de gênero continuam repetindo os mesmos padrões tradicionais, com poucas perspectivas de mudanças.

Referências bibliográficas

ALVESSON, Mats; BILLING, Yvonne Due. *Understanding gender and organization*. 2. ed. London: Sage Publications, 2009. Cap. 2, p. 70-95.

BILLING, Yvonne Due. Are women in management victims of the phantom of the male norm? *Gender, Work And Organization*, Copenhagen, v. 18, n. 3, p. 298-317, 01 May 2011.

BRUSCHINI, Maria C. A. Trabalho e gênero no Brasil nos últimos dez anos. *Caderno de Pesquisa*, São Paulo, v. 37, n. 132, 2007.

BUTLER, J. *Problemas de gênero*: feminismo e subversão da identidade. 3. ed. Rio de Janeiro: Civilização Brasileira, 2010.

CALÁS, M. B.; SMIRCICH, L. Do ponto de vista da mulher: abordagens feministas em estudos organizacionais. In.: CLEGG, S. R.; HARDY, C.; NORD, W. R. (Org.). *Handbook de Estudos Organizacionais*. São Paulo: Atlas, 1999.

CHOULIARAKI, Lilie; FAIRCLOUGH, Norman. *Discourse in late modernity*: rethinking critical discourse analysis. Edinburg: Edinburg University Press, 1999.

DEJOURS, Christophe; ABDOUCHELI, Elisabeth; JAYET, Christian. *Psicodinâmica do trabalho*: contribuições da Escola Dejouriana à análise da relação prazer, sofrimento e trabalho. São Paulo: Atlas, 2011. 145 p.

DEL PRIORE, M. (Org.). *História das mulheres no Brasil*. 6. ed. São Paulo: Contexto, 2002.

DUBAR, Claude. *A socialização*. Construção das identidades sociais e profissionais. Tradução Andréa Stahel M. da Silva. São Paulo: Martins Fontes, 2005.

ELSESSER, Kimm M.; LEVER, Janet. Does gender bias against female leaders persist?: Quantitative and qualitative data from a large-scale survey. *Human Relations*, London, v. 64, n. 12, p. 1555-1578, 30 nov. 2011.

FAIRCLOUGH, Norman. *Discurso e mudança social*: Tradução Izabel Magalhães. Brasília: Universidade de Brasília, 2008. 320 p.

_________. *Analysing discourse:* Textual analysis for social research. London: Routledge, 2003. p. 270.

FONTENELE-MOURÃO, Tânia M. *Mulheres no topo de carreira:* flexibilidade e persistência. Brasília: Secretaria Especial de Políticas para Mulheres, 2006. p. 89.

GEM. *Global Entreperneship Monitor*. 2011. Disponível em: <file:///C:/Users/Samsung/Downloads/GEM%20Brasil%202011.pdf>. Acesso em: 29 abr. 2014.

GODOI, C. K.; BANDEIRA-DE-MELLO, R.; SILVA, A. B. *Pesquisa qualitativa em estudos organizacionais*: paradigmas, estratégias e métodos. São Paulo: Saraiva, 2006.

GONÇALVES, B. D. *Identidade feminina e a inserção no mundo do poder*. Curitiba: Juruá, 2008, 143p.

GOULART, Íris Barbosa. Subjetividade nas organizações. In: VIEIRA, Adriane; GOULART, Iris Barbosa (Coord.). *Identidade e subjetividade na gestão de pessoas*. Curitiba: Juruá, 2007. 295p.

JOVCHELOVITCH, S.; BAUER, M. W. Entrevista narrativa. In: BAUER, M., W.; GASKELL, G.; GUARESCHI, P. A. *Pesquisa qualitativa com texto, imagem e som*: um manual prático. Petrópolis: Vozes, 2002.

KERGOAT, Daniele. Divisão sexual do trabalho e relações sociais de sexo. HIRATA, Helena et all. *Dicionário crítico do feminismo*. São Paulo: Editora UNESP, 2009.

LIMA, Cássia Helena Pereira. Trabalho e subjetividade: prazer e sofrimento no Trabalho. In: VIEIRA, Adriane; GOULART, Iris Barbosa (Coord.). *Identidade e subjetividade na gestão de pessoas*. Curitiba: Juruá, 2007. 295p.

LIPOVETSKY, Gilles. *A terceira mulher*: permanência e revolução do feminino. São Paulo: Cia. das Letras, 2000.

MATOS, Marlise. Teorias de gênero ou teorias e gênero? Se e como os estudos de gênero e feministas se transformaram em um campo novo para as ciências. *Rev. Estud. Fem.*, v. 16, n. 2, p. 333-357, ago. 2008.

MOLINIER, Pascale. Psicodinâmica do trabalho e relações sociais de sexo. Um itinerário interdisciplinar. 1988-2002. *Revista Produção*, v. 14, n. 3, p. 14-26, set./dez. 2004.

_________. Sujeito e subjetividade: questões metodológicas em psicodinâmica do trabalho. *Rev. Ter. Ocup.* Univ., São Paulo, v. 14, n. 1, p. 43-7, jan./abr. 2003.

MOLINIER, Pascale. Féminité sociale et construction de l´identité sexuelle: perspectives théoriques et cliniques en psychodynamique du travail. *L´orientation scolaire et professionnelle* (on-line). v. 4, n. 31, 2002. Disponível em: <http://osp.revues.org/index3438.html>. Acesso em: 14 jul. 2011.

________; WELZER-LANG, Daniel. Feminilidade, masculinidade, virilidade. In. HIRATA, H. et. al. (Org.) *Dicionário crítico do feminismo*. São Paulo: UNESP, 2009.

OLESEN, V. Os feminismos e a pesquisa qualitativa neste novo milênio. In: DENZIN, N. K.; LINCOLN, Y. S. *O planejamento da pesquisa qualitativa:* teorias e abordagens. 2. ed. Porto Alegre: Artmed Bookman, 2006.

PATEMAN, C. *O contrato sexual*. Rio de Janeiro: Paz e Terra, 1993.

RESENDE, Viviane de Melo; RAMALHO, Viviane. *Análise de discurso crítica*. São Paulo: Contexto, 2006. 158p.

________. Análise de discurso crítica, do modelo tridimensional à articulação entre práticas: implicações teórico-metodológicas. *Linguagem em (Dis) Curso*, Tubarão, v. 5, n. 1, p. 185-207, jul./dez. 2004.

REY, F. G. *Pesquisa qualitativa e subjetividade*: os processos de construção da Informação. Cengage Learning, 2005. 205p.

SCOTT, J. Gender: useful category of historical analysis. *American Historical Review*, v. 91, n. 5, Dec. 1986.

TANURE, B.; CARVALHO NETO, A.; ANDRADE, J. O. *Sucesso e (in) felicidade do executivo*. São Paulo: Campus, 2007. p. 200.

VIEIRA, Adriane. Cultura, poder e identidade nas organizações. *Revista da FEAD-Minas*, Belo Horizonte, v. 1, n. 1, p. 61-75, jan./jun. 2004.

4

O MUNDO CORPORATIVO E O MUNDO COTIDIANO: DISCURSOS SOBRE A MULHER PROFISSIONAL

Raquel Santos Soares Menezes

Janete Lara de Oliveira

Introdução

Na visão atual de gênero como construção social, amplamente divulgada, parte-se da noção de que diferentes vetores atuam sobre a construção das identidades femininas e masculinas. A mídia e os veículos de comunicação em massa são grandes repositórios de representações e discursos sobre gênero, e, como tal, influenciam a formação de identidades ligadas ao trabalho. Com o incontestável aumento de mulheres que buscam algum tipo de ocupação profissional, chegando inclusive aos postos mais altos das organizações, a questão do gênero e trabalho passa a ser abordada com mais frequência em revistas segmentadas ao público feminino. Dessa forma, tais publicações constituem um recorte contemporâneo e bastante significativo de como são tratadas as feminilidades de mulheres que atuam no campo dos negócios.

Acredita-se que as revistas exercem o papel de propor a identificação das mulheres com as ideias e/ou ideais que propagam, através dos textos jornalísticos e publicitários, articulando, para tanto, vários recursos de imagem e linguagem. Segundo Matos e Lopes (2008), a mídia e as revistas femininas, especificamente, compõem um *locus* especial para a análise da ação do discurso e das imagens, uma vez que modelam os corpos e os sujeitam a certa representação do feminino e do masculino; além de inculcarem representações do feminino que em nada contribuem para contestar o estado de "naturalização" das diferenças estabelecidas entre homens e mulheres (BEIRAS et. al., 2008; SWAIN, 2001). Sob esse aspecto, portanto, entende-se que enfatizar as representações do feminino constitui um importante elemento para a análise da influência da mídia na produção das subjetividades (OLESEN, 2006; SWAIN, 2001).

No caso das revistas femininas, diversos autores (ROJO et. al., 1999; GRAY, 2003; HEBERLE, 2004) apontam a influência que tais periódicos exercem na construção de subjetividades femininas; por meio da forma como veiculam matérias no estilo de autoajuda, apresentando sugestões e "soluções" para os problemas das mulheres contemporâneas, incluindo aí o vetor do trabalho como um importante componente identificatório das possíveis leitoras.

Entretanto, Lipovetsky (2000) atenta para o fato de que o corpo continua sendo o alvo principal das mídias femininas, as quais se encarregam de difundir ideais de beleza e juventude, criando um mercado de produtos e serviços a serem desejados e adquiridos por mulheres. Em análises recentes de revistas femininas brasileiras, Swain (2001) e Heberle (2004) apontaram a persistência de feminilidades idealizadas, com destaque para enfoques figurados de mulheres belas, jovens, felizes, e, não raras vezes, fúteis. Não se encontram, na literatura nacional, trabalhos que analisem especificamente a forma como gênero e trabalho são tratados em tais revistas femininas, sendo estas de grande circulação entre o público a que se destinam.

Estudos realizados em outros países (GRAY, 2003) apontam que, em relação a trabalho, mídias e construção de feminilidades, as mulheres profissionais também consultam as revistas femininas como espécies de "manuais", que ensinam a "ser mulher" e portar certo tipo de feminilidade adequada ao trabalho. Nessa pauta, incluem-se conselhos sobre combinações de roupas e comportamentos a serem adotados ou evitados no contexto profissional, sinalizando a persistência de visões tradicionais e naturalizadas do gênero feminino.

Diante desse contexto, e da ausência de estudos dessa natureza no Brasil, o objetivo deste capítulo é analisar os discursos de uma revista feminina brasileira acerca de "mulheres e trabalho". Mais especificamente, delimitam-se os discursos sobre mulheres que exercem alguma atividade relacionada à gestão, como gerentes, diretoras, presidentes de organizações e empreendedoras. Assim, espera-se contribuir com uma elucidação de como esse tipo de mídia influencia na construção de feminilidades, aqui delimitadas como identidades sociais de gênero (MOLINIER, 2002).

Para tanto, foram analisados os exemplares de três anos da revista *Claudia*, da Editora Abril, publicada há mais de 50 anos, sendo o periódico com maior circulação entre mulheres no país. O período de análise empreendido foi de março de 2009 a março de 2012, e foram considerados os textos que tinham como temática principal gênero e trabalho executivo. Os procedimentos metodológicos foram da Análise de Discurso Crítica, de Fairclough (2003, 2008). Na sequência, apresenta-se um breve referencial teórico acerca das representações de feminilidades em revistas femininas, para posteriormente apresentar a análise da revista e dos discursos selecionados.

Representações de feminilidades em revistas femininas

A representação e o texto têm um papel diferenciado na pesquisa feminista, conforme Olesen (2006). Nesse sentido e levando em consideração que a própria mídia, através dos discursos que veicula, constitui um terreno de produção de subjetividades, tem-se que as revistas que possuem uma circulação expressiva junto a um público determinado podem ser consideradas objetos que propiciam a análise de como as feminilidades se expressam na cultura.

As revistas femininas se definem por suas destinatárias, mais do que por suas temáticas. Nesse sentido, para investigar feminilidades, a escolha de revistas femininas representa uma importante etapa, no sentido de buscar compreender "o que é ser mulher" a partir da perspectiva da mídia selecionada (ZULLO, 1999). Os assuntos que geralmente recebem destaque nessas publicações vão desde moda e beleza até culinária, de modo que essas revistas atuam como um mecanismo de imposição social de modelos e estabelecem escalas de valores para eleger o que é bom, bonito, desejável e agradável.

Em relação ao estudo da produção de subjetividades e, especialmente, de feminilidades, Gray (2003) buscou analisar as mudanças que ocorreram, nos últimos anos, no trabalho e no jeito de consumir de mulheres de negócios inglesas. Uma das fontes de dados, para o estudo da autora, foram revistas femininas que, segundo ela, funcionam como espécies de manuais para ser uma mulher e portar alguma feminilidade ali representada.

Além das entrevistas coletadas por meio de histórias de vida, a autora considerou alguns periódicos femininos que eram mencionados nos encontros como referências acerca dos modos de se portar no trabalho e de produtos a serem consumidos. Assim, sugestões de combinações e cores de roupas, por exemplo, figuravam nas pautas de discussão do grupo de mulheres analisado por Gray.

De forma parecida, ao analisar exemplares de cinco revistas semanais da Argentina, Zullo (1999) percebeu que os principais modos de "ser mulher", difundidos por tais mídias, são aqueles que evocam o consumo e o acatamento de sugestões de outras pessoas. Isso se evidencia nos títulos e nos enunciados das reportagens, os quais geralmente expressam-se a partir de verbos no modo imperativo, como "faça", e ditam normas, comportamentos desejáveis, formas de ser e de se expressar. Além disso, o consumo é constantemente evocado tanto pela quantidade dos anúncios veiculados, quanto pelas ilustrações das próprias reportagens que têm, como legenda, a marca e o preço dos produtos mostrados.

Embora as análises de revistas femininas, da Argentina e do Brasil, apontem algumas semelhanças, certamente, em cada país, tais revistas possuem suas próprias maneiras de "ditar feminilidades". De modo geral, contudo, é possível considerá-las como expressões da globalização moderna, conforme sugerem Rojo et al. (1999), seja por pertencerem a grandes grupos editoriais, os quais normalmente são donos de outras formas de mídia, seja por pertencerem a grupos que atuam em vários países.

Como resultado, todos os meios de divulgação, da mesma forma que os manuais de autoajuda, produzem um tipo homogeneizado de mulher e difundem temas considerados como femininos de maneira universal, desconsiderando os contextos em que essas publicações são veiculadas. Assim, as revistas femininas, ao redor do mundo, representam uma mescla entre "a tradição europeia de exemplos, à qual posteriormente se incorporam os manuais de autoajuda do pragmatismo norte-americano" (ROJO et al., op. cit., p. 43).

As revistas femininas não recorrem somente a teorias biológicas e químicas para apoiar seus argumentos da diferença sexual, mas alguns traços linguísticos e discursivos observados demonstram que o estilo dessas publicações possui sua origem no pensamento feminista. Assim, na valorização positiva de traços e de comportamentos considerados tradicionalmente como femininos, tem-se uma possível simplificação das teses do pensamento da diferença sexual, o que, no fim das contas, serve para produzir um efeito de sentido contrário, na medida em que pouco podem fazer para transformar a cultura androcêntrica e patriarcal, já que apenas reforçam estereótipos femininos.

> É inegável que as revistas femininas construam uma imagem positiva da mulher e dos comportamentos femininos. E é uma imagem tão positiva que parece que não pode ser manchada pelo reconhecimento de uma situação de desigualdade ou discriminação. Estas supermulheres, audazes, fortes, e carregadas de glamour, parecem viver no melhor dos mundos possíveis, um mundo que se aproxima mais do brilho de uma vitrine do que às delícias e dissabores de uma experiência cotidiana, carregada de problemas e desafios. A valorização positiva e ingênua de todo o feminino, assim como a ignorância de toda situação de discriminação e desigualdade, acaba não deixando lugar para outras explicações das diferenças entre homens e mulheres além das essencialistas (ROJO et al., 1999, p. 45-46).

Localizando a produção sobre representações de gênero em revistas no Brasil, verifica-se que tais estudos têm ganhado espaço nas publicações acadêmicas nos últimos anos, mas não na área de administração. Swain (2001) verificou que revistas femininas reforçam a dualidade de papéis masculinos e femininos, juntamente com outros produtos da mídia que se destinam ao público feminino, como programas de televisão e músicas. Os assuntos abordados remetem ao consumismo e à sedução, sendo carregados de futilidades.

Beiras et al. (2008) analisaram, em diversas publicações de circulação geral, como os assuntos de sexo e de gênero eram abordados. As revistas consideradas pelos autores de ampla circulação no Brasil também reforçam aspectos essencialistas e enfocaram mais as diferenças e (des)vantagens de um sexo em relação ao outro do que apresentam os possíveis efeitos que suas publicações poderiam gerar na construção das representações de masculinidades e feminilidades.

Pelo apresentado, pode-se afirmar que as revistas femininas dispõem de mecanismos para atuar na produção de feminilidades, juntamente com outros discursos que formam as identidades de mulheres que atuam na gestão.

Procedimentos metodológicos: análise de discurso crítico

Antes de descrever a técnica da Análise de Discurso, é necessário ressaltar que não existe uma única "análise de discurso", mas muitos estilos diferentes de análise (GILL, 2002). O que há em comum entre essas perspectivas é a "rejeição da noção realista de que a linguagem é simplesmente um meio neutro de refletir ou descrever o mundo, e uma convicção da importância central do discurso na construção da vida social" (op. cit., p. 244).

Fairclough (2003) propõe o uso da palavra *discurso* como forma de prática social e não como atividade meramente individual ou como reflexo de variáveis situacionais. Isso implica que o discurso é uma forma de ação e representação, além de existir uma relação dialética entre a prática social e a estrutura social, de modo que esta última é tanto condição quanto efeito da primeira.

"O discurso é uma prática, não apenas de representação do mundo, mas de significação do mundo, constituindo e construindo o mundo em significado" (op. cit., p. 91). Assim, como efeitos construtivos do discurso, pode-se encontrar a contribuição para a construção do que é variavelmente referido como "identidades sociais", posições mais "ativas" de pessoas como sujeitos sociais e tipos de "eu". Além disso, o discurso contribui para construir as relações sociais entre as pessoas, bem como os sistemas de conhecimento e de crenças que se formam a partir das interações.

O método de análise dos dados é derivado, principalmente, das proposições de Fairclough (2003, 2008). Segundo Resende e Ramalho (2006), o desenvolvimento da disciplina de Análise de Discurso Crítica (ADC) é, sobretudo, um movimento de ver o discurso como prática social. Em termos analíticos, isso significa que a centralidade do discurso, como prática dominante, passou a ser questionada e que as análises empíricas em ADC deveriam movimentar-se entre o linguístico e o social. Considerar o discurso como uma forma de prática social equivale, assim, a tomá-lo como modo de ação sobre o mundo e a sociedade.

Nessa concepção, o discurso é, ao mesmo tempo, socialmente constitutivo – atuando na construção das estruturas sociais – e constituído socialmente, variando segundo os domínios sociais em que são geradas, de acordo com as ordens de discurso a que se filiam (RESENDE; RAMALHO, 2006).

Em termos operacionais, Fairclough (2008) aponta três dimensões do discurso, equivalentes às etapas da Análise de Discurso Crítica: texto, prática discursiva e prática social. O procedimento de análise desse autor envolve uma descrição, a qual se refere à análise textual, e uma interpretação, que trata da análise da prática discursiva e da análise da prática social. O Quadro 4.1 a seguir resume os principais itens presentes em cada uma dessas dimensões, os quais estarão subjacentes à análise dos percursos de significados e temas identificados.

No nível operacional mais básico, aproximando-se da ADC, foi realizada uma análise textualmente orientada, ou seja, as matérias de revistas foram consideradas como textos, já que o texto é uma "forma pela qual as pessoas podem agir e interagir no curso de eventos sociais, falando ou escrevendo" (FAIRCLOUGH, 2003, p. 21).

Em síntese, a análise de cada texto contemplou as seguintes categorias, sintetizadas no Quadro 4.1 (RESENDE; RAMALHO, 2006):

Quadro 4.1 – Categorias da Análise de Discurso Crítica para análise dos textos

Tipo	Categoria Analisada	Procedimento de Análise	Aspectos Observados
Acional	1 - Intertextualidade	Referências a outros textos ou presença de outras vozes no discurso.	– Citações, paráfrases. – Quais as vozes incluídas e excluídas? – Qual a relação entre elas (harmônica ou tensão). – Discurso Direto ou Indireto. – Faz alguma pressuposição?
Representacional	2 - Significado das Palavras	Identificar palavras–chave e expressões relacionadas a gênero e a trabalho nos três eixos. Os significados não são construções individuais, mas variáveis socialmente construídas e contestadas.	– Estão investidas de algum sentido político e ideológico? – Como se posicionam ante o evento narrado?
	3 - Interdiscursividade	Identificar a heterogeneidade do texto em termos de articulações de diferentes discursos. Verificar se e como estão articulados.	– Quais são as partes do mundo representadas? (temas centrais) – Qual a perspectiva particular pela qual são realizadas as representações? (vocabulário) – Quais discursos estão explícitos, implícitos ou silenciados?
Identificacional	4 - Avaliação	Juízos de valor, verbos de processo mental afetivo, presunções valorativas. O dito, o não dito e o presumido.	Valor: bom ou ruim, positivo ou negativo. Afeto: amar, detestar, gostar. Valorativa: o que é bom ou desejável. Preferências.
	5 - Metáforas	Compreender uma coisa em termos de outra	- Quais as figuras metafóricas empregadas e em que sentido?

Fonte: Elaborado pela autora a partir de Resende e Ramalho (2006).

Mulheres e Gestão: O discurso da revista *Claudia*

A fim de retratar com maior precisão os discursos veiculados pela mídia selecionada, considerou-se o período de março de 2009, até fevereiro de 2012. Assim, obteve-se um total de 36 exemplares da revista *Claudia*.

Apresentação da revista *Claudia*

A revista *Claudia* é uma publicação mensal da Editora Abril, com tiragem de aproximadamente 500.000 exemplares, dos quais cerca de 300.000 são para assinantes, o que representa 60% das vendas. No total, a Editora considera que a revista possui uma circulação líquida de mais de 400.000 exemplares.[1] Segundo o *site* da própria Editora, 91% dos leitores de *Claudia* são do sexo feminino e apenas 9% são homens, de modo que 65% desse público pertencem às classes sociais A ou B e 31% à classe C e 4% à Classe D. A maioria dos leitores, 54%, possui entre 25 e 49 anos, enquanto 27% têm mais de 50 anos. Desses, 57% habitam na região Sudeste, 19% na região Sul, 13% no Nordeste, 8% no Centro-Oeste e 3% no Norte.

Em consonância com a linha editoral da revista, em cada edição se encontra uma variedadade de assuntos. Apesar de não mais ressaltar a multiplicidade dos papéis femininos atuais, mas sim a dos interesses, a revista continua oferecendo soluções para ajudar a mulher a lidar com tantas atribuições, já que é assim mesmo que ela *tem que ser* – completa. Ao mesmo tempo em que se verificam indícios de uma ruptura com um modelo idealizado de "mulher tradicional" – mãe, esposa, dona de casa –, não se pode afirmar que o projeto de novas feminilidades desobriga as mulheres de "darem conta" de ser completas. Analisando os discursos de um jornal de circulação interna de uma empresa, voltado para as mulheres, Corrêa et. al. (2007) observaram que temas como receitas culinárias, família, sexo e beleza se destacavam, uma vez que eram considerados pela alta administração masculina como sendo de interesse feminino.

A definição da marca "Claudia" vai ao encontro da constatação de Heberle (2004), que também estudou uma revista feminina: os discursos dessas publicações ora apoiam a liberdade e a transgressão por parte das mulheres, ora restringem ou sugerem punições para quem infringir as normas tradicionais. Além disso, ao incluir a frase "é a marca porta-voz da mulher brasileira" poderia-se esperar que a revista *Claudia* realmente retratasse as pluralidades das mulheres brasileiras, mas, salvo raríssimas exceções, não se observa a aparição de nenhuma mulher negra, mestiça ou que não seja do meio artístico e/ou do eixo Rio-São Paulo.

---

1 Conforme os dados fornecidos pelo Instituto MARPLAN, em 2010. Dados disponíveis em: <www.publiabril.com.br>. Acesso em: 01 fev. 2012.

Mulher e Trabalho Executivo na revista *Claudia*: ACD de Reportagens Selecionadas

O Quadro 4.2 traz algumas informações básicas sobre as nove matérias selecionadas – 4 entrevistas e 5 reportagens sobre mulheres e trabalho executivo – na revista *Claudia*. Nota-se que algumas dessas reportagens estão logo na capa da edição, ou seja, têm um forte apelo mercadológico no sentido de chamar a atenção imediata das leitoras. Na coluna "Título da Matéria", reproduz-se o mesmo conforme a sua aparição na capa ou, quando for o caso, no sumário da edição e não no início da reportagem em si. Acredita-se que esses lugares têm objetivos diferentes no que se refere à forma de captar a atenção do leitor e, por isso, é que optou-se por manter o foco nas primeiras impressões, ou seja, naquilo que aparece primeiro na revista.

Quadro 4.2 – Reportagens Selecionadas para ADC na revista *Claudia*

Mês/Ano	Seção	Subgênero	Título da Matéria
Jul./09	Capa (Amor e Trabalho)	Reportagem	A mulher bem-sucedida e o amor: elas abrem o jogo sobre solidão, competição e poder no relacionamento.
Ago./09	Claudia Entrevista	Entrevista	Fernando Dolabela: Lições para ser dona do próprio nariz.
Nov./09	Claudia Entrevista	Entrevista	Roberto Wong: O fator Wow.
Jun./10	Atualidades e gente	Reportagem	A megera domada: como lidar com chefes tiranas.
Jun./11	Cynthia Entrevista	Entrevista	Patrícia Amorim: a mulher de 33 milhões de corações.
Ago./11	Cynthia Entrevista	Entrevista	Andrea Jung, presidente mundial da Avon.
Set./11	Capa (Carreira)	Reportagem	Nova pesquisa estremece o escritório: beleza atrapalha a carreira.
Nov./11	Capa (Claudia defende esta causa)	Reportagem	Salários iguais já! Essa causa é nossa.
Dez./11	Capa (Carreira)	Reportagem	Como não ser a Presidente da Empresa.

Fonte: Elaborado pelas autoras a partir dos exemplares da revista *Claudia* de março de 2009 a fevereiro de 2012.

Significado acional: intertextualidade

Iniciando pelas categorias do significado acional, a da **intertextualidade** é uma das mais expressivas nos discursos da revista *Claudia* e possui algumas características destacáveis: a primeira é o fato de as reportagens conterem sempre trechos de opiniões de pessoas que a revista identifica como especialistas, as quais são, no geral, consultores de empresas de RH (localizadas, principalmente, em São Paulo) ou professores de faculdades de negócios de São Paulo, Rio de Janeiro ou Belo Horizonte; a segunda é a utilização de resultados de pesquisas científicas para corroborar os argumentos da revista, quando não para introduzir a reportagem, dando a entender que a mesma foi motivada pelos próprios resultados da pesquisa mencionada.

Considerando a primeira característica, dos especialistas consultados por *Claudia*, verifica-se a presença, cada vez maior, de novos atores do ambiente organizacional, como *coachings*, *headhunters* e psicólogos, todos relacionados à área de gestão de pessoas na organização, a qual tem se incumbido de promover o encontro entre a estratégia das empresas e os objetivos pessoais de cada indivíduo. Destaque-se, ainda, o fato de os desenvolvimentos acerca do assunto "carreira", no meio da literatura sobre gestão, o colocarem no âmbito da responsabilidade individual e não da hierarquia da empresa.

Também há um intertexto frequente entre o discurso da revista e os livros publicados pelos especialistas consultados, os quais encontram, nas matérias e entrevistas que concedem, uma fonte de divulgação direta junto ao público interessado. Revistas de negócios brasileiras e americanas, como a *Exame* e a *Fortune*, também são aludidas quando se trata de situar o *status* da empresa ou executiva retratada, como, por exemplo, no caso de Andrea Jung, então presidenta da Avon, "considerada a quinta executiva mais poderosa do planeta pela Revista Fortune", na edição de agosto de 2011. Em estudo sobre as representações de mulheres executivas em revistas de negócios, Melo (2004) identificaram que tais representações inculcam a visão de uma "supermulher", que além de trabalhar, cuidar da casa, dos filhos e da aparência, sente-se realizada com tais atribuições. Portanto, além da mídia feminina, a mídia de negócios também propaga um estereótipo feminino da mulher executiva como aquela que inclui o trabalho como vetor igualmente importante na construção das identidades femininas, embora por vezes contraditório.

Significado representacional: significado das palavras

No conjunto dos significados representacionais, a primeira categoria analisada é a dos significados das palavras, o que se deu, principalmente, por meio do vocabulário e das metáforas. Trata-se de uma categoria bastante extensa, sendo que a análise buscou destacar alguns vocábulos mais relevantes quanto às imbricações entre mulheres e gestão: sucesso, topo, equilíbrio, culpa e reconhecimento.

Passando à análise de alguns vocábulos específicos, o primeiro que se destaca é ***sucesso***. Essa palavra aparece em todas as reportagens e entrevistas, de modo que, nas últimas, ela funciona como uma pergunta obrigatória a ser respondida pelo entrevistado. Em Ferreira (2008) *sucesso* é sinônimo de: aquilo que sucede; acontecimento; resultado; conclusão; parto; bom êxito; resultado feliz.

Dessa forma, praticamente todas as reportagens aludem ao sucesso como o objetivo que se pretende alcançar por meio do trabalho, aludindo assim ao significado do bom êxito. Notou-se ainda uma referência à busca por resultado e, mais especificamente, resultado feliz, ou seja, a relação afetiva que se estabelece com o trabalho deve ser satisfatória para o profissional. Nesse esteio, as quatro entrevistas contêm pelo menos uma pergunta sobre o sucesso – receitas, fórmulas e segredos –, como se o "bom êxito e o resultado feliz" pudessem ser padronizados. Também as reportagens buscam evidenciar, para as leitoras, aquilo que pode auxiliá-las ou atrapalhá-las rumo ao sucesso (a beleza, por exemplo), bem como as consequências de alcançar a posição almejada (tal como a infelicidade na vida amorosa etc.).

Também a palavra ***topo*** carrega fortes conotações do que venha a ser a representação da executiva (a ser almejada ou afastada, admirada ou repulsiva, dependendo do contexto da reportagem). O sentido principal ao qual *topo* se vincula é o da hierarquia, remetendo à estrutura tradicional das organizações em que há um afunilamento do número de posições, entendendo que, na medida em que se sobe, avança-se em sentido vertical ascendente. Junto a *topo*, palavras como *pódio*, *degrau* e *escada* significam a ascensão profissional das mulheres, em torno da qual não há a menor evidência de um discurso coerente em *Claudia*.

Como exemplo, tem-se a reportagem de novembro de 2011. Nela, a revista conclama as leitoras a se engajarem na luta pela igualdade salarial, o que aparece como último reduto das diferenças, entre homens e mulheres, no mercado de trabalho. Os argumentos são os de que as mulheres vêm aumentando sua qualificação para o trabalho, tendo inclusive uma média superior de anos de escolaridade (8,8 delas diante de 7,7 deles); o que, entretanto, não as levou a alcançar melhorias salariais, uma vez que mesmo as mais escolarizadas ainda ganham cerca de apenas 60% do salário masculino.

Tal quadro é caracterizado pela reportagem como uma injustiça. Para revertê-lo, o texto traz um subtítulo "Caminhos para mudar" e, no conjunto das soluções, delibera: "As mulheres precisam assumir cargos de chefia. Do contrário, vamos comer poeira por mais algumas décadas" (nov. 2011, p. 158). A essa resolução, seguem alguns exemplos de empresas americanas e brasileiras que se têm lançado à busca pela igualdade de gênero, inclusive contando com o incentivo da ONU e da Secretaria Especial de Políticas para Mulheres, do Governo Federal. Além disso, a alusão a atitudes que as próprias mulheres podem ter a fim de contribuir para a reversão do quadro de desigualdade e injustiça e alguns números, que retratam a pequena participação das mulheres nos cargos de comando, tais como: diretoras, presidentas e CEOs (13,7%), gerentes (22,1%) e supervisoras e chefes (26,8%), servem de apoio para a reportagem.

Porém, a falta de coesão se verifica logo no mês seguinte, quando a mesma revista, que diz defender uma causa, aponta o caminho inverso para suas leitoras, trazendo uma reportagem de capa com o seguinte título: "Como não ser a presidente da empresa". O argumento é que esse não é "o sonho de consumo de 100% das mulheres" (dez. 2011, p. 187), principalmente daquelas que não estão dispostas a fazer as concessões que os cargos de chefia implicam. Na sequência, a reportagem lista seis atitudes, endossadas por especialistas, para as mulheres que buscam realização e reconhecimento profissional sem estar no topo da carreira. Novamente, interpela-se em relação às possibilidades de conciliação entre vida pessoal e vida profissional, sem que investimentos exagerados, nesta última, comprometam o "sucesso" no âmbito privado.

A ambiguidade também aparece na análise que Medeiros et al. (2010) fizeram de uma publicação sobre carreira, destinada ao público executivo em geral. Embora a revista não defina seu público em função do sexo, as mulheres são minoria na publicação, em especial quando se trata de retratar o sucesso.

Nos discursos de *Claudia*, a palavra que expressa o ideal de sucesso a ser perseguido é ***equilíbrio***, o qual pressupõe o balanceamento entre duas categorias – o "eu" e os "outros", nas palavras de um *headhunter* entrevistado: "O sucesso é construído com a intensidade do nosso presente. Vem do equilíbrio de sua interação, em tempo real, com as pessoas ao seu redor" (nov. 2009, p. 50, grifos nossos). A clássica busca pela conciliação "pessoal x profissional" é referenciada, como no trecho "Embora o estudo tenha abordado o mundo corporativo, ele reflete a realidade de mulheres das mais diversas áreas: para todas é um desafio unir realização pessoal e profissional" (jul. 2009, p. 138, grifos nossos).

O interessante nesse trecho da reportagem, que trata da relação negativa entre a vida amorosa e o sucesso profissional, é o exemplo dado sobre as executivas das maiores empresas do Brasil, o qual embasa a generalização referente ao restante de mulheres que são infelizes em seus relacionamentos. Quanto mais elevado o nível hierárquico, maior é a ameaça que o trabalho executivo representa para o equilíbrio feminino, como evidenciado no trecho:

> Você quer construir uma carreira de sucesso. Mas não vê sentido em investir tudo no lado profissional se o preço for abrir mão da convivência com os filhos, dos momentos de lazer, da qualidade de vida. Para conseguir equilíbrio, não ambiciona o cargo de diretoria nem o cargo de presidência. Prefere uma posição de menor destaque, mas que seja compatível com seu projeto de felicidade. Segundo os especialistas consultados por Claudia, cada vez mais profissionais pensam dessa forma (dez. 2011, p. 185, grifos nossos).

Em uma análise de como mulheres jovens e solteiras interpretam o "modelo de amor" contemporâneo, Oliveira (2008) verificou que elas próprias partem do pressuposto de que uma mulher autônoma não consegue ser suficientemente feminina. Assim, estas jovens também se sentem "ameaçadas" pelo fantasma de que as mulheres que investem na carreira profissional não conseguem ser bem-sucedidas em suas relações afetivas.

O projeto de felicidade, disseminado em *Claudia*, parece situar, cada vez mais, a realização feminina na esfera pessoal (isto é, no fato de ser mãe, no lazer, na qualidade de vida etc.), ainda que, para algumas mulheres, esse possa não ser o aspecto mais importante em seu rol de interesses; como ilustra, na mesma revista, uma entrevista fornecida pela presidenta da Avon:

> Minha filha tem hoje 22 anos e meu filho 14. Quando eles eram mais novos, eu me sentia muito culpada. Se estava com eles, ficava preocupada com o trabalho; se estava no trabalho não parava de pensar neles. Só mais recentemente descobri que, quando você opta por um ou outro, tem de ser 100%. Agir assim tem me ajudado bastante (ago. 2011, p. 47, grifo nosso).

No trecho acima, fica implícito que essa mulher realizou uma escolha pelo trabalho, já que agora os filhos estão maiores, o que se diferencia dos tempos anteriores em que, pelos filhos estarem menores, afastar-se deles causava a sensação de ***culpa*** em relação ao trabalho e vice-versa. Em uma análise do conflito Mulher-Profissional-Mãe, Badinter (2011) chama a atenção para que esse sentimento está arraigado na idealização feminina da maternidade como passagem obrigatória para a realização feminina. Nos tempos atuais, em especial nos países desenvolvidos, cada vez mais mulheres têm realizado uma opção por não ter filhos, "desobrigando-se" do sentimento de culpa que ainda acompanha muitas mulheres que trabalham.

Assim, a ***culpa*** foi outra das palavras selecionadas para análise e, embora não tenha sido empregada diretamente em vários discursos, traz implícito o significado das concessões que determinada escolha gera. A culpa normalmente aparece nos discursos das mulheres para se referir ao conflito entre trabalho e maternidade, como no trecho acima referido da entrevista de Andrea Jung e, ainda, na fala de Patrícia Amorim, Presidenta do Flamengo:

> P: Sente culpa por trabalhar tanto? R: Hoje não há mais filhos com trauma de mãe que trabalha, pois todas trabalham. Você faz opções e ganha ou perde. O bônus é que o trabalho vai dar conforto; o ônus é que nem sempre se fará presente (ago. 2011, p. 47)

No trecho da entrevista de Patrícia Amorim, a culpa, um sentimento pessoal, está (re) situado no plano social, já que o fato de mais mulheres trabalharem fora serve como alívio para o sofrimento dos filhos (ou para o trauma) em face de se sentirem diferentes ou carentes da presença da mãe. Além disso, a desculpa, ou seja, aquilo de que a mulher se vale para amenizar a culpa recai sobre o conforto da família e o argumento de que o trabalho traz compensação, em termos financeiros, para o bem-estar dos filhos.

A última palavra analisada, como significativa da representação da mulher de negócios em Claudia, é ***reconhecimento***. Tal vocábulo traz imbuído o sentido principal de legitimação, daquilo que é necessário para se fazer reconhecer perante os outros, ou seja, "admitir como certo; assegurar, admitir como bom, verdadeiro ou legítimo" (FERREIRA, 2008). No caso das mulheres, o reconhecimento significa validar o conhecimento e a competência que manifestam sob a forma de resultados positivos no trabalho, "apesar de" serem mulheres.

Há ainda uma forte conotação ideológica em torno desse aspecto, a qual se refere ao fato de que, exatamente por serem mulheres, as mesmas não deveriam ocupar um lugar de poder. Especialmente na reportagem sobre beleza e carreira, de setembro de 2011, os dados da pesquisa israelense já citada confirmam a hipótese de que a situação de não adequação de mulheres no ambiente de gestão se agrava se elas forem bonitas: "Os dados reforçam o que muitas profissionais sentem na pele: quando se é mulher e bonita, é preciso se empenhar duas vezes mais para merecer reconhecimento."

Sobre esse aspecto, questiona-se: o que a pesquisa refere como "beleza" em Israel segue os mesmos padrões de beleza do Brasil? E, ainda, a lógica social do Brasil segue a mesma discriminação por mulheres bonitas como a de Israel? Nos depoimentos que ilustram a reportagem, a beleza é citada como sinônimo de produção visual (roupas, maquiagem, acessórios etc.) ou ainda como uso do corpo para o fim de chamar a atenção para si implicitamente, ou seja, para seduzir os outros. Nesse sentido, a discriminação não ocorre pelo fato de a mulher *ser* bonita, como um atributo do corpo ou dos traços físicos, mas pelo uso que é feito desse corpo. A maneira de se portar, em relação à construção social de corpo, torna-se, portanto, o traço definidor do modo adequado de se manter "bonita" no trabalho. Na medida em que a executiva desempenha satisfatoriamente o seu papel profissional, no entanto, a questão da aparência parece se tornar secundária.

Stasevskas (2004) atenta para que, na transição pela qual as mulheres vêm passando, ainda é recorrente encontrar uma concomitância entre a ideia de "mulher atual e pra frente", e a persistência de elementos do lugar comum, entre os quais se incluem a beleza, meiguice, e sinceridade. Essas características alimentam o "conflito provindo de ressonâncias diversas sobre o papel feminino" (STASEVSKAS, 2004, p. 106).

Significado representacional: interdiscursividade

Passa-se agora à análise da interdiscursividade, tendo em vista que se trata da identificação dos discursos que são articulados na revista e, ainda, da maneira como os mesmos estão articulados (entrelaçados). Conforme Resende e Ramalho (2006), para identificar esses discursos é necessário, primeiramente, identificar os temas centrais ou as partes do mundo que estão representadas nos mesmos, além de qual é o estilo (dado principalmente pelo vocabulário) que o distingue mais evidentemente.

Embora o recorte temporal de três anos não seja significativo para avaliar a ocorrência de mudanças significativas ao longo desse período, notou-se que existe uma contemporização gradual no que se refere: primeiro, em um passado longínquo, a mulheres que não trabalhavam; depois, àquelas que trabalhavam, mas não tinham acesso aos cargos de comando; e agora, àquelas que estão chegando às posições mais altas.

A origem temporal de passado é o **discurso feminista**, identificado como movimento a partir da década de setenta, quando a revista *Claudia* já existia. Esse discurso se expressa deliberadamente sob a influência de alguns redatores, como a psicanalista Carmen Silva, que escreveu na revista, durante mais de 20 anos, entre as décadas de 1960 e 1980. No presente, a interdiscursividade com o feminismo se dá principalmente sob o pretexto de vangloriar-se das conquistas das mulheres, remetendo explicitamente à inserção das mesmas na esfera pública e aos avanços relacionados aos direitos femininos.

Nota-se, assim, uma espécie de "evolução do modelo feminino", o qual vem passando por intensas desconstruções. Chegando ao ponto de não se poder esperar que se encontre, de fato, "um modelo", mas antes uma indefinição em torno da identidade feminina. Numa alusão às transformações pelas quais as mulheres vêm passando, Lipovetsky (2000) denomina as mulheres contemporâneas de "terceira mulher". Esta, sob influências dos ideais modernos, não possui sua existência pautada em função dos caminhos sociais e naturalmente preconcebidos como outrora, pelo contrário, as maiores possibilidades de escolha de nossa era propõem uma abertura estrutural e de imprevisibilidade aos destinos e ao destino feminino, o qual passa, cada vez mais, pelo trabalho e realização profissional.

Também em *Claudia* há uma interdiscursividade entre **mulheres, trabalho e empreendedorismo**. O discurso da realização profissional, como uma expressão do desejo, aparece sob a forma de várias reportagens dedicadas ao tema, bem como, mais especificamente, das entrevistas e reportagens já analisadas. O que se coloca em questão, nesse interdiscurso, são as novas formas de se relacionar com o trabalho, o que é ilustrado pelo trecho da entrevista com Fernando Dolabela:

> O trabalho como vemos hoje, sobretudo sob a forma de emprego, propõe uma fragmentação do ser humano porque utiliza apenas as habilidades intelectuais e proíbe a emoção. O resultado disso tem sido drástico, é uma fábrica de infelizes (ago. 2009, p. 74).

No que se refere às mulheres, o aumento do número de empreendedoras, no Brasil e no mundo, atesta a relevância que essa forma de trabalho vem adquirindo e as perspectivas de mudança que se abrem para a obtenção de prazer e felicidade. Ademais, ampliam-se as possibilidades de as mulheres atuarem em frentes que demandam formas mais emocionais de agir, seja em relação às questões comunitárias e de sustentabilidade, seja em vista de áreas relacionadas à saúde, à violência e à construção de um mundo melhor, o que se pode verificar nas falas das Presidentes da Avon e do Flamengo, entrevistadas em *Claudia*:

> "Há uma ligação entre a independência financeira feminina e a saúde da família, a educação dos filhos e as melhorias na sociedade. Está provado

que, quando a mulher ganha dinheiro, passa a ajudar também a comunidade. É uma garantia de avanços na sociedade e estabilidade econômica da nação" (ago. 2011, p. 48, grifos nossos).

"O futebol tem gerado uma violência esquisita. Os duelos deveriam ser dentro de campo, mas extrapolam e muito. Minha crença é que uma participação maior das mulheres consiga diminuir essa tensão" (ago. 2009, p. 74, grifos nossos).

A independência feminina a que se refere Andrea Jung, da Avon, explica a pergunta sobre o que venha a ser "fortalecer a mulher", divulgada por meio das campanhas de saúde da multinacional no mundo todo, em favor da prevenção e do tratamento de câncer de mama, e de redução da violência doméstica. Nesse caso, trata-se de justificar a enorme rede de vendedoras porta a porta dos produtos da marca, a qual representa uma alternativa para o aumento da renda familiar, já que muitas vezes as vendedoras "empreendem" como forma de obter ganhos extras. Em pesquisa com pequenas empreendedoras, Machado (2009) constatou que o êxito financeiro é um dos principais motivos pelos quais mulheres buscam iniciar um pequeno negócio.

Já a explicação de Patrícia Amorim, sobre a maneira de lidar com a paixão de 33 milhões de torcedores, encontra no discurso de gênero ("o estilo feminino de administrar") seu argumento. Pode-se afirmar que há, aqui, uma expectativa de que as mulheres atuem em cargos de gestão, levando em conta não apenas os próprios interesses, mas os de cada ser humano que é afetado por suas decisões – clientes, torcedores, vendedores, funcionários, comunidade.

Pesquisas anteriores acerca da existência de um "possível" estilo feminino de administrar não encontram consenso sobre tal. O que se tem verificado, em estudos como o de Corsini e Souza Filho (2004) e Menezes (2002), é que mesmo que as mulheres utilizem estratégias mais solidárias ao lidar com times de trabalho, em busca de uma identidade profissional que perpassa os comportamentos estereotipados da personalidade masculina, ainda há uma associação entre o "modelo de gestão predominante como 'masculino', e as mulheres que os adotam como 'masculinizadas'".

Significado identificacional: metáfora

No plano metafórico, verificou-se a intertextualidade entre "contos de fadas" e a vida real das mulheres, legado nítido da idealização do feminino ainda nos dias atuais. Na análise dessa metáfora, a expressão "conto de fadas" foi utilizada para se referir à possibilidade de uma conciliação satisfatória entre relacionamento amoroso e trabalho. Contextualizando a metáfora para os dias atuais, além do arquétipo da mocinha que vira princesa, no conto de fadas atual tem-se que o príncipe é quem passa por uma grande transformação: os maridos ou companheiros referidos, nos trechos de discursos que remetem aos contos de fadas, apoiam as decisões das esposas e, por vezes, abdicam de suas próprias carreiras, por mais que isso lhes custe em suas trajetórias:

> Trabalho de 12 a 13 horas por dia. Fernando, meu marido, é nota mil. Ele é economista e largou tudo para me ajudar. E não gerou nele nenhum complexo de inferioridade. Pelo contrário, é tão nobre e tão grande por causa disso...Vai às reuniões de escola, acompanha mais o estudo das crianças. Compras, eu mesma faço e não abro mão. Dar banho e escovar os dentes é comigo. Sempre brinco que por enquanto, estou no sonho Cinderela. Mas eu posso virar abóbora (Patrícia Amorim, presidenta do Flamengo, em jun. 2011, grifos nossos).
>
> Na Turquia, o marido de uma representante era um homem de sucesso e não queria que ela trabalhasse. Então ela começou a vender escondido. Em um curto período de tempo, obteve tanto sucesso que virou uma líder. Ganhou dinheiro, comprou a casa nova deles, mobiliou. Ela diz que ele é um dos poucos maridos que voltam para casa e fazem o jantar. Os tempos são outros no mundo inteiro, mesmo que a mudança seja lenta. Acredito em final feliz para o conto de fadas (Andrea Jung, presidenta mundial da Avon, em ago. 2011, grifos nossos).

Stasevskas (2004) também atenta para essa correlação negativa que se costuma estabelecer entre o sucesso profissional e o preço pago por ele, entendendo que tal sucesso, muitas vezes, se dá a partir do fracasso na ordem doméstica. A autora ilustra seu pressuposto com o exemplo de mulheres que atingem altos cargos, e que, por vezes, têm como contrapartida a renúncia total ou parcial do sucesso "na casa", e muitas vezes, no relacionamento conjugal.

Significado identificacional: avaliação

Já na categoria de avaliação, buscou-se as comparações, explícitas e implícitas, que estão imbuídas de juízos de valor que pesam mais sobre homens ou mulheres. Na maioria das vezes, a desvantagem é delas, seja em face do relacionamento amoroso ("Dizem que o poder é solitário, mas não é bem assim. O homem poderoso atrai as mulheres. Para ele o topo é afrodisíaco. Não se pode dizer o mesmo das poderosas", jul. 2009, p. 138), seja em relação à beleza, a qual, na relação com o trabalho, é sempre mais vantajosa para os homens:

> O método de pesquisa dos economistas foi enviar dois currículos com informações iguais para cada uma das 2,5 mil vagas selecionadas. A única diferença era que um deles sempre continha a foto de uma mulher atraente. Um dado curioso? A mesma pesquisa feita com homens teve resultado oposto: 19,7% dos candidatos atraentes foram chamados, ante

> 13,7% daqueles com currículo sem foto e 9,2% dos profissionais que eram considerados de aparência comum. (set. 2011, p. 140).

Até na forma de gerir, assemelhando-se ao "modelo masculino", são as mulheres que perdem:

> Mulheres são ying, emoção; homens são yang, razão. E essa é uma tremenda vantagem para vocês [...] O sentimento tem o poder de conquistar as pessoas. E, claro, a mulher é mais coração – daí sua vantagem. O problema é que as mulheres tentam imitar os homens no mundo corporativo, deslocando-se do coração para a cabeça. Aí perdem a vantagem que tinham, pois, entre a cópia e o original, sempre se prefere o original (nov. 2009, p. 52, grifos nossos).

O caráter ideológico das relações de gênero, no qual prevalece uma dominação masculina, se impõe de maneira evidente nos trechos anteriores, naturalizando comportamentos e enfatizando as representações estereotipadas e negativas das mulheres em cargos de poder. Isso se dá, principalmente, no discurso dos "especialistas" homens, os quais têm sua voz propagada nas páginas de *Claudia*:

> Olhe para as mulheres que chegaram ao topo na política, nos negócios...A maioria usa roupas masculinizadas, cabelos curtos. É raro encontrar uma mulher no poder que mantenha um jeito feminino. Por quê? Porque ela usa o modelo de sucesso a que está acostumada, que é masculino. Isso vai além da aparência. É de novo o embate entre razão e emoção. A mulher vai deixando para trás sua maior capacidade de ouvir, de compartilhar, de ver o todo. Essa é uma das grandes causas de desequilíbrio dos seres humanos: o conflito permanente entre ser normal, ou seja, seguir as normas, ou ser natural, ou seja, ser quem se é (nov. 2009, p. 52, grifos nossos).

O trecho acima retrata o embate (explicitado por meio dos vocábulos *desequilíbrio* e *conflito*) que as mulheres que chegam ao topo supostamente enfrentam exatamente por perderem seu componente de identificação feminina; no caso, a emoção e o jeito feminino, expresso nos códigos incorporados (formas de vestir e cabelos).

A oposição entre *normal e natural* sobrecarrega o dualismo iniciado no parágrafo anterior. Seguindo a lógica, "o normal" seria: homem-razão-poder e mulher-emoção-subordinação. Para empenhar-se na posição de poder, o "natural" seria então: mulher-razão-poder, buscando um componente identificacional 'masculino' a fim de naturalizar as diferenças e fazer com que as mesmas se perpetuem no universo corporativo, assim como nas demais esferas da sociedade. Na pesquisa de Corsini e Souza Filho (2004), com homens e mulheres acerca das representações sociais das executivas, os autores constataram que nem mesmo as próprias mulheres fazem distinção nítida entre estilos femininos e masculinos de gestão.

Outro ponto emblemático, relacionado à avaliação das diferenças entre homens e mulheres, é o comportamento referente às diferenças salariais. Na reportagem que trata do assunto e conclama as leitoras a se engajarem na causa da eliminação dessa injustiça, a responsabilidade recai sobre as próprias interessadas, a fim de que as mesmas aprendam a "negociar seu salário e não aceitar a primeira coisa que lhe oferecem, com medo de ser rejeitada ou perder oportunidades" (nov. 2011, p. 162).

Autores como Corrêa (2004) e Vilas Boas et al. (2003) observam que o processo de promoção continua sendo mais lento para as mulheres e também afirmam que ainda há entraves para maior igualdade em termos de salários, os quais continuam mais baixos em relação aos dos homens que ocupam o mesmo cargo, além da taxa de desemprego feminino que é maior que a masculina. Nesse sentido, tais estudiosos acreditam que as antigas condições de discriminação foram apenas atenuadas.

Considerações finais

A análise aqui empreendida possibilitou explorar o componente cultural das identidades e a influência da mídia na construção de subjetividades. A revista de circulação em massa possibilitou um recorte no espaço simbólico de valoração das mulheres executivas na cultura social geral. A análise da mídia segmentada para o púbico feminino permite corroborar uma série de questões levantadas em outros estudos. Ao mesmo tempo em que apoiam a liberdade e conclamam as leitoras a transgredirem certas atitudes, continuam enfocando questões essencialistas do sexo, reforçando estereótipos de feminilidades incompatíveis com o mercado de trabalho, principalmente para os cargos de gestão.

Nos três anos investigados da revista *Claudia*, prevalece a ênfase na corporeidade feminina, nos cuidados e rituais do corpo, o qual se submete a regimes rigorosos de disciplinarização, que atende tanto ao gigantesco mercado potencial para consumo de produtos embelezadores e rejuvenescedores, bem como à utilidade funcional do corpo para o trabalho.

A conclusão de que persistem estereótipos e mitos relacionados à mulher que gerencia é retrógrada. Mas a análise pretendida não foi de apenas apontar tais discursos, como o da incompatibilidade entre relacionamento amoroso × trabalho, entre a mulher-mãe × profissional, a beleza × competência. Por ser crítica, a análise dos discursos das mídias poderia apontar as perspectivas de mudança social, mas o que se pode constatar é que discursos normalizadores sobre os gêneros perpassam as relações de poder, as quais têm lugar organizações dos mais diversos tipos. Esses discursos moldam a prática social e acabam sendo moldados por ela. Entre quem os interpreta e significa, estão as próprias mulheres, que até chegam a mencionar o *status* do espaço de "poder" que ocupam, mas não conseguem articular isso em torno de mudanças que possam realmente promover mudanças na vida de outras mulheres e na sociedade. Não há um significado "feminino", no sentido da consciência coletiva e do engajamento com a eliminação de desigualdades que pesam negativamente para as mulheres, a exemplo das diferenças salariais.

Referências bibliográficas

BADINTER, E. *O conflito:* a mulher e a mãe. Rio de Janeiro: Record, 2011

BEIRAS, A.; SOUZA, C. D.; KAZUSBOWSKI, E., SOARES, M. S.; LAGO, M. C. S. Sexo e Gênero em revistas: uma análise preliminar do discurso. *Psicologia em Estudo,* Maringá, v. 13, n. 1, p. 97-104, jan./mar. 2008.

CORRÊA, A. M. H.; GONTIJO, M. C. L.; ASSIS, L. B.; CARRIERI, A. P.; MELO, M. C. O. L. Soldadinhos-de-chumbo e bonecas: representações sociais do masculino e feminino em jornais de empresas. *Revista de Administração Contemporânea,* v. 11, p. 191-211, 2007.

_________. *O assédio moral na trajetória de mulheres gerentes.* Dissertação (Mestrado em Administração) – Centro de Pós-Graduação e Pesquisa em Administração, Faculdade de Ciências Econômicas, Universidade Federal de Minas Gerais. Belo Horizonte, 2004.

CORSINI, L.; SOUZA FILHO, E. A. de. Um estudo sobre as representações sociais de mulheres executivas: estilo de comportamento e de gestão. *Cadernos de Psicologia Social do Trabalho,* São Paulo, v. 7, p. 67-80, 2004.

FAIRCLOUGH, N. *Discurso e mudança social:* Tradução Izabel Magalhães. Brasília: Universidade de Brasília, 2008. 320 p.

_________. *Analysing discourse:* textual analysis for social research. London: Routledge, 2003. 270 p.

FERREIRA, A. B. de H. *Dicionário Aurélio Ilustrado* Rio de Janeiro: Positivo, 2008.

GILL, R. Análise de discurso. In: BAUER, M.; GASKELL, G. *Pesquisa qualitativa com texto, imagem e som.* Um manual prático. Petrópolis: Vozes, 2002.

GRAY, A. Enterprising femininity: new modes of work and subjectivity. *European Journal of Cultural Studies,* London, v. 6, n. 4, p. 489-506, 1 nov. 2003.

HEBERLE, V. M. Revistas para mulheres no século XXI: ainda uma prática discursiva de consolidação ou renovação de ideias? *Linguagem em (Dis)Curso,* Tubarão, v. 4, n. esp., p. 85-112, 2004.

LIPOVETSKY, G. *A terceira mulher:* permanência e revolução do feminino. São Paulo: Cia. das Letras, 2000.

MACHADO, H. V. *Identidades de mulheres empreendedoras.* Maringá: Eduem, 2009.

MATOS, A. A. de; LOPES, M. de F. Corpo e gênero: uma análise da revista TRIP Para Mulher. *Rev. Estud. Fem.,* v. 16, n. 1, p. 61-76, abr. 2008.

MEDEIROS, C. R. O.; VALADÃO JÚNIOR, V. M.; BORGES, J. F.; MIRANDA, R. Estereótipos de gênero e carreira executiva na literatura gerencialista. *Gestão.org*: Revista Eletrônica de Gestão Organizacional, v. 1, n. 8, p. 81-97, jan./abr. 2010.

MELO, M. C. O. L. Representações femininas na mídia de negócios brasileira. *O&S*: Organizações e Sociedade, Salvador, v. 11, n. 31, p. 103-118, 2004.

MENEZES, M. I. C. B. B. Mulher, poder e subjetividade. *Mal-estar e Subjetividade*, Fortaleza, v. 2, n. 2, p. 59-85, set. 2002.

MOLINIER, P. Féminité sociale et construction de l´identité sexuelle: perspectives théoriques et cliniques en psychodynamique du travail. L´orientation scolaire et professionnelle (on-line). v. 4, n. 31, 2002. Disponível em: <http://osp.revues.org/index3438.html>.

OLESEN, V. Os feminismos e a pesquisa qualitativa neste novo milênio. In: DENZIN, N. K.; LINCOLN, Y. S. *O planejamento da pesquisa qualitativa:* teorias e abordagens. 2. ed. Porto Alegre: Artmed Bookman, 2006.

OLIVEIRA, D. P. *Narrativas modernas e contemporâneas do amor e da feminilidade*. Tese (Doutorado). Programa de Pós-graduação em Sociologia. Universidade Federal do Ceará. Fortaleza, 2008.

RESENDE, Viviane de Melo; RAMALHO, Viviane. *Análise de discurso crítica.* São Paulo: Contexto, 2006. 158p.

ROJO, L. M. et. al. Decálogos comunicativos para la nueva mujer: el papel de las revistas femeninas en la construcción de la feminidad. *Discurso y Sociedad*, Barcelona/ Buenos Aires, v. 3, n. 1, p. 15-50, 1999.

STASEVSKAS. *Travessias do feminino*: potencialidades no mundo. Tese (Doutorado. Pós-Graduação em Saúde Pública). Universidade de São Paulo. São Paulo, 2004. p. 173.

SWAIN, T. N. Feminismo e recorte do tempo presente. Mulheres em revistas "femininas". *São Paulo em Perspectiva*, v. 15, n. 3, p. 78-92, 2001.

VILAS BOAS, L. H. B.; PAULA NETO, A.; CRAMER, L. Relações de gênero nas organizações: um estudo no setor de vendas de veículos. *Revista de Administração*, São Paulo, v. 38, n. 3, p. 219-229, jul./ago./set. 2003.

ZULLO, Julia. Que significa ser mujer? La construcción textual de la destinataria em las revistas femeninas argentinas. *Discurso y Sociedad*, Barcelona/Buenos Aires, v. 3, n. 1, p. 15-50, 1999.

5

A MULHER NOS NEGÓCIOS: UMA ANÁLISE DOS DISCURSOS SOBRE OS ATRIBUTOS "FEMININOS" NA REVISTA *EXAME*

Ana Paula Diniz

1 Introdução

O trabalho que apresentaremos começou a ganhar contornos quando desenvolvemos dois estudos centrados nas discussões sobre gênero no Núcleo de Estudos Organizacionais e Sociedade (NEOS), da Universidade Federal de Minas Gerais (UFMG). Nessas pesquisas buscávamos entender como homens e mulheres de negócio têm construído suas identidades de gênero. Para tanto, enfocamos os relatos dos entrevistados e abordamos os modos como as feminilidades e masculinidades de executivas/os eram representadas em revistas nacionais. Nessa oportunidade, chamou-nos a atenção um argumento recorrente na fala dos sujeitos de pesquisa. Quando questionados sobre as diferenças de gênero nas organizações, muitos deles sustentaram que as mulheres, na atualidade, são bem-vindas no universo empresarial, uma vez que "possuem" capacidades não observadas – ou observadas em menor medida – nos homens. Nesse contexto, a sensibilidade, o tato nas relações e a percepção aguçada, características tidas como femininas, foram enfatizadas como "competências" para o desempenho profissional (CARRIERI, 2010; 2011).

Interessados em investigar mais profundamente esses discursos sobre a diversidade de gênero, neste trabalho objetivamos compreender como discursos gerenciais-administrativos representam atributos entendidos como femininos. A suposição da qual partimos é a de que no discurso gerencial características social e historicamente naturalizadas como femininas são apropriadas como recursos a serem gerenciados para alcance de melhores resultados. Tal apropriação, ainda que confira uma nova roupagem a atributos antes utilizados para justificar a exclusão das mulheres do espaço público, não só reforça e reifica estereótipos de gênero, como também cria uma clivagem entre as mulheres, diferenciando aquelas que são aceitas nas organizações das "outras".

A fim de desenvolver tal estudo, nos voltamos para a análise de textos midiáticos com foco na revista de negócios *Exame*. Tal opção se deu, primeiramente, pelo espaço privilegiado e legitimado que as mídias ocupam na contemporaneidade. Segundo Fairclough (1995), a mídia cumpre uma função informacional e de veiculação de um conjunto de discursos construídos no espaço público. Tais informações são transmitidas e, muitas vezes, recebidas como apresentações neutras dos eventos sociais, colocando-as não como uma determinada visão da realidade, mas como "verdades" sobre os fatos enunciados. Fairclough (1992) alerta que, ao veicular essas "verdades", a mídia exerce seu caráter ideológico, contribuindo para a construção de sistemas de crença e posições de sujeitos, na maior parte das vezes orientados para o controle e reprodução social. Nesse sentido, Moraes (2008) argumenta que a mídia atua no gerenciamento da vida social, produzindo, inclusive, efeitos de divisão e desigualdades.

Fischer (2002) acrescenta que a mídia deve ser entendida como um "dispositivo educacional", na medida em que participa da construção das subjetividades, oferecendo saberes que se destinam à "educação" das pessoas. O caráter "educacional" da mídia se mostra especialmente importante quando se discutem as revistas de negócios, as quais são explicitamente voltadas para a proposição de práticas gerenciais, conferindo legitimidade para determinadas práticas como "coisa certa a ser feita" (WOOD JR.; PAES DE PAULA, 2002). O potencial para ditar modismos administrativos se torna ainda maior se considerada a revista *Exame*, reconhecida por ser a "principal fonte divulgadora de ideias sobre as modificações organizacionais e tecnológicas das empresas" no Brasil (DONADONE, 2000, p. 5).

A escolha pelas revistas de negócio se deu também pelo fato de elas veicularem em suas reportagens uma série de textos e discursos distintos, como os científicos e os organizacionais. Ao enfocarmos esse tipo de revista, partimos do pressuposto de que nelas encontraríamos textos fortemente marcados pela intertextualidade tanto com textos científicos produzidos no campo da Administração quanto com falas de gestoras/es e especialistas, constituindo um conjunto mais complexo de textos e posicionamentos. Observamos ainda que, conforme apontado por Eccel, Grisci e Tonon (2010), por meio do estudo das revistas de negócio é possível aproximar-se do discurso administrativo em voga, legitimado por *experts* e pelo público-alvo. Assim, tais mídias constituem termômetros sobre os assuntos privilegiados no campo administrativo e sobre como gestores percebem determinados fenômenos organizacionais (HANASHIRO; CARVALHO, 2005).

Para alcançar o objetivo proposto, estruturamos este trabalho em seis seções além desta introdução. Na segunda seção, apresentamos o conceito de gênero do qual partimos, enfatizando a pluralidade na construção das identidades de gênero, entendidas como *transperformances*. Em seguida, discutimos alguns elementos do contexto de opressão masculina característico da modernidade e destacamos como os ideais de gênero preponderantes têm sido atualmente desconstruídos. No quarto tópico, detalhamos o caminho metodológico percorrido, no qual utilizamos a Análise Crítica do Discurso como principal embasamento. Estabelecidas as categorias empregadas para o estudo dos discursos, na quinta e sexta seções, são analisados os textos coletados na revista *Exame* e debatidos os efeitos sociais que eles sugerem. Finalizamos este trabalho com algumas reflexões acerca dos paradoxos que marcam o discurso sobre os atributos femininos.

2 O gênero como *transperformance*

Neste trabalho, partimos do argumento de Louro (1997) de que os gêneros – fundamentalmente sociais, relacionais e históricos – fazem parte das identidades dos sujeitos. Tais identidades, em concordância com Matos (2000a; 2000b; 2001a; 2001b), podem ser compreendidas como *transperformances* de gênero, as quais constituem um processo dinâmico de estilização do corpo, que se dá por meio da repetição de atos, gestos e comportamentos, de modo a reproduzir ou a contestar as estruturas – patriarcais e heteronormativas – do gênero, em determinado espaço-tempo. Essa estilização é vista como o resultado, sempre inacabado, do atravessamento de diferentes "corpos-sujeitos" por múltiplas dimensões que, apesar de interpenetráveis, não se esgotam umas nas outras. Nesse sentido, sociabilidade, alteridade, corporalidade, erotismo, sexualidade, afetividade e emocionalidade compõem vetores de força operados na construção de posições identificatórias de gênero.

Segundo Matos (2000b), as *transperformances* constroem-se em referência a dimensões simbólicas e culturais. As culturas podem ser entendidas como horizontes simbólicos construídos intersubjetivamente, nos quais os eventos sociais se desenrolam. Nestas, as pessoas (inter)agem tanto em conformidade com a tradição, reproduzindo padrões estruturados social e historicamente, quanto se dispõem a mudanças, conduzindo a resultados imprevisíveis. Assim, Oliveira (2004) argumenta que estes horizontes conferem sentido e direções às ações humanas e, ainda que não possam ser reduzidos a ações específicas, não estão descolados delas. De modo contrário, o autor sustenta que são essas mesmas ações que instituem e atualizam tais horizontes, conferindo-lhes fluidez.

Com base em Simmel (1971), Matos (2000b) discute a existência de dois planos culturais de gênero em relação aos quais as *transperformances* se desenvolvem. Por culturas de gênero a autora entende

> [...] *um conjunto articulado e articulável de ideias, padrões de comportamento, meios simbólicos, significados, práticas, sentidos e valores resultantes do dispêndio de energia humana na produção, construção e cultivo sociais, que definem posições, lugares, papéis e funções cultivados por um ou por outro sexo* (ou ainda a ausência de alguma caracterização deste tipo), *e que cumprem a tarefa de marcar social, situacional e historicamente* (no tempo e no espaço) *determinado plano relacional de gênero* (MATOS, 2000b, p. 40, grifos no original).

Tais culturas podem ser compreendidas a partir de dois planos inter-relacionados: as culturas objetivas e subjetivas de gênero. Construída social e historicamente, a cultura objetiva de gênero tem se apresentado por séculos como "cultura objetiva fálica de gênero", cuja configuração é relativamente estável, autônoma e duradoura, relacionada com as dinâmicas próprias dos contextos de dominação masculina. Desse modo, a cultura fálica de gênero dá sustentação a relações tradicionais e patriarcais, pautadas pela assimetria de forças entre homens e mulheres e pela valorização do masculino em detrimento do feminino. Como será discutido na seção seguinte, tal dimensão, especialmente no Ocidente moderno, é profundamente marcada pela oposição entre esfera pública e privada, com a subordinação da segunda à primeira, e pela condenação das mulheres à esfera privada (MATOS, 2000b).

Retomando Butler (2010), salientamos, ainda, que a cultura fálica pode ser entendida em termos da estrutura rígida de regulação e normalização dos gêneros em relação à qual as *transperformances* se constroem. Tal estrutura, denominada pela autora como matriz de heterossexualidade compulsória, constitui um modelo de inteligibilidade cultural, por meio do qual determinadas características, comportamentos e desejos são estabelecidos como naturais aos "machos" e "fêmeas". A partir dessa naturalização, identidades sexuais e de gênero específicas assumem o lugar do "real" em detrimento de outras, distinguindo o que seria o homem e a mulher "verdadeiros" e impondo regras a serem seguidas nas construções dos modos de ser generificados.

Já as culturas subjetivas de gênero referem-se às "várias outras 'alternativas culturais subjetivas de gênero', construídas a partir de diferentes inserções identificatórias em suas próprias dinâmicas de gênero" (MATOS, 2000b, p. 40). Segundo Matos (2000b), as culturas subjetivas conformam o modo particular pelo qual os sujeitos assimilam e utilizam os produtos idealizados e executados nas culturas objetivas de gênero. Estas se constroem a partir da agência dos sujeitos, os quais, ao adotarem uma estilística de gênero transformadora, participam da ressignificação das culturas objetivas, remarcando os elementos normativos e os valores estereotipados que as compõem. Assim, reconhece-se a inter-relação entre os planos culturais e o caráter transformador das culturas subjetivas de gênero, abrindo espaço para evidenciar as possibilidades de transformação e reinvenção históricas do plano estrutural.

Matos (2000b) afirma que, ao abordar as culturas e identidades de gênero, assume-se o caráter mais coletivo das primeiras e o mais individual das segundas. Isso, contudo, não indica que as culturas subjetivas de gênero sejam externas e que as identidades de gênero sejam internas. Ambas são *transperformances* construídas no atravessamento entre diferentes dimensões. Nesse sentido, Matos (2000b) afirma que identidades e culturas devem ser entendidas como *fronteiras*, que pressupõem contornos alternantes entre as esferas. Estas demarcam territórios possíveis, estabelecendo limites, sempre passíveis de transformação, para as sexualidades e os gêneros. "[S]ão contornos, por sua vez, de uma *fronteira viva* em constante tensão e movimento, onde 'corpos-sujeito' se aventuram no processo de individuação e subjetivação" (MATOS, 2000b, p. 255, grifos no original).

O entendimento das identidades e culturas de gênero como *fronteiras* remete ao caráter plural, cambiante e desconhecido das mesmas. Como afirma Matos (2000b), os territórios do gênero, sexualidade e corpo apontam sempre para além das normas, sendo as identidades de gênero "um devir, um construir de que não se pode dizer com acerto que tenha uma origem ou um fim" (BUTLER, 2010, p. 59). Tal abordagem teórica leva ainda a reconhecer que, especialmente em tempos de destradicionalização cultural, nos quais coexistem – não sem conflitos – formas sociais tradicionais fortemente arraigadas com outras em processos de reinvenção, essas identidades transitam entre a tradição e a renovação, demarcando feminilidades e masculinidades tradicionais e reinventadas (MATOS, 2000a; 2000b; 2001a).

3 "Ideais" de gênero entre a tradição e a reinvenção

Para compreensão dos ideais de gênero preponderantes na contemporaneidade, partimos dos apontamentos de Pateman (1993) sobre a construção daquilo que denomina por "patriarcado moderno". De acordo com a autora, o patriarcado moderno pode ser entendido como um sistema de dominação masculina, no qual as diferenças entre o que é ser "homem" e "mulher" são vistas como decorrentes da natureza, conduzindo a diferentes tipos de racionalidades. Tais racionalidades "sexualizadas" são tomadas de modo hierarquizado, sendo a racionalidade tida como naturalmente feminina colocada como inadequada ou insuficiente para que as mulheres participem como iguais na vida pública. As mulheres, segundo essa visão, seriam naturalmente desprovidas do espírito moral que as garantiria autonomia para agirem por si mesmas ou para participarem da vida política, sendo inaptas à atenção concentrada, à sublimação das paixões e à utilização da razão para dominar seus impulsos, tendo, portanto, maior propensão à desordem (BADINTER, 1991; PATEMAN, 1993).

Ortner (1979) discute que a atribuição de características naturais às mulheres está associada ao corpo feminino e à função de procriação natural, pelo menos até então, específica das mulheres. Menstruação, alterações hormonais, gravidez e parto constituem experiências corporais mais orientadas para processos naturais, com destaque para a reprodução da espécie. Entretanto, as mulheres não eram vistas como de todo natureza: elas também eram consideradas seres humanos que agem e interagem entre si e com os homens. Enquanto seres humanos, a elas também foi "dada" a capacidade de transcendência do natural via maternidade, para a qual foram naturalmente condicionadas. Nesse contexto, Badinter (1985, p. 146) ressalta que no século XVIII o papel e a representação da mãe modificaram-se radicalmente, destacando-se as explicações biológicas para o amor materno e as recomendações para que as mães cuidassem pessoalmente de seus filhos e os amamentassem, a fim de se produzirem indivíduos que seriam "a riqueza do Estado".

De modo oposto e incomensurável, os homens seriam vistos como responsáveis e comedidos, levando ao estabelecimento de relações equilibradas e estáveis. A racionalidade e a lógica também foram apontadas como elementos presentes das masculinidades. Tais atributos, contudo, não dispensavam a bravura, quando requisitados em momentos adequados, como nas guerras e nos esportes. Nesse sentido, Oliveira (2004) coloca o ideal ocidental de masculinidade imperante como um encontro entre o trabalhador – disciplinado, racional e provedor – e o guerreiro – bravo e viril. Enfim, a antípoda de um ideal tradicional de feminilidade, o qual passava pela fragilidade, sensibilidade, delicadeza, comedimento público, insegurança e instabilidade.

A capacidade de subordinar os impulsos naturais à razão, entendida como masculina, colocava os homens em um patamar de superioridade e os associava àquilo que é da ordem do cultural, que deveria controlar e regular a natureza e, por consequência, as mulheres, dotadas de sua incorrigível incapacidade. Acompanhando o mesmo binarismo, a esfera pública, espaço legítimo dos homens, foi colocada como o lugar do civilizado e dos direitos políticos, ao passo que a esfera privada foi identificada como o espaço da família e do parentesco e, portanto, das mulheres. Nesse contexto, Pateman (1993) salienta que a diferença sexual constituiu uma diferença política entre a liberdade e a sujeição, inviabilizando que as mulheres fossem reconhecidas como sujeitos de direitos como os homens.

Ressalta-se, contudo, que o patriarcado moderno tem passado por um processo de destradicionalização, no qual construções alternativas – familiares e de gênero – têm ganhado visibilidade (MATOS, 2000b). Para essa mudança concorreram diversos fatores entre os quais destacam-se: a conquista da capacidade civil e política e da igualdade jurídica das mulheres (RODRIGUES, 2003); a entrada massiva das mulheres no mercado de trabalho (LOBO, 1992); a intensificação dos movimentos pelos direitos civis das minorias (MATOS, 2000b); a relativa perda de força das instituições modernas, como o Estado e a Igreja, e o ganho de força pelo mercado e a formação da sociedade de consumo (OLIVEIRA, 2004); e as transformações pelas quais a esfera privada vem passando, com a formação de núcleos familiares alternativos, menor regulamentação dos relacionamentos, postergação cada vez maior da formação do vínculo conjugal e aceitação das uniões civis homossexuais.

Como resultado dessas mudanças, os ideais regulatórios de masculino e feminino e as hierarquias às quais conduzem vêm sendo permanentemente questionados. Nesse contexto de questionamento dos padrões instituídos, alternativas de existência mais plurais encontram maiores espaços para se afirmarem. Contudo, é importante salientar que tais ideais, ainda que desestabilizados, não foram abandonados, continuando a influenciar a construção das identidades de gênero e das instituições na contemporaneidade. Neste contexto, Matos (2001a, p. 11) destaca:

> Se as mudanças estão se dando, é sabido que as mesmas não ocorrem sem gerar desconforto, desprazer, sofrimento, resistências, enfim, conflitos. Sem dúvida, é na esfera do domínio público que tais conflitos se dão de forma mais aberta, já que é exatamente nela que estão as últimas fronteiras a determinar, ao fim e ao cabo, a posição hegemônica e tradicional de mando político dos dominantes. Sem dúvida ainda persistem (muitos e dolorosos) conflitos na esfera privada, mas parece-me que estes se apresentam mais permeáveis e negociáveis do que aqueles que se dão no mundo público. Neste sentido, parece ser muito mais prová-

vel a negociação de um vínculo conjugal estabelecido entre *gays* onde: um é branco, europeu, protestante, de meia idade, gerente de seguros e o outro é negro, brasileiro, adepto do candomblé, estudante universitário e bastante jovem; do que negociar uma entrada mais incisiva de mulheres e negros em cargos de chefia ou em mandatos político-institucionais.

Assim, observamos que, ainda que se percebam mudanças no plano dos gêneros, as quais têm contribuído de modo substantivo para a destradicionalização dos ideais instituídos, tais ideais e as desigualdades e hierarquias aos quais estão associados continuam a reverberar nos tempos atuais. Tendo como pano de fundo esse contexto paradoxal, no qual a tradição coexiste – nem sempre de modo harmonioso – com a reinvenção, serão analisados os textos coletados, atentando-se para a forma como esses eixos recortam os discursos depreendidos.

4 Os caminhos metodológicos percorridos

Para se compreenderem as representações dos atributos femininos na revista *Exame*, realizou-se uma pesquisa qualitativa sustentada na proposta de análise discursiva apresentada por Fairclough (1992; 1995; 2003), a Análise Crítica do Discurso (ACD). A ACD constitui um método de análise construído na interseção entre as ciências da linguagem e as ciências sociais críticas, voltando-se para a compreensão sobre como as desigualdades sociais são construídas e podem ser superadas. Para tanto, esta centra-se no estudo das relações entre o discurso como diferentes modos de *semiosis* e outros elementos da vida social, atentando-se tanto para as características linguísticas quanto para os efeitos sociais que os textos sugerem.

Nesse contexto, a análise desenvolvida enfocou os textos, buscando esclarecer as relações que estes estabelecem entre si e indicar possibilidades de produção de sentido e efeitos sociais. O roteiro utilizado foi segmentado em três dimensões inter-relacionadas. Primeiramente, destacamos a dimensão das práticas textuais ou das relações internas ao texto. De acordo com Fairclough (2003), a análise do texto volta-se para o que está presente nele – as relações sintagmáticas – e para as relações estabelecidas entre o que está presente e as ausências no texto – as relações paradigmáticas. Tal análise abarca o estudo de:

1) Relações semânticas: relações de sentido estabelecidas entre os elementos do texto.
2) Relações gramaticais: relações sintáticas que dão a forma, a "textura" do texto, e que contribuem para a construção dos sentidos formados.
3) Relações lexicais: palavras e expressões escolhidas e relações que estabelecem entre si.

As outras duas dimensões correspondem às relações externas ao texto. Em um nível intermediário, voltamos para as práticas propriamente discursivas (FAIRCLOUGH, 2003). A análise dessa dimensão envolve a compreensão:

1) Das relações intertextuais: busca apontar quais outros textos participam da construção do texto que está sendo analisado e como isso ocorre. A partir da análise das intertextualidades, podemos observar quais "vozes" são trazidas para o texto, criando determinados sentidos.
2) Dos gêneros: procura compreender como um texto, enquanto parte de um evento social, contribui para a ação e interação entre os agentes. Os gêneros foram analisados em termos de atividade (propósitos da ação linguística), relações sociais (tipo de troca estabelecida no ato linguageiro) e estrutura genérica dos textos (como os argumentos são desenvolvidos ao longo do texto, envolvendo as premissas dos argumentos, as demandas realizadas com base nas premissas, as justificativas para as demandas realizadas e o que suporta tais demandas).
3) Dos discursos: enfoca os modos particulares de representação dos objetos. Destacamos que um mesmo discurso possui diferentes representações, sendo algumas mais estáveis do que outras. As distintas representações associam-se com o vocabulário empregado, as formas nas quais tais palavras são interconectadas e os modos como os argumentos são delineados.
4) Dos estilos: referem-se às formas como as identidades são construídas linguisticamente e os processos de identificação que estas envolvem. O estudo dos estilos presentes no texto passa também pela forma de engajamento dos enunciatários com o que enunciam, ou seja, pela modalização ou não do que é dito; e os modos de avaliação ou julgamentos presentes no texto.

Na terceira dimensão, também associada às relações externas ao texto, traçamos as vinculações entre as análises das relações intertextuais, gêneros, discursos e estilos com aspectos sociais. Nessa dimensão, foi analisado como as identidades de gênero são representadas, atentando-se especialmente para como essas transitam entre a tradição e a reinvenção, como o binarismo é reforçado ou desconstruído e como algumas identidades ganham proeminência em detrimento de outras. Além disso, atentamos para a forma como as propostas gerenciais foram legitimadas e como atributos e situações foram universalizados.

Como mencionado, para fins deste trabalho, selecionamos a revista *Exame* como objeto de estudo. Entre as possibilidades de textos existentes nesse periódico, optamos pela análise das reportagens, na medida em que essas não só constituíam o material mais vasto entre os textos disponíveis, mas também são o tipo de texto por meio do qual se poderiam retomar relatos de casos, apresentações de achados de pesquisas, opiniões de especialistas e falas de gestoras/es, entre outros, tendo intertextualidade mais do que nos demais tipos de texto. Por fim, acreditamos que nessas encontraríamos textos menos associados a opiniões pessoais – ou, pelo menos, que não partiam desse princípio – e mais voltados para uma postura institucional, que também nos interessava observar.

Para seleção dos textos a serem analisados, foram construídas três categorias: questões de gênero, abrangendo textos que abordavam a situação das mulheres no mercado de trabalho e que discutiam as diferenças de gênero no desempenho das tarefas; uma ou mais mulheres como personagem principal; e diversidade. O recorte temporal realizado contemplou as edições publicadas entre julho de 2006 a junho de 2011, correspondendo a um conjunto de 122 edições, das quais 2 não estavam disponíveis (ed. 897 e 918). Ao final da coleta, num conjunto de 5.045 reportagens, selecionamos 127, das quais 15 pertenciam à categoria gênero, 102 a mulheres como personagens principais, e 10 a diversidade. Após leitura cuidadosa das 127 reportagens, observamos que 5 remetiam especificamente ao tema abordado neste trabalho. Realizado o processo de identificação dos textos, passamos à análise em si, a qual foi realizada com base em trechos dos textos, contribuindo para que explicitássemos com maior clareza os percursos de sentido e as relações que os textos estabelecem entre si.

5 As representações dos atributos femininos na revista *Exame*

A partir da análise dos textos selecionados, depreendemos um discurso, denominado discurso gerencialista, o qual é composto por diferentes representações dos atributos entendidos como femininos. Primeiramente, observamos a representação desses atributos de modo homogeneizado, como pode ser visto no trecho 1 a seguir:

> (01) Um é pouco. Dois é pouco. Três começa a ser bom. A distorção no ditado vale para o número de mulheres nos conselhos de administração. Um estudo das professoras Alison M. Konrad e Vicki W. Kramer, publicado na Harvard Business Review, revelou que a presença feminina nos conselhos traz uma série de benefícios. Elas costumam, por exemplo, ser mais persistentes que os homens na busca por respostas para questões complicadas. Quando um conselho tem uma ou duas mulheres apenas, porém, elas tendem a se sentir marginalizadas. Se o número cresce, esse sentimento se dissipa e os colegas homens abandonam a postura de enfrentamento, o que facilita a colaboração ("Mulheres na dose certa", ed. 883, n. 12 novembro, 2006).

Na nota acima, os benefícios da entrada mais substantiva das mulheres nos cargos de gestão são enfatizados. Retomando um estudo realizado, afirma-se que as mulheres são frequentemente mais persistentes que os homens, entre outros atributos silenciados, e que podem se sentir marginalizadas, ainda que não fiquem explícitos os porquês desse "sentimento". Os homens, por sua vez, além de não possuírem os mesmos atributos, são apontados como resistentes à entrada de mulheres nos conselhos, adotando uma postura de enfrentamento, a qual é dissipada quando há maior presença feminina. Nesse contexto, a inserção das mulheres é defendida, na medida em que não só agregaria competências, mas também dissiparia incompetências tidas como masculinas ("postura de enfrentamento"). Tal questão, associada ao nível de abstração do espaço ("conselhos") e das identidades sociais ("mulheres", "homens"), leva à universalização da "medida" proposta, criando uma mensagem implícita: aumente o número de mulheres em seu conselho e terá melhores resultados.

A positividade da presença de mulheres nas organizações também foi salientada no trecho 2, da reportagem "O dinheiro na mão delas":

> (02) CONTA A FAVOR DAS EQUIPES 50-50 MAIOR COMPLEMENTARIDADE NO TRABALHO. "Em geral, os homens são mais arrojados para conquistar novos clientes, enquanto as mulheres têm mais habilidade para manter os relacionamentos", diz José Leopoldo de Abreu Figueiredo, chefe do *private* do Credit Suisse Hedging-Griffo, terceiro maior do mercado e que tem 30% do quadro formado por mulheres. O último relatório da ONG americana Catalyst, especializada em estudar mulheres no mercado de trabalho, lançado em outubro, mostra que as 500 maiores empresas da lista da revista Fortune com maior representação de mulheres entre os diretores têm desempenho financeiro significativamente melhor que as demais. Na média, o retorno dessas companhias sobre o patrimônio foi, no mínimo, 53% acima das empresas com menor número de mulheres. No quesito retorno sobre vendas, o índice foi de 42%. Em termos de retorno sobre investimentos, empresas com mais mulheres na direção tiveram desempenho 66% superior ("O dinheiro na mão delas", ed. 908, n. 24, dezembro 2007).

No fragmento acima, reafirma-se a homogeneidade entre mulheres e homens, como polos opostos, binários, e, portanto, complementares. Essa oposição e complementaridade trariam maiores benefícios para a empresa, na medida em que, implicitamente, formariam um leque mais completo de competências disponíveis. Nesse sentido, a presença das mulheres nas organizações, compondo equipes 50-50, é apresentada como desejável, constituindo uma "diretriz" para o sucesso empresarial. Tal diretriz é legitimada em relação aos benefícios para o desempenho das atividades, como colocado pela fala reportada diretamente do chefe, e aos retornos superiores, como reiterado pelas estatísticas apresentadas ao final do trecho. Salientamos a expressividade dada à relação número de mulheres e aumento dos retornos financeiros, presente no advérbio "significativamente", utilizado para designar o quão melhor é o desempenho dessas empresas. Notamos também que, ainda que haja uma polarização entre homens e mulheres, esta é modalizada pela expressão "em geral". A modalização realizada faz com que as diferenças de gênero não sejam tratadas de modo naturalizado, mas como uma recorrência, fator também presente no trecho 1.

Ressaltamos, contudo, que a defesa de maior inserção das mulheres nas organizações a fim de se aumentar o desempenho empresarial apresenta-se de modo contraditório nos textos. Essa pode ser percebida no trecho 2, no qual, apesar de se defender a complementaridade das equipes 50-50 e de se reportar a fala do chefe da *private* no intuito de legitimar tal defesa, em seguida alega-se que este mesmo chefe lidera uma organização cujo quadro de funcionários é composto por apenas 30% de mulheres. Nesse sentido, observamos que as barreiras para inserção das mulheres nas organizações persistem a despeito das positividades que um "ambiente mais feminino" possa conferir aos negócios, conforme explicitado no trecho 3, da mesma reportagem, destacado abaixo. As barreiras enfrentadas pelas mulheres são associadas a fatores intra e extraorganizacionais, como o preconceito enraizado no mundo do trabalho e a dificuldade de conciliação entre maternidade e trabalho executivo, respectivamente.

> (03) Embora um ambiente de trabalho mais feminino pareça bom para os negócios, os obstáculos para que as mulheres ocupem espaços nos postos mais altos das empresas ainda são grandes. Do ponto de vista institucional, o preconceito ainda persiste num mundo dominado há séculos pelos homens. Na esfera íntima, conciliar maternidade com longas horas de trabalho nunca é uma missão indolor ("O dinheiro na mão delas", ed. 908, n. 24, dezembro 2007).

Acrescentamos, ainda, que, de forma antagônica, os atributos tidos como femininos também são questionados no discurso da revista *Exame*, criando um cenário de polêmica, como se pode observar no fragmento a seguir.

> (04) O caminho escolhido por Brenda [abandonar o cargo gerencial para dedicar-se ao cuidado dos filhos] – uma opção tipicamente feminina – foi muito mais arriscado que o trilhado por Patricia Woertz, atual presidente da ADM, uma das maiores empresas de agronegócio do mundo. Mãe de três filhos, Patricia fez carreira de executiva-padrão. Trabalhou na área de petróleo, tradicionalmente ocupada por homens, sempre deixou clara sua disponibilidade de viajar e mudar de cidade quando isso fosse solicitado e nunca rejeitou trabalho extra. Trabalhadora quase compulsiva, Patricia assumiu cargos do Texas ao Canadá. Em 2001, chegou à vice-presidência da área de refino e marketing da Chevron. Ao assumir recentemente a presidência da ADM, gigante com faturamento anual de 36 bilhões de dólares, a ambiciosa Patricia carimbou seu passaporte de entrada para o clube das mulheres mais poderosas do mundo dos negócios. Para perma-

> necer nele, precisará mostrar resultados – exigência que não faz distinção de sexo ("Afinal, elas estão chegando lá", ed. 875, n. 4, agosto 2006).

No trecho 04, a opção por abdicar do cargo para dedicar-se ao cuidado dos filhos, opção tida como tipicamente feminina, é apresentada como uma alternativa "muito mais" arriscada para conciliar maternidade e trabalho. Apesar de silenciados os riscos, depreendemos que eles se referem à possibilidade de não retomada da carreira. Em contraposição à opção "tipicamente feminina" está a opção "executiva-padrão", exemplificada pela trajetória de outra executiva bem-sucedida. Em meio ao dilema entre maternidade e trabalho, a gestora "ambiciosa" optou por privilegiar o trabalho, inserindo-se em empresas mais adversas às mulheres ("tradicionalmente ocupada por homens") e deixando claras sua disponibilidade e aptidão para o acúmulo de tarefas. Ressaltamos, ainda, a retomada da ideia de que o resultado é aquilo que conduz as decisões sobre quem ocupa ou não os cargos de comando e que tal "medida" não faz distinção de sexo.

Interessante notar que em meio à discussão sobre qual estratégia seria mais assertiva, é justamente aquela que privilegia a esfera do trabalho, em um suposto lógico tipicamente masculino, que é vista como "menos arriscada" ou mais assertiva. A valorização da forma de atuação tida como masculina ou "executiva-padrão" se mostra especialmente importante se considerado que o conflito maternidade-trabalho tem se tornado um problema também para as empresas, como explicitado no trecho 5.

> (05) Nos últimos anos, algumas empresas começaram a adotar iniciativas para tentar combater os efeitos negativos do estresse entre suas funcionárias. A holandesa Philips criou há cinco anos um programa mundial chamado Projeto Singulares. O principal objetivo é evitar reuniões tarde da noite, sobretudo as que envolvem profissionais mulheres. Treinamentos e transferências também são negociados para evitar que as executivas sacrifiquem o relacionamento familiar. Na operação brasileira da Procter & Gamble, desde 1999 as funcionárias podem tirar licença-maternidade de até um ano. Depois dos quatro meses concedidos por lei, elas escolhem se voltam ao batente, se trabalham apenas meio período (recebendo pelo número de horas trabalhadas) ou se ficam em casa por mais tempo, sem receber salário, mas mantendo o vínculo com a companhia. Seria mais cômodo para as empresas se elas contratassem apenas homens. O problema é que elas acabariam descartando uma mão de obra que chega ao mercado cada vez mais preparada. ("A saúde delas está por um fio", ed. 898, n. 14, julho 2007).

De acordo com o trecho 05, as dificuldades de conciliação entre família e trabalho e o estresse decorrente têm levado as mulheres ao adoecimento. Nesse contexto, as empresas têm sido impelidas a adotar iniciativas que facilitem a conciliação do trabalho com essas atividades. Destacamos o sentido de obrigatoriedade conferido a essas ações, as quais devem ser adotadas se os gestores quiserem se beneficiar das oportunidades que as trabalhadoras têm trazido para o mercado. Soma-se a isso a representação dessas iniciativas como um incômodo (suposto lógico de "cômodo") que seria possível de ser contornado se as empresas contratassem apenas homens. Entretanto, como isso implicaria a perda de oportunidades mencionada, é necessário sair dessa posição cômoda, de exclusão das mulheres, em direção à outra, mais inclusiva. Tal premissa reitera os argumentos anteriores sobre como as mulheres, ainda que capacitadas e dotadas de atributos passíveis de serem instrumentalizados, eram – e ainda são – desprivilegiadas nos processos de contratação.

A preocupação com o gargalo de mão de obra e as possíveis consequências negativas para as empresas ficam também explícitas no trecho 6, da entrevista "Menos branca, alemã e masculina". Neste, a diversidade é colocada como um "imperativo", na medida em que seria o meio para viabilizar o desenvolvimento de talentos. O caráter imperativo, de obrigação, está associado à previsão de esgotamento de mão de obra em 2040.

> (06) E: Qual o risco de não dar a devida atenção ao tema [diversidade do corpo funcional]? R: Estudos indicam que por volta de 2040 haverá uma escassez de força de trabalho da ordem de 24 milhões de pessoas. Se não empregarmos mais mulheres e envolvermos os funcionários de outros países em novas áreas da empresa, não sobreviveremos a essa escassez ("Menos branca, alemã e masculina", ed. 953, n. 20, outubro 2009).

Além das contradições apontadas, observamos que a própria homogeneização dos atributos entendidos como femininos é por vezes questionada nos textos analisados, configurando mais um ponto de polêmica no discurso. No trecho 7, ainda no que diz respeito às atividades econômicas ("pelo menos"), questiona-se a binaridade na qual os gêneros são entendidos, conforme explicitado na afirmação de que "não existe isso de homens serem de Marte e mulheres de Vênus". Vemos neste fragmento a polêmica com outra voz, presente no largamente conhecido *Homens são de Marte e mulheres são de Vênus* (GRAY, 1992), livro no qual se atribuem a fatores biofisiológicos características opostas observadas em homens e em mulheres. Afirma-se, nesse contexto, que as mulheres também apresentam os atributos esperados para o desenvolvimento do trabalho e que têm aspirações semelhantes.

> (07) O sucesso das executivas brasileiras não chega a ser uma surpresa para quem acompanha as últimas pesquisas sobre o efeito das mulheres no mundo dos negócios. A mais recente, publicada em novembro pelo Centro Lehman Brothers sobre Mulheres no Mundo dos Negócios, da London Business School, ouviu 850 pessoas de 21 corporações em 17 países. Após seis meses de trabalho, a conclusão foi que, pelo menos

> nas atividades econômicas, não existe isso de homens serem de Marte e mulheres de Vênus. Para começar, quando o assunto é trabalho, todos têm as mesmas aspirações. Buscam o sucesso com afinco semelhante e querem, sim, subir na carreira. ("O dinheiro na mão delas", ed. 908, n. 24, dezembro 2007).
>
> (08) Os teóricos da administração, porém, há anos buscam razões [para a ascensão substantiva das mulheres nas organizações] na seara emocional e apoiam-se no senso comum. Mulheres, de maneira geral, são consideradas mais emotivas, sensíveis e intuitivas – características cada vez mais valorizadas num discurso empresarial que prega o trabalho em equipe, a cooperação e a conciliação. Esses traços de comportamento explicariam, por exemplo, a escolha da executiva Irene Rosenfeld, de 53 anos, para ocupar a presidência da Kraft Foods. Sua missão é realizar mudanças profundas nas operações da companhia. O processo inclui a venda de marcas que somam hoje 5% de seu faturamento anual de 34 bilhões de dólares, o corte de 14.000 empregos e o fechamento de 40 fábricas. Ok. Trata-se de um trabalho que alguns homens preparados poderiam fazer. Portanto, muito mais do que por sensibilidade e delicadeza, Irene foi escolhida para comandar a reestruturação por pura capacidade de execução. "Ela não chega com ideias preconcebidas, gosta de escutar os outros e quando decide fazer uma coisa faz na hora", afirmou a EXAME Jean Spence, chefe da divisão de pesquisa e qualidade da Kraft ("Afinal, elas estão chegando lá", ed. 875, n. 4, agosto 2006).

Uma visão mais pluralista pode ser observada também no fragmento 8, destacado acima. Nesse, alega-se que os teóricos da administração têm apontado "competências" ligadas à emoção como responsáveis pelo sucesso das mulheres nas organizações e pela aproximação delas a um ideal de trabalhador/a que priorize "o trabalho em equipe, a cooperação e a conciliação". Entretanto, o argumento dos teóricos é, em certa medida, questionado no texto. Depreendemos tal questionamento implicitamente da afirmação de que tais teóricos "apoiam-se no senso comum". Essa qualificação pode ser associada a uma ideia pejorativa de teoria formulada com base em conhecimento vulgar e em afirmações não comprovadas e, sob uma determinada visão, não científica. Esse questionamento pode ser também deduzido do pressuposto de que as mulheres não necessariamente atendem a esses estereótipos, apreendido a partir da ponderação "de maneira geral", e da justificação da contratação da executiva por sua "pura capacidade de execução" em detrimento das características estereotipadas "sensibilidade e delicadeza". Notamos ainda a alegação de que os atributos femininos por si sós não garantem o sucesso das mulheres, sendo indispensáveis capacidade de execução, competência e preparação técnica para que elas se mantenham no mercado de trabalho.

Assim, observamos que as representações depreendidas na análise dos textos selecionados percorrem caminhos de sentidos distintos e, por vezes, conflitantes. Os conflitos presentes no discurso analisado apontam para efeitos de sentidos diversos, aos quais não só direcionaremos questionamentos, como também reconheceremos os eixos de mudança observados. Nesse sentido, na próxima seção, recuperaremos os argumentos traçados a fim de compreender os possíveis efeitos sociais que os textos sugerem.

6 Reflexões sobre os possíveis efeitos sociais do discurso gerencialista

Ao analisarmos o discurso da revista *Exame* acerca dos atributos ou peculiaridades femininas, observamos que as representações depreendidas transitam entre a tradição e a reinvenção. Assim, por um lado, vemos o questionamento da homogeneização e dos binarismos, enfatizando que mulheres e homens não são polos opostos e que, ainda que de modo restrito ao trabalho, podem desempenhar atividades semelhantes. Somam-se a isso as modalizações dos processos de homogenização de tais atributos nos textos estudados. Como pudemos perceber na análise, ainda que se observe uma orientação para a homogeneização e universalização das características tidas como femininas, estas não são naturalizadas. Nesse sentido, na orientação para a homogeneização guarda-se um espaço para a diferença, observando que as mulheres "de modo geral" apresentam os atributos elencados.

Vemos ainda a ressignificação dos atributos tidos como femininos, conferindo uma roupagem positiva aos mesmos. Nesse contexto, sensibilidade, emoção, intuição, perseverança são apontados como atributos mais frequentes nas mulheres, os quais contribuem para a melhoria do desempenho delas enquanto gestoras e justificam sua maior inserção nas empresas. Retomando nossas discussões sobre o patriarcado na modernidade, argumentamos que a significação positiva dada às características entendidas como femininas também pode ser associada aos processos de destradicionalização cultural (MATOS, 2000b; 2001a). Isso porque os mesmos atributos que eram colocados como justificadores da exclusão das mulheres do espaço público e, portanto, da esfera do trabalho, agora são apontados como razões para a inserção delas nesses espaços. Destacamos ainda que a positividade conferida aos atributos femininos leva a certa valorização das mulheres nas empresas, colocando-as como mais capacitadas, facilitando, assim, a ocupação de cargos decisórios.

É importante atentarmos, contudo, para os limites desse discurso. Ao considerarmos os processos de universalização construídos, ainda que modalizados, observamos que esse discurso leva à valorização de *parte* das mulheres. Tendo em vista que, como colocado nas nossas discussões sobre gênero, as mulheres se constroem de formas múltiplas, plurais, quando se valorizam determinados atributos, elege-se uma configuração específica do gênero, uma dada forma de ser mulher, como melhor ou mais adequada para as empresas, excluindo todas as demais que não se adequam ao "padrão" escolhido. Cria-se, assim, uma separação dentre as mulheres, colocando aquelas que são passíveis de serem "libertadas" das barreiras associadas aos gêneros no espaço do trabalho e as "outras".

Salientamos também os possíveis efeitos produtivos desse discurso. A consideração de uma identidade de gênero feminina como mais adequada acaba por colocar os termos a serem atendidos para que as mulheres sejam valorizadas nas empresas. Temos, assim, o estímulo à produção de uma configuração identitária em detrimento de outras, estabelecendo como as mulheres devem ser para serem valorizadas (FAIRCLOUGH, 2003). Nesse sentido, com base em Butler (2010), sustentamos que o discurso de valorização do feminino no trabalho, ainda que vestido de uma roupagem positiva e libertária, mostra-se uma formação discursiva com função normativa. Podemos ainda reconhecê-lo como um discurso que reforça a matriz de inteligibilidade de gênero, na medida em que, embora a forma de abordagem dos atributos seja distinta, continua-se a reiterar e a estimular a construção das identidades de gênero conforme os atributos da feminilidade tradicional historicamente associados à mulher.

Acrescentamos que, ainda que o discurso de instrumentalização das diferenças esteja presente, este não é homogêneo, sendo questionadas as possibilidades de este conduzir a uma inserção e ascensão efetivas das mulheres nas organizações. Esse questionamento está presente primeiramente nos textos que demonstram que, embora a presença de mulheres nos cargos de gestão pareça benéfica para o desempenho nas empresas, elas continuam sendo parcialmente excluídas desse espaço. Este também pode ser visto nas afirmações de que os atributos tidos como femininos por si sós não garantem o desempenho das mulheres na gestão, sendo necessários outros atributos como capacidade de execução e capacitação formal. Observamos, nesse sentido, que o questionamento a esse discurso aponta para sua ineficácia nas organizações, não garantindo uma entrada consistente das mulheres nesse espaço.

Destacamos, ainda, que o discurso depreendido paradoxalmente reforça a negatividade daquilo que é entendido como específico das mulheres. Assim, observamos que a maternidade, historicamente apresentada como origem da inadequação das mulheres ao espaço público, é reafirmada como um problema para as organizações, uma vez que demanda adequações nos processos gerenciais. Tal argumento corrobora a ideia de que as organizações de trabalho foram construídas pelos e para os homens. Como afirma Pateman (1993), o ideal de trabalhador capitalista, desde sua concepção, foi generificado, sendo os atributos masculinos tradicionais seus componentes estruturais. Isso pode ser visto na caracterização da estratégia da "executiva-padrão", vista como mais adequada para conciliação dos conflitos entre a esfera privada e pública. Nesta, ambição, dedicação integral à empresa e disposição para enfrentar adversidades são apontadas como atributos mais adequados às executivas, características que as aproximam do ideal de masculinidade tradicional conformado entre o trabalhador e o guerreiro, como discute Oliveira (2004).

Por fim, é interessante observar que, apesar de identificados paradoxos nas representações dos atributos entendidos como femininos, estes estão vinculados a um mesmo discurso, como mencionado. Isso porque, ainda que sejam distintas e conflitem em alguns momentos, é o julgamento em relação ao que é bom ou ruim, desejável ou não para o incremento do desempenho que dá a tônica para a construção dessas representações. Destacamos, assim, que o discurso depreendido está intrinsecamente relacionado a um modo de agir discursivamente pautado pela racionalidade instrumental-econômica, mensurando as representações construídas em razão de sua contribuição para o alcance de objetivos organizacionais.

7 Considerações finais

Neste trabalho buscamos compreender como atributos entendidos como femininos são representados no discurso gerencial-administrativo da revista *Exame*. A partir da análise dos textos selecionados, pudemos observar que, assim como esperávamos, nesse discurso há a defesa da instrumentalização dos atributos tidos como femininos, reforçando a feminilidade tradicional como um recurso para a gestão e o desempenho das organizações. Entretanto, essa defesa não se apresentou de modo homogêneo ou unívoco nos textos analisados. Primeiramente, destacamos a relativa desestabilização e, até mesmo, o questionamento da naturalização de atributos femininos, afirmando que as mulheres vão além de uma determinada configuração da feminilidade. Acrescentamos a isso as contradições presentes nos textos, as quais apontam para a não efetividade desse discurso sobre a instrumentalização, não levando à inclusão das mulheres nos postos de comando nas organizações, a despeito do "reconhecimento" da utilidade dos atributos entendidos como femininos.

Os conflitos em torno da temática participaram da construção de um discurso paradoxal, no qual se oscilava entre a homogeneização e a pluralização do feminino, a possibilidade e a impossibilidade de instrumentalização desse feminino. O paradoxo presente, a nosso ver, relaciona-se com o próprio contexto no qual esse discurso é construído. Este reflete questionamentos frequentes quando se discutem as relações de gênero e o que são as mulheres na contemporaneidade. Nesse sentido, observamos que perpassando o discurso depreendido está a seguinte questão: Afinal de contas, as mulheres nascem de uma forma ou se constroem de tantas outras? A despeito do "ou", vemos a construção de um arranjo discursivo que se orienta para o "e". Dessa forma, por vezes caminha para um polo, afirmando um discurso marcado pela naturalização, e por vezes para o outro, enfatizando a pluralidade.

Nesse contexto, as práticas discursivas estudadas podem ser vistas como alargadoras e, ao mesmo tempo, constituidoras da estrutura patriarcal. De um lado, estas participam da desconstrução de uma "verdade" própria do patriarcado moderno, a qual postula a incapacidade natural das mulheres para a ocupação do espaço público e, portanto, do espaço do trabalho assalariado capitalista. Assim, os atributos tidos como femininos são apresentados em uma nova roupagem, agora positiva, justificando a entrada, e não a exclusão das mulheres nas organizações. Além disso, elas modalizam a existência de determinados atributos de gênero, colocando-os como possibilidades ou recorrências e não como algo natural das mulheres. De outro lado, ao enfatizarem a instrumentalização dos atributos femininos, estas práticas reforçam a produção desses mesmos atributos. Nesse sentido, vê-se reiterar, ainda que com outros contornos, a mesma feminilidade tradicional, pendendo para a naturalização.

Referências bibliográficas

BADINTER, E. *O que é uma mulher?* Trad. Maria Helena Franco Martins. Rio de Janeiro: Nova Fronteira, 1991.

________. *Um amor conquistado:* o mito do amor materno. Trad. Waltensir Dutra. Rio de Janeiro: Nova Fronteira, 1985.

BUTLER, J. *Problemas de gênero:* feminismo e subversão da identidade. 3. ed. Rio de Janeiro: Civilização Brasileira, 2010.

CARRIERI, A. de P. *Feminilidades contemporâneas:* representações da feminilidade na ótica de homens e mulheres executivos. Belo Horizonte: Universidade Federal de Minas Gerais, 2010. (Relatório de projeto de pesquisa financiado pelo CNPq, Edital MCT/CNPq/SPM-PR/MDA nº 57/2008).

________. *Masculinidades contemporâneas:* representações da masculinidade na ótica de homens e mulheres executivos. Belo Horizonte: Universidade Federal de Minas Gerais, 2011. (Relatório de projeto de pesquisa financiado pelo CNPq, Edital MCT/CNPq nº 06/2008, Jovens Pesquisadores.)

DONADONE, J. C. Imprensa de negócios, dinâmica social e os gurus gerenciais. In: ENCONTRO NACIONAL DE ESTUDOS ORGANIZACIONAIS, 1, 2000, Curitiba. *Anais*... Curitiba: ANPAD, 2000.

ECCEL, C. S.; GRISCI, C. L. I.; TONON, L. Representações do corpo em uma revista de negócios. *Psicologia e Sociedade*, v. 22, 2010, p. 309-317.

FAIRCLOUGH, N. *Analysing discourse:* textual analysis for social research. London: Routledge, 2003.

________. *Discurso e mudança social.* Trad. Izabel Magalhães. Brasília: Editora Universidade de Brasília, 1992.

________. *Media discourse.* London: Edward Arnold, 1995.

FISCHER, R. M. B. Problematizações sobre o exercício de ver: mídia e pesquisa em Educação. *Revista Brasileira de Educação*, São Paulo, n. 20, 2002, p. 83-94.

GRAY, J. *Homens são de Marte, mulheres são de Vênus:* um guia prático para melhorar a comunicação e conseguir o que você quer nos seus relacionamentos. Tradução de Alexandre Jordão. Rio de Janeiro: Rocco, 1992.

HANASHIRO, D. M. M.; CARVALHO, S. G. Diversidade cultural: panorama atual e reflexões para a realidade brasileira. *Revista Eletrônica da Administração* (UFRGS), Porto Alegre, v. 11, n. 5, 2005, p. 1-21.

LOBO, E. S. O trabalho como linguagem: o gênero do trabalho. In: COSTA, A. de O.; BRUSCHINI, C. *Uma questão de gênero*. São Paulo: Fundação Carlos Chagas, 1992.

LOURO, G. L. *Gênero, sexualidade e educação:* uma perspectiva pós-estruturalista. Petrópolis: Vozes, 1997.

MATOS, M. M. *Dimensões da masculinidade "à brasileira"*. Rio de Janeiro: Fundação MacArthut e Fundação Carlos Chagas, 2001a. (Relatório final de pesquisa, Projeto 45, PRODIR III – "Homens/ Masculinidades".)

_________. DIMENSÕES DA MASCULINIDADE NO BRASIL: UMA DISCUSSÃO CONCEITUAL PRELIMINAR. IN: SIMPÓSIO INTERNACIONAL O DESAFIO DA DIFERENÇA: ARTICULANDO GÊNERO, RAÇA E CLASSE, 1., 2000, Salvador. *Anais*... Salvador, 2000a. v. 1. Disponível em: <http://www.desafio.ufba.br/gt7-004.html>.

_________. *Reinvenções do vínculo amoroso:* cultura e identidade de gênero na modernidade tardia. Belo Horizonte: Editora UFMG, 2000b.

_________. Tradição e destradicionalização nas masculinidades brasileiras: transformações na sexualidade, erotismo e corporalidade masculinas de gênero. In: ENCONTRO ENFOQUES FEMINISTAS E AS TRADIÇÕES DISCIPLINARES NAS CIÊNCIAS E NA ACADEMIA, 3., 2001, Niterói. *Anais*... Niterói, 2001b.

MORAES, R. B. de S. Mídias de negócio: com quem falam? In: ENCONTRO NACIONAL DE ESTUDOS ORGANIZACIONAIS, 5., 2008, Belo Horizonte. *Anais*... Belo Horizonte: ANPAD, 2008.

OLIVEIRA, P. P. *A construção social da masculinidade*. Rio de Janeiro: IUPERJ, 2004.

ORTNER, S. B. Está a mulher para o homem assim como a natureza para a cultura? In: ROSALDO, M. Z.; LAMPHERE, L. *A mulher, a cultura e a sociedade*. Rio de Janeiro: Paz e Terra, 1979.

PATEMAN, C. *O contrato sexual*. Trad. Marta Avancini. Rio de Janeiro: Paz e Terra, 1993.

RODRIGUES, M. A. *A mulher no espaço privado:* da incapacidade à igualdade de direitos. Rio de Janeiro: Renovar, 2003.

SIMMEL, G. *On individuality and social forms*. Chicago and London: The University of Chicago Press, 1971.

WOOD JR., T.; PAES DE, Ana Paula. Pop-management: pesquisa sobre as revistas populares de gestão no Brasil. 2002. In: ENCONTRO DA ASSOCIAÇÃO NACIONAL DE PÓS-GRADUAÇÃO E PESQUISA EM ADMINISTRAÇÃO, 26, 2002, Salvador. *Anais*... Salvador: ANPAD, 2002.

6

AS PERCEPÇÕES DE MÚLTIPLOS *STAKEHOLDERS* SOBRE A MULHER PROFISSIONAL EM UMA ORGANIZAÇÃO MASCULINA: NARRATIVAS E AMBIGUIDADES

Raquel Alves Furtado

Alexandre de Pádua Carrieri

Nuni Vieira Jorgensen

Paula Furbino Bretas

1 Introdução

O objetivo deste capítulo constitui-se particularmente em compreender a percepção da imagem da mulher gestora no contexto histórico de uma grande empresa majoritariamente masculina. Para isso, levamos em consideração a construção de espaços sociais determinados e hierarquizados baseados nas diferenças de sexo e gênero caracterizados por uma valorização do masculino em detrimento do feminino e o conjunto de práticas cotidianas, as quais vivificam e perpetuam diariamente essas distinções e desigualdades

A dominação da mulher pelo homem na sociedade em geral reflete-se de maneiras particulares em domínios específicos, especialmente no trabalho, na família, na educação e na política. No primeiro âmbito, talvez contexto no qual a situação das mulheres tenha mais avançado em anos recentes, continua havendo uma série de desigualdades. Entre essas, Calás e Smircich (2002) ressaltam, por exemplo, a segregação sexual a depender do posto de trabalho dentro das empresas; desigualdade remuneratória entre os sexos – segundo o IBGE (2011), as mulheres no Brasil ainda ganham em média 26,6% a menos do que os homens; fenômeno da gorjeta – quando profissões de nível superior tipicamente masculinas e tradicionalmente bem remuneradas sofrem quedas de poder aquisitivo ao serem dominadas por mulheres (STROEBER, 2007); estrutura desigual de oportunidades para homens que têm suas esposas trabalhando fora de casa (STROH; BRETT, 1994); a tão conhecida feminização da pobreza; e o fenômeno do teto de vidro que será discutido com mais detalhes mais adiante.

No caso da empresa analisada, o ambiente majoritariamente masculino, inclusive no que toca à simbologia, como veremos, perpetuou e segue a perpetuar visões estereotipadas do que é ser homem e do que é ser mulher, geralmente relegando o feminino à esfera privada e a um *status* relativamente inferior, tanto em termos materiais quanto subjetivos. Nesse contexto, surgem críticas à liderança feminina; situações de assédio e práticas cotidianas de preconceito e violência, analisadas com atenção a seguir, e que nos darão os alicerces necessários para realizar uma discussão mais ampla sobre o papel da mulher nas organizações.

2 A difícil ascensão de uma mulher à diretoria

O fato de que mulheres ainda sejam preteridas no mercado de trabalho é uma evidência, constatada por meio de uma série de estatísticas de institutos especializados. A pergunta que fica, entretanto, é o porquê de isso ainda ocorrer quando mesmo o senso comum diz que mulheres e homens possuem as mesmas capacidades. Calás e Smircich (2002) mencionam uma série de teorias organizacionais que, inspiradas em certa noção de gênero, buscam resolver esse dilema.

A primeira das teorias – a liberal – deu início à corrente denominada *Women in Management*, que discute a questão do teto de vidro, hoje já revisitada por diversas outras concepções. Esse conceito foi criado durante a década de 1980 para descrever uma barreira que, de tão sutil, é transparente, mas suficientemente forte para impossibilitar a ascensão de mulheres a níveis mais altos da hierarquia organizacional. Para a mesma autora, em média 45% dos postos no mercado de trabalho são ocupados por mulheres. Essas, entretanto, representam somente entre 1 e 2% dos altos administradores e, aproximadamente, 5 e 10% dos médios administradores.

Qual é o motivo desse fenômeno? Uma série de teorias buscaram explicá-lo durante os últimos 30 anos e essas basicamente focam-se em dois níveis de análise: o organizacional e o individual. Para o primeiro, defendido por autores como Mai-Dalton e Sullivam (1981) esse é um problema que tem como origem o fato de que os homens estão menos propensos a delegar tarefas desafiadoras a mulheres, afastando-as de posto de gerência. Outros, tais como Powell e Butterfield (1994), demostram que programas de seleção com critérios vagos e indefinidos têm maior tendenciosidade pró-gênero masculino.

O fato de mulheres estarem em menor proporção na hierarquia organizacional mais elevada as torna *tokens* – ou seja, parte de um grupo de indivíduos subrepresentados dentro de uma instituição. A literatura da área defende que os homens têm a tendência de tentar manter seu papel privilegiado na organização, impedindo que os *tokens* (no caso, as mulheres, mas que também poderiam ser os negros, jovens etc.) se tornem a maioria. Essa análise está em total coincidência com a teoria sociológica elitista de Michels, para quem os dirigentes fazem parte de uma elite cujo interesse primeiro é o de se manter no poder, mesmo que para tanto tenham que tomar atitudes que vão contra o interesse geral da organização. (CALÁS; SMIRCICH, 1999)

A tendência organizacional de gerar o teto de vidro para as mulheres provoca ainda o chamado fenômeno da gorjeta, anteriormente citado. Segundo este, quando a proporção de mulheres em uma determinada categoria aumenta, a média salarial de todas as pessoas da categoria diminui, independentemente do gênero, o que faz com que os homens queiram aumentar ainda mais a impermeabilidade do teto de vidro, criando um processo cíclico (MAI-DALTON; SULLIVAM, 1981). O teto de vidro, por sua vez, desestimula a ambição de mulheres dentro das organizações que têm geralmente um nível de expectativas com relação à carreira muito menor do que o dos homens, como será explicitado mais adiante.

Por outro lado, a abordagem mais individualista atenta para o fato de como as próprias mulheres portam características que as impedem de alcançar o topo na hierarquia organizacional. Como aponta Betiol (2000), essa corrente ressalta a questão de que as mulheres, por razões de socialização, têm personalidades e comportamentos diferentes e menos valorizados no espaço público do que aqueles encontrados nos homens. Qualidades positivas no meio empresarial – tais como abordagem firme dos problemas e capacidade de deixar de lado considerações de ordem emocional no cumprimento da tarefa – são atribuídas à esfera masculina. Dessa forma, ainda que a mulher as apresente, quem delega o poder as verá como menos capazes devido, simplesmente, a um preconceito de gênero.

Estudos revelam assim que as poucas mulheres que alcançaram o posto de CEOs em grandes empresas apresentam ou formação excepcional (gastando mais tempo com a acumulação de capital humano do que seus pares masculinos) ou características e habilidades comumente atribuídas aos homens – tais como participação em passatempos particulares como golfe ou menor comprometimento com a família, tendo geralmente nenhum ou poucos filhos (COOK; GLASS, 2013).

Na análise do caso em questão, a ambivalência do que se espera das mulheres dentro da organização é claramente sentida por meio das análises dos depoimentos. A empresa da qual tratamos passou recentemente por uma grande transformação, na qual se procurou tornar a cultura organizacional mais compatível com as novas exigências do mercado. O novo presidente que assumiu no período transformou, então, a gerência de RH em uma diretoria corporativa, dando mais *status* à função, e trouxe uma mulher, com a qual já tinha trabalhado, para ocupar o posto. A ela cabia implantar as práticas de RH modernas que, de acordo com narrativas diversas, faltavam na mesma. A expectativa inicial de muitos empregados, tanto da segunda geração como gestores de nível mais alto, em relação a essas práticas era positiva.

Assim, vários empregados achavam, nesse momento, que as práticas de RH iriam mudar para melhor, trazendo benefícios para os empregados. E alguns deles ressaltaram algumas mudanças consideradas positivas, como a implantação do programa de recrutamento interno, a gestão corporativa, a solução do problema do táxi e a bonificação no final do ano.

No entanto, a maior parte das mudanças foi vista de forma negativa pelos entrevistados, pois à diretora de RH coube o papel de demitir muita gente e transformar o tal "novo jeito de ser" da empresa em práticas concretas. Um papel, como disse um consultor externo entrevistado, de "vilã". Tão "vilã" que foi comparada, por uma das pessoas ouvidas, ao próprio diabo ("o cão"), na expressão "o cão chupando manga", usada para significar uma pessoa muito ruim. Os comentários denegrindo-a, entretanto, não se limitam a esses adjetivos – muitos também apelam para o fato de ser uma mulher, questão que nos interessa aqui.

O fato de ela ser uma "mulher" foi levantado, tanto por homens quanto mulheres. Eles frisaram o que eles consideram um descompasso entre o gênero e a postura da profissional em papel de liderança ("arrogante", "truculenta", "exigente", "brava", "radical", sem "paciência para ouvir", "grossa", "difícil de lidar", sem "classe"). Uma mulher disse, entre risos, que concluiu que "não se pode colocar mulher no poder". Alguns homens repetiram várias vezes que se tratava de uma "senhora", e, até uma "senhora casada". Será que eles estariam opondo a ideia de mulher casada ao antigo estereótipo da solteirona, daquela que seria mal-humorada porque a ela faltaria sexo?

As narrativas abaixo ilustram esses pontos:

> O presidente a colocou como diretora de RH, para ser braço direito do presidente. Porém, ela é tão arrogante quanto o presidente. Ela é muito difícil de lidar. Quer resolver as coisas de qualquer jeito. Eu cheguei à conclusão que não se pode colocar mulher no poder (risos). Ela não tem a menor postura profissional, a menor classe. O que ela faz chega a ser até assédio moral, alguém deveria gravar e a processar. Eu a acho grossa nas palavras. Não respeita as pessoas. Quando a empresa foi trocar o banco, ela detonou o antigo banco, por coincidência deu um problema na conta dela, então ela disse que se deu um problema na conta dela, o que haveria com os "pobres mortais"? Eu achei isso um absurdo. Ela só sabe lidar com os outros gritando. [...] Teve uma reunião e ela disse que ela queria o novo software na empresa. Ela usou até um exemplo que quando ela era criança ela queria uma Barbie ruiva e exigia isso da mãe, então ela iria exigir isso na empresa também (Entrevistado 24).

> Ele colocou uma RH lá, uma senhora casada, que é mais truculenta do que ele. Essa RH trata o pessoal ao contrário do que deveria tratar. Demite sem avisar nada, pessoas com 30 anos de casa. Ela é muito brava, muito radical (Entrevistado 21).

> Mas ele trouxe consigo uma senhora de RH que parece ser mais truculenta do que competente. Ela é advogada. Chegou com as melhores das ideias, que em minha opinião eram boas, mas ela encontrou esse sistema monolítico. E para romper com ele, ela não teve paciência para ouvir, talvez respaldada pelo presidente, ela fez as coisas sem muita negociação. E na negociação você tem o período de convencimento, (irônico) e ela parecia estar muito apressadinha (Entrevistado 30).

As entrevistas demonstram assim, como aponta a literatura, que há uma tensão entre o que se espera das mulheres em situações de liderança: por um lado, acredita-se que elas devem deixar de lado os sentimentos e assumir por completo a racionalidade – geralmente atribuída à esfera masculina –; de outro, é estranho que uma pessoa do sexo feminino seja tão rígida e turrona. O fato de uma mulher ter anunciado que não confiava em outras mulheres em situação de liderança aponta ainda que esse dilema está presente na visão de ambos os gêneros.

Ademais, a necessidade de classificá-la como uma "mulher casada" demonstra que a sua imagem nunca está completamente desvinculada da esfera privada: a mesma caracterização feita a um homem seria, no mínimo, improvável, uma vez que tudo que importa é a sua atuação no âmbito público. Como bem argumenta Pateman (1993), essa seria a grande dicotomia entre público e privado. A primeira esfera foi deixada aos homens, que fazem parte do "civil" e são livres para fazer contratos. Já a segunda foi relegada às mulheres – essa esfera, apesar de geralmente entendida como o alicerce natural da vida civil, é tratada como irrelevante por teóricos e ativistas políticos. É importante ressaltar ainda que, segundo Pateman (1993), os homens passam livremente entre a esfera pública e privada, e o mandato da lei do direito sexual masculino rege os dois domínios.

A vertente criadora do conceito do teto de vidro – *Women in Management* – fenômeno que faz com que as mulheres como a diretora de RH da empresa sejam vistas com maus olhos, discute ainda uma série de alternativas viáveis para a resolução do problema, focando-se ora em reformas organizacionais – como instituição de horário flexível, licença-maternidade e paternidade estendida e assistência à educação infantil – ora em respostas individuais – como incentivo à competitividade das mulheres, desenvolvimento de sua autoconfiança e firmeza na tomada de decisões (CRAMPTON; MISHRA, 1999).

A teoria feminista radical, por sua vez, critica especialmente o viés liberal por seu conservadorismo, que tende a ver os problemas organizacionais como passíveis de serem mudados por meio de reformas ou mudanças nas atitudes das próprias mulheres. Segundo essa concepção, as organizações tiveram suas regras e seus fundamentos criados pelos homens e por isso refletem, na maior parte das vezes, os seus interesses. Assim, a dominação dos homens dentro da esfera pública e, em particular, no campo da gerência e dominação das organizações, levou a uma fusão dos padrões tradicionais masculinos, pressupostos e regras que tornam o campo da gerência, por exemplo, alheio às mulheres (ALVESSON; BILLING, 1992). Assim, questiona-se a premissa liberal de que as mulheres deveriam ser integradas às organizações por meio de ações afirmativas. Para os autores, as próprias "regras do jogo" são falhas e, teriam, portanto, de ser transformadas.

Durante a década de 1970, essa perspectiva ganhou contornos práticos ao criar organizações comprometidas com outros princípios alternativos àqueles associados ao patriarcado e ao capitalismo. Nesses novos modelos foram implantados processos decisórios participativos, sistemas de liderança rotativa; desenhos de funções flexíveis e interativos; e responsabilização política e interpessoal (CÁLLAS; SMIRCICH, 2002). Ainda que muitos desses não tenham ido adiante devido a imperativos econômicos, algumas destas mudanças foram feitas, em maior ou menor grau dentro das empresas, gerando diferentes modelos organizacionais com múltiplas relações de gênero.

3 Relatos de assédio

Há muitas maneiras de manter os postos mais altos das organizações fora do alcance das mulheres. Um dos mecanimos informais por meio dos quais isso ocorre – e que muitas vezes é colocado fora da discussão do teto de vidro – é justamente o assédio sexual, que, como as outras formas de assédio, tem como objetivo diminuir a autoestima da vítima, fazendo-a sentir-se em uma posição inferior e desencentivando-a a galgar novas posições na carreira.

O assédio sexual é uma prática antiga e que, ao contrário de já ter sido superada no local de trabalho, vem tornando-se cada vez mais crítica, como bem apontam Corrêa e Carrieri (2004), à medida que a representatividade das mulheres nas organizações aumenta e, portanto, gera mais disputas de poder. Segundo Welsh (1999), situações de assédio são mais frequentes em locais predominantemente masculinos, em que as mulheres não se adequam simbolicamente ao papel que exercem na empresa – esse é exatamente o caso da empresa analisada, ocupada basicamente por engenheiros e empregados homens.

Segundo Welsh (1999) o assédio sexual pode ser definido como uma forma de discriminação de gênero que inclui duas formas de comportamento: assédio como barganha, em que favores sexuais são negociados em dinâmicas de seleção ou como condição para ascensão profissional, e assédio no ambiente empresarial, que inclui brincadeiras sexuais, comentários e contato físico inadequado, que têm como objetivo intimidar o outro tornando-o inseguro ou emocionalmente instável para lidar com as suas tarefas.

O assédio sexual, assim, de acordo com Welsh (1999), seria uma maneira de colocar as mulheres em seu "local apropriado" e deixar claro às mesmas que elas não são bem-vindas naquele ambiente. Essa teoria é claramente bastante compatível com aquela já explicitada dos *tokens*, em que os indivíduos pertencentes a grupos dominantes – como homens, brancos e heterossexuais – elaboram mecanismos para deixar de fora os considerados subalternos.

Obviamente que não são apenas as mulheres que sofrem assédio sexual – esse também atinge homens, principalmente aqueles que não portam padrões típicos de masculinidade. Entretanto, como bem fala Welsh (1999), ainda que ambos os grupos possam ser vítimas dessa prática, eles são educados para identificá-la e reagir à mesma de formas diferentes. Assim, as mulheres geralmente percebem o assédio sexual como algo extremamente ameaçador, uma vez que são ensinadas a preocupar-se com o seu corpo e com a segurança de sua sexualidade, além de serem numericamente muito mais frequentemente presas de comportamentos como esse.

O assédio sexual pode também apresentar-se de diversas formas – classificando-se como horizontal, em que um colega é agredido por outros colegas; ascendente, em que um chefe é agredido por seus subordinados, situação que ocorre geralmente como uma resposta coletiva a uma liderança não legítima; e descendente, em que o subordinado é atacado pelo superior e pode permanecer calado, dentre outros motivos, para não perder o emprego (CORRÊA, CARRIERI; 2004).

Dentro da empresa analisada foram reportados severos casos de assédio sexual, principalmente por parte do consultor que assumiu a tarefa de modificar a cultura da organização após a privatização. Este organizou uma série de dinâmicas destinadas a ensinar os funcionários de RH a lidarem positivamente com situações de demissão em massa. A narrativa a seguir é de uma dessas funcionárias, participante do treinamento individual (TI):

> Ele ficava me olhando de lado, dos pés a cabeça, eu me sentia pelada ali do jeito que ele estava olhando. Ele virou para mim e perguntou se eu já tinha operado da garganta e eu tinha dito que sim, que tinha operado as amígdalas e ele disse que era mentira, que as amígdalas ficavam era no coração. Antes disso ele tinha dito que eu estava falando mentira e eu apostei um bombom. Ele tinha dito que eu havia perdido e então eu disse que ele havia ganhado um bombom. Então ele disse que não precisava do bombom que estava na minha bolsa, que o bombom dele era eu, que ele me teria na hora que ele quisesse, aí ele me abraçou e começou a passar a mão em mim. E lá tinha tipo uma secretária dele, onde tudo que eu dizia ela dava uma risadinha de crítica, para desarmar a pessoa. E a cada dia tinha uma surpresa mais amarga. Em uma reunião o [antropólogo empresarial] ficava fazendo gesto como se tivesse mandando beijo para mim. Depois veio uma mulher e disse para mim que ele me tratava com toda a ternura e eu não correspondia. Era uma rindo comigo, ele gritava, parecendo um louco e eu já estava achando que aquilo era uma palhaçada. Era claro que eu tinha que ter um comportamento sério, mas não sofreria por aquilo. Então eu disse para ele que era melhor trabalharmos e ele me puxou pelo ombro e veio para o meu lado com a boca, querendo me dar um beijo, dizendo "me dá sua boca". Quando ele chegou perto, eu abaixei a cabeça, dei uma cabeçada no nariz dele (Participante TI).

> Cheguei. Outro dia eu estava com o texto lá e ele estava com uma turma. Ele chegou uma hora para saber se eu estava com dúvida em alguma coisa. Eu estava sentada e ele em pé. Como estava uma situação ruim, eu virei de lado e cruzei a perna, ele então gritou "abre a perna, abre a perna". Eu só virei para o lado dele e continuei sem abrir a perna. Eu

> pensei que o pessoal que estava do lado achou que estava acontecendo um estupro. Essa coisa de agressão fazia parte do contexto do treinamento dele. Certo dia ele me disse que eu estava esplendorosa, que era a Dialogia que deixava as pessoas assim, ele dizia "aposto que quando você passar no corredor deixa os homens todos de p... duro". Como eu olhava para um velho de 80 anos, nojento e reagia com aquilo? Eu estava respeitando demais a idade dele, depois eu percebi que aquilo era uma agressão (Participante TI).

Quando questionada sobre se havia entrado com processo, a entrevistada respondeu o seguinte:

> Está em sigilo a pessoa que começou o processo. Uma pessoa que era desse grupo maior eu imagino que tenha denunciado o caso da [...], onde ela estava em um jantar desse grupo. Ela estava sentada ao lado do [antropólogo empresarial] e ela conversa gesticulando demais. Ele estava com a boca cheia de comida e ele pegou o dedo dela e começou a chupar. Ela saiu revoltada. Como pessoas tinham presenciado o que havia acontecido comigo eu também fui chamada para falar no dia da audiência. A [diretora de RH] disse que estava admirada com a minha presença e eu disse que também estava admirada, porque eu havia sido convocada (Participante TI).

Foi constatado ainda, por meio das entrevistas, que a empresa tardou em tomar iniciativas no sentido de punir e conter os atos de assédio que vinham sendo reportados principalmente com relação ao "antropológo cultural". Essa situação é bastante comum nas organizações de modo geral, como demonstra Welsh (1999), que geralmente preferem conter as reclamações dos funcionários e minimizar as responsabilidades dos culpados, tanto como maneira de evitar escândalos, quanto como modo de proteger empregados valorizados que são acusados. Poucas são aquelas, assim, que têm mecanismos adequados de lidar com o problema e muitas mulheres deparam mesmo com o dilema de como definir o assédio sexual e afirmar se dele foram vítimas ou não.

Percebe-se, dessa forma, que o assédio é uma situação complementar às barreiras que impedem as mulheres de alcançarem postos mais altos nas organizações. Muito mais do que um comportamento profissionalmente inadequado, ele é acima de tudo uma maneira de fazer com que elas sintam-se desconfortáveis em ambientes majoritariamente masculinos, colocando-as de volta no seu "devido lugar" – qual seja – a esfera privada do sexo, da casa e da família.

4 "Mãe é que nega" – O simbolismo dentro da organização

Além de questionar a uniformidade dos conceitos, as teorias feministas pós-modernas também têm especial interesse no simbolismo – estes não só refletem questões de gênero, como também moldam o comportamento de homens e mulheres dentro das organizações. Dessa forma, Alvesson e Billing (1992) atentam para o fato de que há uma associação inconsciente entre executivos, pilotos, bombeiros e engenheiros com homens e entre secretárias, enfermeiras e faxineiras com mulheres. Esse simbolismo não está ligado somente a questões numéricas das proporções de homens e mulheres exercendo certas atividades – a realidade objetiva está permeada por uma realidade subjetiva que vai muito além da mesma. Assim, não basta apenas que mais mulheres passem a assumir postos de poder nas organizações, porque estes ainda estão ligados a uma noção de masculinidade. O simbolismo, por sua vez, como dito, também gera uma realidade objetiva: o fato de que algumas funções são vistas como preferencialmente masculinas faz com que certos postos tenham mais chance de ser assumidos por homens, ainda que mulheres mostrem um desempenho semelhante.

É importante ressaltar, além disso, que a desigualdade de gênero, muito além de algo unanimemente percebido dentro das organizações, é identificada pelos indivíduos de múltiplas formas a depender de suas identidades. Assim, como mostram os estudos de Cavazzote, Oliveira e Miranda (2010), a percepção da desigualdade de gênero, além de impactar fortemente na satisfação da mulher com seu emprego, é diferente para as mulheres que têm o trabalho como vocação, carreira ou emprego – para as primeiras, o nível de satisfação é o mais baixo, enquanto que para as últimas ele é o mais alto.

A cultura organizacional, de acordo com uma abordagem mais pós-moderna, além de refletir certos padrões de gênero encontrados na sociedade, também os molda. Trabalhos recentes sobre os processos organizacionais de gênero enfatizam as formas pelas quais o gênero é formado por políticas formais, práticas de trabalho informais, interações sociais cotidianas, símbolos organizacionais idealizados e imagens, e, particularmente, as representações de gênero que fazem uso de dicotomias hierarquicamente ordenadas (HANCOCK; TYLER, 2007).

No caso da empresa aqui referida, o simbolismo estava fortemente relacionado à figura do guerreiro. Este por sua vez engloba tudo que se consideram características tipicamente masculina – o heroísmo, a rigidez e a honra. De outro lado, a figura feminina também aparece no símbolo da empresa como "mãe" – que cuida, mas que também vigia. Essa ideia começa a mudar no momento da privatização, em que a empresa, demitindo muitos empregados, passa a ser "madrasta má" ou mesmo "bruxa malvada":

> Qual que era a visão do pessoal da comunidade e dos empregados? Que a [Empresa] quando era estatal era uma mãe (isso é curioso sempre colocar, pois reflete bem o pensamento do pessoal), depois virou madrasta

> e depois que privatizou virou bruxa malvada. [...] [Madrasta] foi antes de privatizar, porque ela estava se preparando para privatizar, pois levou alguns anos, uns dois ou três anos. Então essa visão de mãe, madrasta e bruxa malvada correu muito na época e reflete o pensamento do pessoal, empregados e comunidade (Entrevistado 6).

Estranhamente, as imagens femininas que se atribuem à empresa como um todo são também transferidas às funcionárias, principalmente aquelas com postos mais altos na hierarquia organizacional. Assim, a gerente de RH de que se falava anteriormente é também referida como a "mãe" por um entrevistado – não é a que lidera, mas a que nega e, portanto, leva a culpa:

> Quando é pouco alguém tem que travar um pouco, agora, quando é muito quem dá é o dono, é o chefe. É a lei da vida. Lá em casa, quando tem que negar, eu passo pra mulher. "A Carlinha quer isso", não levo a culpa não. Aí depois na hora de dar, eu chamo ele e falo: vou dar isso, isso. Mas a mãe é que nega. E a vida é assim" (Presidente do Sindicato entrevistado).

Esse tipo de simbolismo, ainda que aparentemente ingênuo, não apenas reflete certas práticas cotidianas e modos de agir baseados nas diferenças entre homens e mulheres como também molda a realidade e solidifica os padrões já estabelecidos dentro da organização.

Entretanto, uma vez que a construção de gênero dentro das culturas organizacionais é uma relação sempre dialética, é possível pensar que, como tal, ela também se encontra em constante mutação. Como bem lembram Alvesson e Billing (1992), a alta proporção de mulheres em programas de MBA reflete uma mudança nos padrões de socialização, o que tem consequências para as relações de gênero e o simbolismo dentro das organizações. Assim, as diferenças de gênero tendem a diminuir ou tornar-se mais heterogêneas no que toca a recrutamento, socialização organizacional e relações interpessoais.

Justamente, as recentes teorias pós-modernas têm surgido para suprir as carências da literatura anterior com relação à diversidade de culturas organizacionais existentes e aos modelos de "feminino" e "masculino" presentes nas empresas. Essa perspectiva tem como principal fonte de inspiração os trabalhos de Foucault, que considerava o poder como um exercício multidirecional, que pode transparecer de formas diferentes em contextos diversos – não se podendo falar, assim, em uma opressão de gênero, mas em múltiplas formas de opressão.

Françoise Belle (1991), assim, demonstra como a diferença da mulher é interpretada de maneira diferente segundo a empresa e sua forma de funcionamento. Segundo a concepção da autora, a cultura da empresa é um conjunto de significações lentamente elaboradas a partir das quais as pessoas irão construir sua identidade profissional;

essas regulações culturais são construídas pelos atores fortes – mas não somente por eles, como afirmam os autores da *corporate culture*. Ao mesmo tempo em que essa cultura não é construída apenas pela direção e gerência, ela tampouco contém apenas desigualdades – essas coexistem com as iniciativas de caráter igualitário. De fato, as narrativas transcritas assim são provenientes de pessoas de diversos cargos e níveis na hierarquia da organização estudada.

Além disso, como indicam Alvesson e Billing (1992), não se deve igualar o *status* de todas as mulheres dentro de uma organização. Ao contrário, é possível que mulheres gerentes se identifiquem mais com homens gerentes do que com mulheres em outro nível hierárquico, por exemplo – muitas mesmo, como argumentamos, não são solidárias com a causa das outras dentro da empresa, posicionando-se de forma contrária à sua ascensão a cargos mais elevados. Assim, as mulheres variam em termos de classe, história, valores, interesses, e, portanto, no nível de congruência/incongruência com o qual se adaptam a ambientes tipicamente masculinos. Não é mais possível, dessa forma, afirmar que há apenas uma cultura organizacional e que as mulheres são uniformemente prejudicadas por ela.

Assim, as teorias feministas mais contemporâneas tendem a ter receio da ideia de que homens e mulheres têm comportamentos radicalmente diferentes na organização – há muitas feminilidades e masculinidades dentro das instituições, capazes de moldar o comportamento dos indivíduos. Entretanto, muitas autoras e autores apontam para o fato de que as próprias mulheres ainda se identificam com formas distintas de gerir. Segundo Betiol (2000), elas percebem-se como sendo mais intuitivas, sensíveis, criativas, detalhistas, flexíveis, disciplinadas, com maior senso de justiça, organizadas, com percepção mais acurada e maior paciência. Apesar dessas vantagens relativas em relação aos homens, o seu impacto na questão da liderança não é tão favorável: segundo a autora, os homens afirmam que mulheres têm mais dificuldade de se impor, tendo que se justificar para seus subordinados. A percepção das mulheres nesse âmbito não tende a diferir muito – acreditam que lideram pelo consenso, e não pela autoridade.

Como foi dito, entretanto, a binariedade de gêneros e a dicotomia diferença-igualdade entre homens e mulheres é fortemente criticada. Segundo Louro (1997), a diferença é sempre nomeada a partir de um determinado lugar que se coloca como referência. Assim o que se chama de "masculinidade" é também uma definição do que é a masculinidade dominante que não dá conta de explicar todas as outras formas de masculinidade presentes na sociedade e nas organizações de trabalho. Sendo assim, o que é "normal" e o que é "diferente"? (CONNEL, 1995). A conclusão nesse caso é bem resumida por Belle: "O procedimento das mulheres executivas na empresa, é, portanto uma busca de identidade, uma identidade que não é fundada nem sobre a renúncia a todo poder e a toda carreira, nem sobre a identificação radical com o modelo masculino; em outras palavras, uma identidade fundada sobe uma dialética entre igualdade e diferença." (BELLE, 1993).

5 Conclusão

O presente capítulo teve como intuito realizar uma discussão geral sobre o papel das mulheres e as dificuldades enfrentadas por elas dentro das organizações, utilizando para isso o caso de uma empresa de grande porte – predominantemente masculina – e as narrativas de homens e mulheres sobre as práticas cotidianas na mesma.

Relacionamos assim três fatores essenciais para entender o fenômeno – cada vez mais relevante – da presença feminina no âmbito empresarial: as barreiras que impedem as mulheres de atingirem postos mais altos na carreira; o assédio sexual; e o simbolismo das organizações, que determinam os comportamentos esperados de ambos os gêneros e os papeis relegados a cada um.

Todos são reciprocamente determinados – a percepção do papel que as mulheres exercem dentro das organizações ainda está em grande parte condicionada à imagem que se tem das mesmas no âmbito da família: a mãe, como argumentamos, ainda que frequentemente seja aquela que nega, dificilmente é quem lidera e, de fato, as características relegadas ao âmbito feminino são consideradas pouco adequadas para o exercício das atividades da esfera pública. As organizações, assim, criadas pelos homens perpetuam seu caráter sexista por meio de práticas cotidianas que reificam esse simbolismo. O assédio sexual é uma delas, sendo, acima de tudo, uma mensagem para aquelas que buscam ultrapassar a barreira de ambientes tipicamente masculinos de que ali não é o seu lugar.

No entanto, como se procurou deixar claro ao longo deste capítulo, a teoria pós-moderna nos faz atentar para o fato de que existem muitas formas de feminilidade e masculinidade presentes tanto nas famílias quanto nas organizações e que qualquer análise terá de dar conta dessa multiplicidade de expectativas, modos de agir e pensar de ambos os gêneros. Além disso, a realidade do que é "ser mulher" e "ser homem", ao contrário de perpétua como as teorias biologizantes nos fazem pensar, é algo em constante mutação e que tende a ser continuamente alterado em função, dentre outras coisas, da ocupação progressiva de postos pelas mulheres dentro das organizações.

Referências bibliográficas

ALVESSON, M; BILLING, Y. Gender and organization: towards a differentiated understanding. *Organization Studies*, v. 13, n. 12, p. 73-102, 1992.

ARAÚJO, C; SCALON, C. Percepções e atitudes de mulheres e homens sobre a conciliação entre família e trabalho pago no Brasil. In: ARAÚJO, C.; SCALON, C. (Ed.). *Gênero, família e trabalho no Brasil*. Rio de Janeiro: Editora FGV, 2005.

BEAUVOIR, S. *O segundo sexo:* a experiência vivida. Rio de Janeiro: Nova Fronteira, 1980.

BELLE, F. Executivas: quais as diferenças na diferença. In: CHANLAT, J. F. (Coord.). *O indivíduo na organização*: dimensões esquecidas. São Paulo: Atlas, 1993.

_________. Cultura de empresa e identidades profissionais. *Revista de Administração*, v. 26, n. 2, p. 40-59, 1991.

BETIOL, M. I. S. Ser administradora é o feminino de ser administrador? ENCONTRO NACIONAL DOS PROGRAMAS DE PÓS-GRADUAÇÃO EM ADMINISTRAÇÃO, 24, 2000, Florianópolis. *Anais*... Florianópolis: ANPAD.

BOURDIEU, P. *A dominação masculina*. Rio de Janeiro: Bertrand Brasil, 2007.

CALÁS, M.; SMIRCICH, L. Do ponto de vista da mulher: abordagens feministas em estudos organizacionais. In: CLEGG, S.; HARDY, C.; NORD, W. R., CALDAS, M. R; FACHIN, R. C.; FISHER, T. (Ed.). *Handbook de estudos organizacionais*. São Paulo: Atlas, 2002. v. 2.

CARRIERI, A. *Feminilidades contemporâneas:* representações da feminilidade na ótica de mulheres e homens executivos. Belo Horizonte: Universidade Federal de Minas Gerais, 2010.

CAVAZZOTE, F.; DE OLIVEIRA, L. B.; MIRANDA, L. C. Desigualdade de gênero no trabalho: reflexos nas atitudes das mulheres e em sua intenção de deixar a empresa. *Revista de Administração,* v. 45, n. 1, p. 70-83, 2010.

CONNEL, R, W. *Masculinities*. Berkeley: Univ. California Press, 1995.

COOK, A;GLASS, C. Women and top leadership position: towards an institutional analysis. *Gender, Work and Organization,* p. 1-13, 2013.

CORRÊA, A.; CARRIERI, A. O assédio moral degradando as relações de trabalho: um estudo de caso no Poder Judiciário. *Revista de Administração Pública,* Rio de Janeiro: v. 38, n. 6, nov./dez. 2004.

CRAMPTON, S.; MISHRA, J. Women in management. *Public Personnel Management,* v. 28, n. 1, p. 87-100, 1999.

FIGUEIREDO, L. Mulheres nas minas gerais. In: PRIORI, M. (Ed.). *História das mulheres no Brasil.* São Paulo: Contexto, 2007.

HANCOCK, P.; TYLER, M. Un/doing gender and organizational performance. *Gender, Work and Organization,* v. 14, n. 6, p. 512-533, 2007.

LOURO, G. Gênero, sexualidade e poder. In: LOURO, G. (Ed.). *Gênero, sexualidade e educação:* uma perspectiva pós-estruturalista. Petrópolis: Vozes, 1997.

MACEDO, M. S. Gênero, família e chefia feminina: algumas questões para pensar. In: BORGES, A.; CASTRO, M. G. *Família, gênero e gerações:* desafios para as políticas sociais. São Paulo: Paulinas, 2007.

MAI-DALTON, R.; SULLIVAN, J. The effects of manager's sex on the assignmentto a challenging or a dull task and the reasons for the choice. *Academy of Management Journal*, v. 24, n. 3, p. 603-612, 1981.

NETO, A.; TANURE, B.; ANDRADE, J. Executivas: carreira, maternidade, amores e preconceito. *RAE*, v. 9, n. 1, 2010.

OLIVEIRA, Z. L. C. A provisão da família: redefinição ou manutenção dos papéis? In: ARAUJO, C; SCALON, C. (Ed.). *Gênero, família e trabalho no Brasil*. Rio de Janeiro: FGV, 2005.

PATEMAN, C. *O contrato sexual*. São Paulo: Paz e Terra, 1993.

PICANÇO, F. Amélia e a mulher de verdade: representações dos papéis da mulher e do homem em relação ao trabalho e à vida familiar. In: ARAUJO, C.; SCALON, C. (Ed.). *Gênero, família e trabalho no Brasil*. Rio de Janeiro: Editora FGV, 2005.

POWELL, G.; BUETTERFIELD, D. A. The "good" manager: masculine or androgynous? *Academy of Management Journal*, v. 22, n. 92, p. 395-403, 1972.

__________. Investigating the glass ceiling phenomenon: an empirical study of actual promotions to top management. *Academy of Management Journal*, v. 37, n. 1, p. 68-86, 1994.

RAGO, M. Trabalho feminino e sexualidade. In: PRIORI, M. (Ed.). *História das mulheres no Brasil*. São Paulo: Contexto, 2007.

SILVEIRA, N. A diversidade de gênero e as diferenças e semelhanças na hierarquia de valores do trabalho de mulheres e homens no chão da fábrica. *Revista de Gestão*, v. 13, n. 1, p. 77-91, 2006.

STROEBER, M. Toward a general theory of occupational sex segregation: the case of public school teaching. In: RESKIN, B. (Ed.). *Sex segregation in the workplace*. Washington, D.C: Brooking Institution, 2007.

STROH, L. K.; BRETT, J. M. Dual-earner dads versus traditional dads: can we account for diferences in salary progression? *Human Resource Management*, v. 35, n. 2, p. 181-201, 1994.

WELSH, S. Gender and sexual harassment. *Annual Review of Sociology*, v. 25, n. 1, 1999.

7

INSTRUMENTOS, POLÍTICAS E PRÁTICAS DE RECURSOS HUMANOS PARA AS MULHERES PROFISSIONAIS: PROPOSTAS PARA INSPIRAR AS ORGANIZAÇÕES

Juliana Oliveira Andrade

Allan Claudius Queiroz Barbosa

1 Introdução

As mulheres vêm aumentando significativamente seu espaço no mercado de trabalho, constituindo um público cada vez mais representativo nas organizações e nelas construindo suas trajetórias de carreiras. Porém, o contexto de carreiras vem se reconfigurando ao longo do tempo em linha com as transformações contemporâneas nos âmbitos social, político e econômico. Nesses movimentos, gestores precisam repensar continuamente suas posturas, revisar políticas e práticas e redefinir seu espaço para atender a essa dinâmica do contexto.

Instrumentos, práticas e políticas de carreira vêm sendo discutidos na literatura como sugestão para serem implementados, buscando minimizar o conflito entre as demandas, muitas vezes conflitantes, do indivíduo e da organização.

Buscando aprofundar nestes movimentos e subsidiar a gestão de recursos humanos das organizações na elaboração de políticas e práticas mais adequadas às mulheres profissionais, foi realizada uma ampla pesquisa descritiva em duas etapas: a primeira com a realização de cinco grupos de foco e a segunda, com a aplicação de um *survey* que contou com a participação de 694 mulheres profissionais.

Este capítulo está dividido em cinco partes. Na primeira parte está apresentado o referencial teórico que trata, primeiramente, da evolução da gestão de recursos humanos no debate sobre carreiras e, em segundo lugar, de instrumentos, práticas e políticas organizacionais de carreiras. Na segunda parte é apresentada a metodologia utilizada para a construção da pesquisa, abordando as etapas dos grupos de foco e do *survey* realizado. Na terceira parte estão apresentados os resultados e as análises dos mesmos. Na quarta parte é descrita a proposta de desenvolvimento de um modelo para repensar as carreiras femininas nas organizações. Por fim, são feitas as considerações finais deste capítulo.

2 A gestão de recursos humanos no debate sobre carreira

As mudanças nas organizações e na gestão de recursos humanos com foco nas carreiras estão relacionadas a um contexto de mercado globalizado e competitivo.(1) Desde os anos 1980, a economia global tem mudado radicalmente, refletindo as flutuações econômicas, o aumento do trabalho relacionado ao conhecimento e as rápidas inovações tecnológicas impactando as organizações e em como as pessoas trabalham e trilham suas carreiras.(2)

O processo de planejamento de carreira é de responsabilidade da organização e sua gestão de recursos humanos e dos indivíduos. Por um lado, as pessoas devem compreender suas aspirações e competências e, por outro lado, a organização deve identificar suas necessidades e planejar oportunidades, garantindo aos seus funcionários informações adequadas para desenvolvimento de carreira em sua estrutura.(3)

O planejamento de carreira na organização contribui para a atração e retenção de talentos, impactando positivamente no comprometimento(4) e na produtividade dos funcionários.(5) Apesar dessas vantagens, as carreiras nas organizações passam por um processo de reconfiguração.

Após a Revolução Industrial, o sistema burocrático prevalece e, com ele, a perspectiva de carreira ascendente. As pessoas iam progredindo na hierarquia seguindo critérios objetivos de tempo de dedicação, grau de instrução, até atingir seu nível de incompetência e ter o seu progresso interrompido.(6)

Ao final da década de 1970, as organizações passam a demandar novas formas de gerenciamento e desenvolvimento de pessoas. Esse foi um marco para incorporar à perspectiva de carreira a dimensão do desenvolvimento. A trajetória de carreira desvincula indivíduo de organização e passa a ser não somente linear, mas multidirecional.(7)

A partir dessas reconfigurações, as organizações, impulsionadas pela necessidade de serem mais competitivas, já na década de 1980, aumentaram as possibilidades e a complexidade das carreiras, demandando maior profissionalização. Isso fez com que ganhasse força o movimento de "gestão de carreiras" nas organizações.(8)

O movimento de "gestão de carreiras" nas organizações ganha força ao final da década de 1990, quando surge uma demanda significativa, especialmente das instituições financeiras brasileiras, empresas de química fina e setores de pesquisa agropecuária, para a estruturação de carreiras paralelas, de modo a atender a suas áreas técnicas, como controladoria, tecnologia de informação e pesquisa e desenvolvimento. Nos anos 2000, cresceu a demanda por profissionais técnicos e funcionais em quase todos os setores da economia, ampliando o debate sobre carreiras paralelas.(9)

As carreiras paralelas podem se apresentar de várias formas nas organizações: as totalmente paralelas, as em "Y" e as múltiplas. Nos Estados Unidos e no Brasil, a forma mais encontrada é a carreira paralela em forma de "Y", que tem uma base comum tanto para o braço técnico quanto para o gerencial, garantindo maior flexibilidade na alocação das pessoas nos dois braços da carreira. A base do "Y" tem característica técnica e funcional, permitindo que o profissional, num estágio mais maduro de sua carreira, possa efetuar a opção pela carreira técnica ou gerencial. O formato "Y" também é mais presente nas organizações, pois dá legitimidade técnica ou funcional àqueles que ocupam posições gerenciais, facilitando o diálogo e sua aceitação como gerente perante aqueles que optaram pelo braço técnico ou funcional da carreira.(10)

Apesar do movimento "gestão de carreiras", a discussão sobre o tema é muito precária no Brasil e levanta uma hipótese para explicar esta questão: o fato de a carreira estar intimamente atrelada à remuneração, e por isso ter um impacto importante na folha de pagamento das empresas, gerou um processo de "causalidade circular", em que as discussões sobre carreira e remuneração ficaram travadas.(11)

Visto que a maior parte das organizações não mais fornece os parâmetros claros e oportunidades em sua estrutura enxuta para a ascensão do indivíduo, ocorre que o movimento "gestão de carreiras" não pode ser mais atrelado a um formato tradicional. Faz-se necessário, portanto, repensar o modelo de gestão e planejamento de carreiras nas organizações, focando num perfil profissional diverso.(12)

3 O descompasso entre indivíduo e organização

Há uma discussão na literatura segundo(13) a qual os gestores das organizações e de recursos humanos não têm acompanhado as mudanças ocorridas com os indivíduos, gerando com isso um descompasso na discussão sobre carreiras na perspectiva organizacional e na visão individual. Uma nova geração de indivíduos está presente no mercado de trabalho, e diversas empresas continuam a operar de forma a não acompanhar tais mudanças no âmbito individual e social. As pessoas têm pensado as suas carreiras em formatos diferentes, cada vez menos tendo a empresa como referência para suas decisões e utilizando-se das oportunidades oferecidas pelo mercado para seu posicionamento profissional e a construção de seu futuro.

Profissionais, especialmente os de nível superior, querem fazer suas próprias escolhas, tendo controle sobre suas vidas, e são poucas as organizações que oferecem essa flexibilidade e autonomia para a construção das carreiras.(14) Mulheres casadas e com filhos pequenos, por exemplo, podem, em determinada época da vida, desejar promover uma desaceleração temporária em suas carreiras, sem necessariamente se desligar da organização, mas são poucas as empresas que proporcionam essa possibilidade.(15)

Nesse sentido, surge um grande desafio para a gestão de recursos humanos: como trabalhar o novo profissional – no caso deste artigo, a mulher profissional – e sua carreira, vista como um ponto relevante da política de recursos humanos das organizações.

As políticas de recursos humanos consistem em: contratação, desenvolvimento, avaliação, recompensas, plano organizacional e comunicação.(16) Para o desenvolvimento dessas políticas de gestão de recursos humanos, devem ser aplicadas ferramentas que possam potencializar o desempenho dos trabalhadores, alinhar as suas estratégias com as do negócio, analisar criticamente instrumentos utilizados e recuperar o sentido das relações entre os indivíduos que possuem papéis e atribuições distintas no universo do trabalho.(17)

4 Instrumentos, políticas e práticas de carreiras organizacionais

Algumas ferramentas e/ou políticas têm sido utilizadas por organizações e pela gestão de recursos humanos no intuito de compatibilizar interesses do profissional e da empresa.(18)

Estudiosos(19) apresentam recomendações para as organizações trabalharem a compatibilização de interesses. O Quadro 7.1 sintetiza as principais recomendações.

Quadro 7.1 – Recomendações para as organizações voltadas à carreira

Recomendação	Detalhamento
Redesenhar o trabalho.	Prover tecnologias que permitam a flexibilização do trabalho; disponibilizar videoconferências para minimizar necessidades de viagens; e recompensar e promover profissionais que adotam práticas de flexibilidade, tornando-os exemplo para os demais.
Dar oportunidades de *opt-back-in*.	Pensar em movimentos alternativos de carreira dentro da organização. Possibilitar paradas e retornos dos profissionais; recompensar as mulheres que retornam e oferecer perspectivas alinhadas às suas necessidades; e promover espaços para redes e troca entre os profissionais que param para que eles possam ser contactados e retornarem.
Aumentar a participação feminina no topo hierárquico.	Estabelecer metas de contingente feminino; prover planos de sucessão considerando também o tempo fora da organização com recompensas para a reentrada; e monitorar o número de mulheres e homens no "*pipeline*" para posições técnicas e gerenciais.
Criar recompensas ligadas às entregas, e não ao tempo, e eliminar diferenças salariais entre homens e mulheres.	Eliminar diferenças salariais e de benefícios que possam existir entre homens e mulheres na organização, em ofertas de treinamento e desenvolvimento e em sistemas de promoção; incluir o *feedback* de familiares e amigos como parte do processo de avaliação; e recompensar gestores por desenvolverem pacotes únicos de compensação.
Criar cultura organizacional que valorize a família.	Desenvolver programas para apoio à família gestante; apoiar programas de reforço educativo para os filhos de empregados com base no tempo de serviço; criar programas para acolher os filhos de empregados em férias escolares; permitir que funcionários gozem sabáticos.
Apoiar políticas públicas que auxiliem na minimização do conflito entre trabalho e família.	Estruturar *lobby* para que o governo aprimore políticas públicas que auxiliem profissionais que possuem filhos, como a ampliação de ofertas de creches e pré-escolas.

Fonte: Elaborado pela autora, com base em Mainiero e Sullivan (2005).

Há também propostas(20) para o estabelecimento de políticas de flexibilização, serviço, apoio ao profissional (independente do gênero) e benefícios extrassalariais e sociais para compatibilização indivíduo e organização. O Quadro 7.2 sintetiza cada uma delas.

Quadro 7.2 – Políticas organizacionais sugeridas

Políticas	Detalhamento
Flexibilização	Incluem políticas de flexibilidade de horário tais como horário de trabalho flexível, trabalho em tempo parcial, semana de trabalho reduzida e jornada de trabalho reduzida. Consideram também modalidades de licença-maternidade e paternidade, além do prazo legal, licença para cuidar dos filhos, licença para cuidar de familiares enfermos ou incapacitados, bancos de tempo livre, abono por causa de emergência familiar e tempo livre para formação profissional. A flexibilidade de espaço também é considerada como possibilidade de trabalho a distância, infraestrutura para trabalho em casa e videoconferências.
Serviços	Têm por objetivo reduzir a carga de trabalho extra do empregado, visando adotar uma política de serviços paralela à política salarial. Englobam serviços como disponibilização de locais como creches dentro e fora da empresa, pagamento de serviços de apoio, como babás e outros para viagens de trabalho e horas extras. Outros serviços também podem ser citados, como lavanderia, compras, transporte, estacionamento, restaurante, academia de ginástica e agência bancária e de viagens.
Apoio profissional	Consiste em aconselhar e dar formação para o empregado conseguir conciliar melhor trabalho e família. Podem ser citados: apoio psicológico e familiar, legal, financeiro e fiscal e assistência para expatriados e imigrantes. Em termos de formação e desenvolvimento, cursos pré–natal e nutrição, papel como pais, conflito entre trabalho e família, gestão do tempo, gestão do estresse e gestão da diversidade.
Benefícios extrassalariais e sociais	Essa categoria consiste em oferecer diferentes tipos de auxílio extrajurídicos, também chamados de "sociais" que podem aliviar os funcionários em relação às questões ligadas à saúde, como seguro de vida, plano de saúde para o funcionário e familiares, seguro para acidentes fora da empresa, *outplacement* e plano de aposentadoria.

Fonte: Elaborado pela autora, a partir de Carlier (2007).

Estudiosos brasileiros sugerem(21) instrumentos para o desenvolvimento de políticas de carreiras organizacionais, também na tentativa de compatibilizar os interesses do profissional e da empresa:

a) Instrumentos de autoavaliação para que o profissional se conheça mais e possa fazer seu planejamento de carreira a partir de avaliações estruturadas.

b) Aconselhamento individual, que pode ser conduzido por profissionais da área de recursos humanos, conselheiros profissionais internos ou externos, profissionais especializados em recolocação profissional e a própria chefia.

c) Informações acerca de oportunidades internas que devem ser divulgadas em todos os meios disponíveis na empresa, obtidas a partir do levantamento de habilidades, disponibilizados por um sistema de carreiras, com a divulgação dos pré-requisitos para acesso às posições nas organizações ou em um centro de informações sobre as oportunidades de carreira na empresa.

d) Processos de avaliação de potencial, com centros de avaliação, previsão de demanda por recursos humanos, planos de sucessão e remanejamentos.

e) Programas de desenvolvimento com base em programas de rotação interna (*job rotation*), programas desenvolvidos interna ou externamente, para o desenvolvimento do quadro funcional da empresa, concessão de bolsas de estudo, desenvolvimento de gestores como conselheiros de carreira, programas visando ao desenvolvimento de carreiras paralelas e sistemas de orientação do desenvolvimento individual.

Analisar a visão e a concordância das mulheres profissionais sobre esses instrumentos, práticas e políticas nas organizações das quais elas fazem parte foi uma ação realizada nessa pesquisa no intuito de auxiliar na definição de políticas de carreira mais alinhadas com as reais necessidades desse público cada vez mais presente e atuante no ambiente organizacional.

Esses instrumentos, práticas e políticas de carreiras organizacionais discutidos na literatura como elementos que potencializam as carreiras foram avaliados no que tange à realidade de mulheres profissionais pesquisadas.

5 A Pesquisa

Foi realizada uma pesquisa descritiva em duas etapas. A primeira contou com a realização de cinco grupos de foco realizados entre março e junho de 2011, para calibrar a segunda, feita por meio de um *survey* aplicado entre agosto e outubro de 2011 a mulheres profissionais de nível superior com idades entre 20 e 59 anos e com renda superior a cinco salários–mínimos, do qual participaram 694 mulheres.

Resultados – Apresentação dos Resultados: Grupos de Foco

Para a categorização da amostra, as seguintes variáveis foram utilizadas: idade, remuneração mensal, ocupação, estado civil, se possui filhos e porte da empresa na qual trabalha. Em relação à faixa etária, a amostra esteve mais concentrada entre 30 e 49 anos, representando 75% do público participante. Considerando a faixa de remuneração, houve uma concentração maior de mulheres na faixa entre R$ 2.000,00 a R$ 10.000,00 mensais, representando aproximadamente 62% da amostra. Cabe ressaltar que a mediana encontrada foi de R$ 9.849,10. No que se refere ao cargo ou à posição que as mulheres profissionais da amostra ocupam, houve uma participação um pouco maior (27,2%) de assistentes/assessoras/supervisoras em relação às demais posições de profissionais liberais, sócia de empresa ou empresária, funcionária pública, gerente, diretor, vice-presidente ou presidente. Em relação ao estado civil, percebe-se a predominância de mulheres casadas (59,4%), considerando-se também aquelas com união estável (4,8%), perfazendo um total de 64,2%. Em relação ao fato de possuir filhos, percebe-se um equilíbrio da amostra, sendo que 52,4% possuem e 47,6% não possuem. Considerando-se o porte de empresa, 59,8% das mulheres profissionais pesquisadas trabalham em grandes empresas.

Finalizando-se a categorização da amostra, a Tabela 7.1 sintetiza as características preponderantes da amostra.

Tabela 7.1 – Síntese das características preponderantes da amostra

Faixa Etária	Entre 30 e 49 anos
Mediana de remuneração	R$ 9.849,10
Posição ocupada	Assistente/Assessora/Supervisora
Estado civil	Casada
Possui filhos	Sim
Porte da empresa	Grande

Fonte: Andrade (2012).

Em relação às políticas de carreira adotadas pelas empresas, foi discutida em todos os grupos a seguinte questão: "O que as empresas nas quais vocês trabalham têm feito em termos de carreira que gera algum impacto na realidade profissional de vocês?"

Surgiu em um grupo de foco a discussão iniciada por uma participante de que só o fato de a empresa estar respeitando a carga horária diária de trabalho e limitando o excesso de reuniões já foi um grande passo que impactou positivamente a qualidade de vida da profissional e a adequação e satisfação dela com a carreira.

Em um grupo, foi discutido o fato de que as empresas nas quais duas participantes trabalhavam (empresas públicas) respeitaram o período de licença-maternidade das profissionais. Isso foi visto como um grande benefício, pois as participantes da iniciativa privada ou profissionais liberais disseram que, de alguma forma, tiveram que trabalhar durante o período da licença-maternidade.

As ações de estruturar, divulgar e implementar um plano de carreira para os profissionais foram discutidas em três grupos, cujas participantes disseram enxergar um impacto positivo em suas carreiras.

Ter uma pessoa na área de Recursos Humanos acessível para discutir as angústias da carreira de uma profissional do setor público foi uma ação que um grupo avaliou como tendo impacto positivo na carreira da profissional.

O tema "investimento por parte da empresa em cursos e programas de desenvolvimento para seus profissionais" foi discutido em três grupos de foco, considerando-se que esta ação agrega valor às carreiras das profissionais dessas empresas.

O Quadro 7.3 sintetiza as principais questões discutidas nos grupos de foco em relação aos instrumentos, políticas e práticas organizacionais de carreiras.

Quadro 7.3 – Questões centrais

Eixo 5	Questões Centrais
Instrumentos, Políticas e Práticas Organizacionais de Carreiras	– Respeitar a carga horária de trabalho. – Limitar o excesso de reuniões. – Respeitar o período de licença-maternidade. – Estruturar, divulgar e implementar um plano de carreira. – Ter apoio na área de Recursos Humanos da empresa para discutir questões de carreira. – Investir em cursos e programas de desenvolvimento para os profissionais da empresa.

Fonte: Andrade (2012).

Apresentação dos Resultados: *Survey*

Para a análise das questões relativas aos instrumentos de carreira adotados pelas empresas, foi-lhes perguntado, de forma dicotômica, se a empresa em que trabalham adota ou não os instrumentos presentes na literatura. As respostas estão sintetizadas na Tabela 7.2.

De forma dicotômica, foi perguntado para as mulheres se a empresa possui plano de carreira. Analisando o dado em relação ao porte (houve significância estatística nas respostas com $p < 0{,}001$), constata-se, como já era imaginado, que 60,7% das grandes empresas possuem.

Tabela 7.2 – Síntese das respostas sobre os instrumentos de carreiras adotados pelas empresas

Questão	Sim %	Não %
Posturas que primam pela qualidade de vida do profissional.	37,6	62,4
Horários flexíveis.	41,5	51,5
Carga horária de trabalho mais ajustada.	26,7	73,3
Dando acesso para seus profissionais a instrumentos de autoavaliação que permitem que os indivíduos se conheçam melhor e façam opções de carreira mais consistentes.	26,9	73,1
Desenvolvendo programas de apoio ao meu desenvolvimento rumo a progressão de carreira.	22,2	77,8
Divulgando as oportunidades de carreira internamente.	31,1	68,9
Avaliando através de critérios objetivos seus profissionais.	32,3	67,7
Investindo em programas de desenvolvimento e treinamentos para seus funcionários.	51,3	48,7
Adotando políticas institucionais para atrair e reter a mulher profissional.	7,2	92,8
Desenvolvendo mulheres e preparando-as para os próximos níveis hierárquicos.	12,1	87,9
Revendo atribuições e funções quando necessário e adequando-as ao perfil de seus colaboradores.	23,2	76,8
Controlando horas extras.	31	69
Revisando localidade onde o profissional é lotado para conciliar com suas demandas familiares.	7,5	92,5
Dando apoio à mulher durante o período de gestação.	36,9	63,1
Promovendo oportunidades de criação de redes de relacionamento para seus profissionais.	20,3	79,2
Orientando seus colaboradores para fazer o seu planejamento financeiro pessoal.	14	86
Mapeando os motivos de desligamento das mulheres profissionais da empresa.	4,8	95,2

Fonte: Andrade (2012).

Testes estatísticos constataram significância estatística das respostas de diversas questões em relação à ocupação e ao porte da empresa. Em relação à ocupação, foram ressaltadas as seguintes questões:

> – Horários flexíveis ($p = 0{,}021$), considerando sim para 41,5% das profissionais liberais.
>
> – Dando acesso para seus profissionais a instrumentos de autoavaliação que permitem que os indivíduos se conheçam melhor e façam opções de carreira mais consistentes ($p < 0{,}001$) para 41,9% das diretoras.
>
> – Divulgando as oportunidades de carreira internamente ($p < 0{,}001$) para assistentes, assessoras e supervisoras (43,9%), gerentes (43,8%) e diretoras (41,9%).
>
> – Avaliando com base em critérios objetivos seus profissionais ($p < 0{,}001$) para gerentes (40,5%) e diretoras (39,5%).
>
> – Investindo em programas de desenvolvimento e treinamentos para seus funcionários ($p < 0{,}001$) para gerentes (66%), diretoras (61,5%) e assistentes, assessoras e supervisoras (55,6%).
>
> – Desenvolvendo mulheres e preparando-as para os próximos níveis hierárquicos ($p = 0{,}028$), sendo a antítese dessa realidade a percepção da funcionária pública com 90,9% das mulheres dizendo não a esta questão.
>
> – Revendo atribuições e funções quando necessário e adequando-as ao perfil de seus colaboradores ($p = 0{,}026$), sendo respondido afirmativamente por 44,2% de diretoras.
>
> – Controlando horas extras ($p < 0{,}001$) para assistentes, assessoras e supervisoras (40,2%) e gerentes (42%).

No que se refere ao porte da empresa, apurou-se significância estatística com as seguintes questões:

> – Horários flexíveis ($p < 0{,}001$), sendo respondido afirmativamente pelas mulheres de microempresas (59,6%).
>
> – Dando acesso para seus profissionais a instrumentos de autoavaliação que permitem que os indivíduos se conheçam melhor e façam opções de carreira mais consistentes ($p < 0{,}001$) para 32,8% das grandes empresas.
>
> – Divulgando as oportunidades de carreira internamente ($p < 0{,}001$) para 42,2% das grandes empresas.
>
> – Avaliando com base em critérios objetivos seus profissionais ($p < 0{,}001$) para 37,8% das grandes empresas.

– Investindo em programas de desenvolvimento e treinamentos para seus funcionários ($p < 0{,}001$) para 61,2% das grandes empresas.

– Controlando horas extras ($p < 0{,}001$) para 37,8% das grandes empresas.

– Dando apoio à mulher durante o período de gestação ($p = 0{,}011$) para 41,6% das pequenas e 40,2% das grandes (23,4% das micro e 32,4% das médias).

Para as questões relacionadas ao plano de carreira verificou-se uma forte correlação entre o porte da empresa e as questões relacionadas ao plano de carreira. Sobre a questão relacionada ao fato de haver o plano de carreira, mas este não ser disseminado, percebe-se uma maior discordância do que concordância sobre esse ponto. Ressalta-se que há maior discordância sobre a disseminação do plano de carreira em grandes empresas.

Quanto ao fato de o plano de carreira ser claro para todos os profissionais, há um equilíbrio entre concordância e discordância, excetuando-se o caso das pequenas empresas. Na percepção das mulheres profissionais que trabalham em pequenas empresas, há uma discordância da clareza do plano de carreira maior do que nas demais (40%).

Em relação ao plano de carreira atender de forma igualitária homens e mulheres profissionais, na percepção da amostra, há uma concordância maior com a afirmativa para a maioria das mulheres de médias (54%) e grandes empresas (50,5%), conforme demonstrado na Tabela 7.3.

Tabela 7.3 – Plano de carreira e equidade

$p = 0{,}005$

Porte	O plano de carreira atende de forma igualitária homens e mulheres profissionais					Total
	Discordo (%)	Discordo parcialmente (%)	Sou indiferente (%)	Concordo parcialmente (%)	Concordo (%)	
Micro	12,0	12,0	32,0	0,0	44,0	100,0
Pequena	21,2	12,1	18,2	9,1	39,4	100,0
Média	20,0	12,0	6,0	8,0	54,0	100,0
Grande	12,4	7,3	9,8	20,0	50,5	100,0
Tota	14,1	8,6	11,5	16,2	49,6	100,0

Fonte: Andrade (2012).

Sobre o fato de a gestão de recursos humanos promover e auxiliar a mulher profissional na tomada de decisão sobre carreira, percebe-se discordância das mulheres profissionais em todos os portes de organização, conforme demonstra a Tabela 7.4.

Tabela 7.4 – Porte e recursos humanos auxiliando na tomada de decisão sobre carreira

p = 0,019

Porte	A gestão de RH promove e auxilia o profissional na tomada de decisão sobre carreira					Total
	Discordo (%)	Discordo parcialmente (%)	Sou indiferente (%)	Concordo parcialmente (%)	Concordo (%)	
Micro	38,5	3,8	34,6	7,7	15,4	100,0
Pequena	36,4	9,1	18,2	21,2	15,2	100,0
Média	44,0	20,0	6,0	20,0	10,0	100,0
Grande	38,4	19,9	9,4	21,0	11,2	100,0
Total	39,0	17,9	11,4	20,0	11,7	100,0

Fonte: Andrade (2012).

Quanto à questão sobre não ter como rejeitar uma promoção, houve diferença maior no nível de discordância no caso de mulheres profissionais de micro (24% contra 8%) e pequenas empresas (21,2% contra 9,1%) conforme demonstrado na Tabela 7.5.

Tabela 7.5 – Porte e rejeição de promoção

p = 0,022

Porte	Não tenho como rejeitar uma promoção					Total
	Discordo (%)	Discordo parcialmente (%)	Sou indiferente (%)	Concordo parcialmente (%)	Concordo (%)	
Micro	24,0	12,0	44,0	12,0	8,0	100,0
Pequena	21,2	27,3	21,2	21,2	9,1	100,0
Média	16,0	18,0	12,0	34,0	20,0	100,0
Grande	17,1	19,3	14,9	25,5	23,3	100,0
Total	17,8	19,3	17,0	25,3	20,6	100,0

Fonte: Andrade (2012).

Quanto à percepção da mulher profissional sobre o fato de ter apoio de um profissional na empresa para ajudá-la a tomar decisões sobre carreira, a maioria discorda, conforme demonstra a Tabela 7.6.

Tabela 7.6 – Porte e apoio para tomada de decisão sobre carreira

$p = 0{,}004$

Porte	Tenho apoio de um profissional na empresa para me ajudar a tomar decisões sobre carreira					Total
	Discordo (%)	Discordo parcialmente (%)	Sou indiferente (%)	Concordo parcialmente (%)	Concordo (%)	
Micro	44,0	4,0	32,0	4,0	16,0	100,0
Pequena	39,4	6,1	21,2	15,2	18,2	100,0
Média	54,0	14,0	8,0	22,0	2,0	100,0
Grande	48,0	18,4	10,5	14,8	8,3	100,0
Total	47,8	15,8	12,5	15,1	8,8	100,0

Fonte: Andrade (2012).

Sobre o fato de haver discussão institucional a respeito da carreira, a percepção das mulheres profissionais é equilibrada somente em grandes empresas, conforme demonstra a Tabela 7.7.

Tabela 7.7 – Porte e discussão institucional sobre carreira

$p < 0{,}001$

Porte	Não há discussão institucional sobre carreira					Total
	Discordo (%)	Discordo parcialmente (%)	Sou indiferente (%)	Concordo parcialmente (%)	Concordo (%)	
Micro	45,8	8,3	33,3	,0	12,5	100,0
Pequena	30,3	24,2	12,1	12,1	21,2	100,0
Média	14,0	22,0	6,0	34,0	24,0	100,0
Grande	23,5	20,6	7,9	23,1	24,9	100,0
Total	24,2	20,3	9,6	22,1	23,7	100,0

Fonte: Andrade (2012).

Análises dos Resultados dos Grupos de Foco e *Survey*

De forma geral, o resultado dessa pesquisa demonstra que as profissionais percebem como sendo ainda restrita a presença desses instrumentos, práticas e políticas nas organizações das quais elas fazem parte. Demonstra, portanto, que o que a literatura propõe ainda não encontra terreno fértil nas organizações das quais participam as 694 mulheres pesquisadas.

O resultado das discussões dos grupos de foco está sintetizado no Quadro 7.4. Foram agrupados em três grandes estratégias: o respeito ao tempo de trabalho, à qualidade de vida da profissional e às políticas de gestão de carreiras.

Quadro 7.4 – Síntese das discussões sobre instrumentos, práticas e políticas organizacionais de carreiras

Estratégias	Desdobramentos
Tempo de trabalho	- Limitando o excesso de reuniões ocorridas nas organizações. - Possibilitando o horário flexível. - Respeitando a carga horária diária de trabalho. - Controlando as horas extras. - Minimizando viagens dos colaboradores.
Qualidade de vida	- Valorizando a qualidade de vida do colaborador. - Respeitando/dando assistência à saúde do colaborador. - Apoiando a mulher no período da gestação. - Revisando a lotação da colaboradora para ficar próxima à família.
Gestão de carreira	- Estruturando e divulgando plano de carreira. - Trabalhando a ambição do profissional possibilitando sua movimentação. - Investindo no desenvolvimento das pessoas. - Mapeando os motivos pelos quais as mulheres profissionais deixam a empresa. - Adequando o perfil da profissional à sua função.

Fonte: Andrade (2012).

As perguntas feitas no *survey* foram no sentido de ampliar a compreensão do que as mulheres enxergam como sendo utilizado em termos de instrumentos, práticas e políticas de carreiras pelas empresas das quais elas fazem parte. Apurou-se baixa percepção da utilização desses instrumentos por parte das organizações. De todos os itens apresentados, apenas os investimentos em cursos e programas de desenvolvimento obtiveram maior número de respostas "sim" do que "não". Nesse sentido, percebe-se um avanço das organizações, na visão das mulheres profissionais, pelo caminho rumo à criação de um ambiente de aprendizagem com vistas ao alcance de melhores resultados mediante a aquisição e disseminação do conhecimento de seus profissionais.

Considerando o cruzamento de dados, feitos no intuito de identificar significâncias estatísticas entre eles, ficou demonstrado que apenas para o cargo de diretora é que está sendo dado acesso a instrumentos de autoavaliação que permitem que a profissional se conheça melhor e faça opções de carreiras mais consistentes. É também para este público do topo da hierarquia organizacional que têm sido revisadas atribuições e funções e adequando-as aos seus perfis. Este dado revela que as empresas têm adotado apenas para a alta cúpula essas ações e deixando de lado os outros níveis organizacionais. Para as mulheres da carreira pública, as empresas não estão desenvolvendo-as nem preparando-as para os próximos níveis hierárquicos.

Em relação às estratégias que busquem a retenção de talentos, tendo em vista, inclusive, a atração do público feminino, cabe uma reflexão para a gestão de recursos humanos dos setores público e privado sobre as políticas que devem ser pensadas e colocadas em prática. Há que se avaliar a atratividade no médio e no longo prazo da carreira pública e também da carreira privada, especialmente considerando a retenção de talentos-chave.

Se existe o Plano de Carreira, ele tende a ser disseminado nas organizações, e isso é um ponto positivo para a perspectiva da carreira da mulher. Foi identificada nesta questão relativa ao Plano de Carreira uma forte correlação estatística com o porte da empresa. Como já era esperado, o Plano de Carreira é mais presente, disseminado e claro em grandes empresas. Abrem-se, portanto, oportunidades para as micro, pequenas e médias empresas refletirem sobre instrumentos, práticas e políticas de carreira que possam ser implementados e que possam impactar positivamente a perspectiva de carreira de suas profissionais.

Cabe ressaltar aqui o resultado unânime da percepção da negligência do apoio da gestão de recursos humanos em auxiliar os profissionais na tomada de decisão sobre carreira. Se essa prática não partir da alta gestão, das lideranças, tendo a área de Recursos Humanos como catalisadora, provavelmente, este apoio continuará sendo negligenciado como tem sido até agora.

Quando as empresas deixam de oferecer carreiras, seus funcionários passam a repensar sua contribuição e dedicação à empresa. Se as empresas eliminam o antigo contrato de trabalho, que se baseava na estabilidade e na possibilidade de ascensão, e o substituem por frágeis perspectivas de confiança, funcionários retribuirão em espécie. Seu relacionamento com a empresa torna-se transacional: concedem seu tempo, mas não contribuem com seus esforços mais plenos. Os funcionários não tentam superar o nível básico de competência ou se engajar inteiramente nas ações da empresa.(22)

Neste sentido, percebe-se que há um grande leque de oportunidades para os gestores das empresas e das áreas de Recursos Humanos trabalharem com um enfoque maior em carreiras, incluindo as da mulher foco desta tese.

Uma proposta para inspirar as organizações

De uma forma propositiva, é apresentada uma proposta para repensar as carreiras de mulheres profissionais nas organizações.

No centro da iniciativa está a questão da informação para subsidiar a empresa sobre quem são as profissionais e as suas trajetórias de carreira percorridas. Inclui desde dados demográficos até experiências profissionais prévias, cursos realizados ao longo da vida, fluência em idiomas, *hobbies*, situação familiar, momentos de interação com o RH e principais demandas da profissional. Essas informações devem ser alimentadas periodicamente e utilizadas como fonte para os movimentos de carreira organizacional estruturados pela empresa.

No processo de atração e retenção, devem ser elaboradas estratégias, obviamente alinhadas às da organização como um todo, tanto para atrair quanto para reter seus talentos femininos. Inclui desde a decisão de onde buscar as profissionais para divulgação das posições em aberto de forma mais eficiente e eficaz, até as políticas de retenção elaboradas contemplando desde salários até benefícios como auxilio-babá, ou banco de dados de profissionais qualificados para orientação escolar, que podem ser oferecidos para o público feminino que possui filhos em diferentes idades e com demandas diversas, por exemplo.

O processo de qualidade de vida abarca estratégias que buscam focar em questões de saúde e bem-estar. Implica revisar desde o cardápio alimentar, considerando as empresas que oferecem alimentação aos seus colaboradores, até a implementação de programas específicos de saúde para acompanhamento e orientação de como conduzir uma vida mais saudável. A estruturação de convênios com academias de ginástica, definição de profissionais de educação física para orientar os profissionais quanto à prática de atividade física regular, nutricionistas para orientar dietas a serem seguidas são exemplos de ações que podem ser empreendidas nesse processo.

O processo da jornada de trabalho engloba prioritariamente o cumprimento da jornada de trabalho legal. Adaptações em termos de jornada, banco de horas, *part time job*, dentre outras ações, são exemplos que podem ser destacados nesse processo.

O processo de carreira envolve desde o desenho organizacional e as possibilidades de movimentações dentro da estrutura de cargos da empresa, passando pela estruturação de processos para sucessão, especialmente para as posições-chave na organização, avaliações de potencial para mapear os profissionais que podem ser alocados em determinadas posições considerando um horizonte temporal, definição de ações como *coaching* e *mentoring* para determinados profissionais.

O processo de *networking* e desenvolvimento está relacionado às iniciativas que a organização pode estruturar no sentido de fazer com que as mulheres profissionais que fazem parte da organização, possam trocar informações e discutir desafios em momentos específicos do seu ciclo de vida/carreira, fóruns de discussão, palestras, debates, entre outros, dentro e fora da empresa. Está relacionado também em fazer com que as mulheres na organização participem de programas de desenvolvimento que as preparem para assumir níveis mais estratégicos na organização.

O processo de desligamento refere-se às ações que podem ser empreendidas pelas organizações para, primeiramente, mapear os motivos de desligamento das mulheres profissionais da organização. Em um mapeamento como esse, casos de assédio, por exemplo, podem ser identificados e tratados pelos gestores da organização. Utilizar as informações coletadas no momento de desligamento da profissional subsidia o levantamento de elementos importantes para reflexão de melhorias que podem ser implementadas com foco em tornar a empresa mais receptiva à mulher.

A Figura 7.1 que se segue ilustra os principais processos ligados ao modelo para repensar as carreiras de mulheres profissionais nas organizações.

Figura 7.1 - Modelo de processos de carreira para mulheres na organização

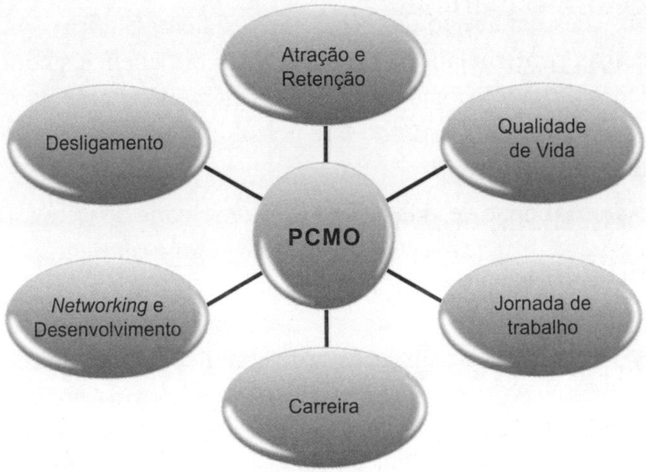

Fonte: Andrade (2012).

6 Considerações finais

Instrumentos, práticas e políticas de carreira devem ser desenvolvidos e implementados, independentemente do porte da empresa, e ser apresentados/discutidos, para que os profissionais se sintam participantes da construção do plano e contribuam para o seu sucesso.

Os resultados dessa pesquisa revelam um enorme campo a ser explorado pelas organizações e pela gestão de recursos humanos. Planejar e desenvolver de acordo com as prioridades estratégicas algumas ações e avaliar o impacto e os resultados obtidos são ações que devem ser empreendidas pelos gestores das organizações e da gestão de recursos humanos que queiram desenvolver a carreira de suas mulheres profissionais.

Cabe aqui uma reflexão sobre o próprio papel da área de Recursos Humanos. Sem uma postura forte de parceria estratégica nunca exercerá de fato um papel relevante na organização e continuará sendo negligente e desconsiderando questões importantes para a competitividade das empresas, como o estabelecimento de políticas de carreiras consistentes que promovam a retenção de talentos. A área não deve fazer "terapia empresarial", mas, sim, ajudar os profissionais a serem mais competentes, fazendo escolhas profissionais consistentes. Não pode ser ocupado por qualquer profissional, mas sim por aqueles que dominam a teoria e a prática e tenham autoridade.(23)

Como forma de contribuir com essa reflexão, este artigo propõe ao final um modelo para repensar a carreira de mulheres profissionais nas organizações, objetivando na discussão contribuir com a evolução da temática carreira nas organizações.

Referências bibliográficas

1 (PARK; ROTHWELL, 2009).

2 (CAPPELLEN; JANSSENS, 2010).

3 (ANTONIU, 2010).

4 (BARUCH, 2011; IMRAN; AHMED, 2012).

5 (FAHED-sREIH, 2012).

6 (BARUCH, 2011).

7 (BARUCH, 2011).

8 (CHANLAT, 1995; DUTRA, 1996; DUTRA, 2010).

9 (DUTRA, 2010).

10 (DUTRA, 2010).

11 (DUTRA, 2010).

12 (NIJHOF; HEIDJEN, 2004; DUTRA, 2010).

13 (ZUBOFF; MAXMIN, 2003).

14 (ZUBOFF; MAXMIN, 2003).

15 (CROMPTON, 2006).

16 (ULRICH, 1999).

17 (BARBOSA, 2005).

18 (MAINIERO; SULLIVAN, 2006; CARLIER, 2007; DUTRA, 2010).

19 (MAINIERO; SULLIVAN, 2006).

20 (CARLIER, 2007).

21 (DUTRA, 2010).

22 (ULRICH, 1999, p. 157).

23 (ULRICH, 1999).

Referências bibliográficas completas

ALBUQUERQUE, L.G. *O Papel estratégico de recursos humanos*. Tese (Livre-Docência). São Paulo: FEA/USP, 1987.

_________; OLIVEIRA, P. M. Competências ou cargos: uma análise das tendências das bases para o instrumental de recursos humanos. Disponível em: <http://www.ead.fea.usp.br/Cad-pesq/arquivos/v08n4art2.pdf>. Acesso em: 15 abr. 2009.

ANTONIU, E. Career planning process and its role in human resource development. annals of the University of Petroşani, *Economics*, 10(2), 2010, p. 13–22.

BARBOSA, A C. Q. Relações de trabalho e Recursos Humanos sem busca de identidade. In: RAE – *Edição Especial Minas Gerais*, v. 45, 2005.

BARROS, M. F.; LIMONGI-FRANÇA, A. C. *O estagiário de administração nas empresas*. VII SEMEAD. São Paulo – SP, 2004.

BARUCH, Y. Transformações nas carreiras: de trajetórias lineares para multidirecionais. In: KILIMNIK, Z. M. *Transformações e transições nas carreiras*: Estudos Nacionais e Internacionais sobre o tema. Rio de Janeiro: Qualitymark, 2011.

CAPPELLEN, T.; JANSSENS, M. Enacting global careers: organizational career scripts and the global economy as co-existing career referents. *Journal of Organizational Behavior*, v. 31, p. 687–706, 2010.

CARLIER, Sandra Idrovo. Las políticas de conciliación trabajo–familia en las empresas colombianas. Disponível em: <http://www.scielo.org.co/pdf/eg/v22n100/v22n100a02.pdf> Acesso em: 15 out. 2007

CHANLAT, J. F. Quais carreiras para qual sociedade? *Revista de Administração de Empresas*, São Paulo, v. 35, n. 6, p. 67–75, nov./dez. 1995.

CHURCHILL JR., G. A. *Marketing research*: methodological foundations. Chicago: The Dryden Press, 1987.

CROMPTON, R. *Employment and the family*: the reconfiguration of work and family life in contemporary societies. Cambridge, UK: Cambridge University Press, 2006.

DUTRA, Joel Souza. *Administração de carreiras*. São Paulo: Atlas, 1996.

_________. *Administração de carreiras*: uma proposta para repensar a gestão de pessoas. São Paulo: Atlas, 2007.

DUTRA, Joel Souza (Org.). *Gestão de carreiras na empresa contemporânea*. São Paulo: Altas, 2010.

FAHED-sREIH, J. The effect of investing in hiring, human resource planning and employee development on labor productivity: case of lebanon. *Journal of International Business Research*, v. 11, n. 1, 2012.

FISCHER, A.L. *A construção do modelo competitivo de gestão de pessoas no Brasil* – Um estudo sobre as empresas consideradas exemplares. Tese (Doutorado em Administração) – São Paulo: FEA/USP, 1998.

HERNANDEZ, J. M. C; CALDAS, M. P. Resistência à mudança: uma revisão crítica. RAE – *Revista de Administração de Empresas*. São Paulo, v. 41, n. 2, p. 31-45, abr./jun. 2001.

IMRAN, A.; AHMED, M. Impact of human resource practices on organizational commitment: a study among service sector employees in Pakistan. *Interdisciplinary Journal of Contemporary Research in Business*. v. 4, n. 2, June 2012.

KOTLER, P. *Administração de marketing*. 10 ed. São Paulo: Prentice Hall, 2000.

MAINIERO, L. A.; SULLIVAN, S. E. Kaleidoscope careers: analternate explanation for the"opt-out" revolution. *Academy of Management Executive*, 2005, v. 19, n. 1, 2005.

MOTTA, V. T.; OLIVEIRA FILHO, P. F. *SPSS*. Análise de dados biomédicos. Rio de Janeiro: Medbook, 2009.

NIJHOF, A. H. J; HEIDJEN, B. I. J. M. The value of subjectivity: problems and prospects for 360-degree appraisal systems. *The International Journal of Human Resource Management*. 15: 3, p. 493-511, May 2004..

OLIVEIRA, M.; FREITAS, H. Focus group: instrumentalizando o seu Planejamento. In: GODOI, Christiane Kleinunbing; BANDEIRA DE MELO, Rodrigo; BARBOSA DA SILVA, Anielson (Org.). *Pesquisa qualitativa em estudos organizacionais*: paradigmas, estratégias e Métodos. São Paulo: Saraiva, 2006.

PARK, Y.; ROTHWELL, W.J. The effects of organizational learning climate, career–enhancing strategy, and work orientation on the protean career. *Human Resource Development International*. v. 12, n. 4, p. 387-405, Sept. 2009.

SOARES, J. F.; SIQUEIRA, A. L. *Introdução à estatística médica*. 2. ed. Belo Horizonte: Coopmed, 2002.

ULRICH, Dave. *Os campeões de recursos humanos*. São Paulo: Futura, 1999.

VERGARA, Sylvia Constant. *Métodos de pesquisa em administração*. São Paulo: Atlas, 2005.

ZUBOFF, S.; MAXMIN, J. *O novo jogo dos negócios*: por que as empresas estão decepcionando as pessoas e a próxima etapa do capitalismo. Rio de Janeiro: Campus, 2003.

8

O ESTILO DE GESTÃO DA MULHER EXECUTIVA BRASILEIRA: O FEMININO NO MASCULINO OU O MASCULINO NO FEMININO?

Adélia Marina de Campos Cursino

Antonio Carvalho Neto

Introdução

O movimento feminista contemporâneo ocidental nasceu da revolta das mulheres com as normas e condições que orientavam seu destino pessoal e seu confinamento à esfera privada. Esse movimento tornou-se rapidamente, durante os anos 1960, um projeto intelectual e político em vários países, anunciado pelo surgimento em 1949 do livro *Segundo sexo,* de Simone de Beauvoir (DESCARRIES, 2000). O objetivo central do feminismo é a transformação do papel das mulheres na sociedade, superando a desigualdade existente nas relações destas com os homens (FARAH, 2004).

Se são indiscutíveis a importância e os avanços obtidos por esse movimento social, por outro lado a opressão feminina não cessou com a conquista dos direitos iguais. O alcance da consciência individual e coletiva de homens e mulheres sobre a sua situação real é a maior de todas as batalhas do movimento feminista no mundo de hoje. As conquistas femininas proporcionaram para a sociedade em geral uma nova vida. Com o movimento feminista percebemos que a história e a cultura estão em constante mutação (AMORIM, 2011).

Compreender os sentidos dos papéis sexuais nas diferentes épocas e sociedades e como eles foram implementados é o objetivo dos estudos de gênero (CHIES, 2010). O conceito de gênero é uma conquista do movimento feminista e sua construção e afirmação é um grande avanço (PEDRO; GUEDES, 2010). Os estudos feministas podem ser descritos como escolha epistemológica para instituir as mulheres enquanto categoria social e o sexo e o gênero como categorias de análise, assim como para desconstruir as representações e os mecanismos reconstitutivos da divisão social dos sexos e de outros sistemas de dominação (DESCARRIES, 2000).

As pesquisas sobre a relação entre homens e mulheres evoluíram no sentido de que passou-se a estudar a relação social, deixando de lado os atributos distintivos. A análise passou a se ocupar de gênero como construto social e da aquisição de masculinidade e feminilidade, separando-se do estudo do sexo como variável independente (JUTEAU, 2009).

Elemento característico de relações sociais, a noção de gênero foi edificada sobre as diferenças compreendidas entre os sexos. É um meio de interpretar o sentido e de compreender as complexas relações entre as diversas formas de interação humana. O uso do termo *gênero* enfatiza todo um sistema de relações, que pode incluir o sexo, mas que não termina na definição da sexualidade; não é diretamente determinado pelo sexo (SCOTT, 1995).

Entende-se o conceito de gênero como sendo socialmente construído, oriundo dos movimentos feministas, com foco na mulher, no trabalho da mulher, em especial na mulher executiva (CASTRO, 1992). Estudar-se-ão aqui as relações de gênero no ambiente profissional, onde o gênero se reflete nas interações sociais (GARDNER; PELUCHETTE; CLINEBELL, 1994). Introduzir a questão de gênero objetiva problematizar nessa linha os papéis que homens e mulheres exercem na sociedade e, consequentemente, nas organizações (OLIVEIRA; GAIO; BONACIM, 2009). Neste estudo abordar-se-á o tema gênero como direcionador na análise das características de gestão da mulher executiva brasileira.

Este estudo tratará das mulheres executivas brasileiras, categoria importante no contexto de inserção mundial da mulher no mercado de trabalho. Quando mencionam-se mulheres executivas neste trabalho, está-se referindo a mulheres do primeiro (presidente), segundo (superintendentes e diretoria) e terceiro escalão (gerentes) das organizações. Portanto, mulheres que conquistaram as posições de poder mais disputadas pelos homens nas maiores empresas do país.

Os estereótipos de gênero vêm sofrendo mudanças, se adaptando à sociedade e às organizações. Mas, tradicionalmente, o que se espera dos homens é que eles sejam lógicos, racionais, agressivos, exploradores, estratégicos, independentes, competitivos, líderes e tomadores de decisão. Quanto às mulheres, espera-se que sejam intuitivas, emocionais, submissas, empáticas, espontâneas, cooperativas, estimuladoras e companheiras leais (MORGAN, 1989).

O debate sobre o tema gênero, visto como uma importante parte da vida organizacional, tem tornado aparente a divisão sexual no trabalho, incluindo aí a tendência de os homens monopolizarem os postos mais altos e privilegiados (OLIVEIRA; GAIO; BONACIM, 2009). Nota-se que a gestão e a liderança continuam associadas às características do sexo masculino (LOUREIRO; CARDOSO, 2008). O papel da gestão ainda está impregnado de masculinidade, tornando os homens mais valorizados (SANTOS; ANTUNES, 2012) e o caminho mais duro para as mulheres (KANTER, 1977; POWELL, 1998).

A ascensão da mulher ao poder encontra barreiras nos estereótipos socialmente construídos e aceitos sobre o papel da mulher e do homem (SANTOS; ANTUNES, 2012). Porém esses mesmos estereótipos femininos podem explicar a inserção da mulher executiva nas organizações. Alguns estereótipos femininos são bem vistos no mundo do trabalho, pois auxiliam no bom desempenho e andamento das atividades tais como: administração do tempo que a mulher desempenha com facilidade tendo em vista a sua necessidade e capacidade de obter a conciliação entre carreira e vida privada; atenção aos detalhes; multifuncionalidade em função dos múltiplos papéis desempenhados pelas mulheres no cuidado com a casa, os filhos e o marido; capacidade de trabalhar em grupo e mediar conflitos (FAVILLA; TOMAZ, 2003). Com isso, estudar mulheres sob a perspectiva de gênero proporciona a melhor compreensão de como se dão as relações de gênero nas organizações.

As mulheres executivas, ao mesmo tempo que representam um pioneirismo, por ocupar nas organizações lugares quase exclusivamente ocupados por homens, são sujeitas a várias interrogações de ordem moral (CYRINO, 2011). Quando assumem as denominadas características femininas são descritas como sendo emocionais nas suas decisões. Já quando o seu sucesso é baseado na agressividade, são acusadas de ignorar seu lado feminino. Por isso, às vezes, elas preferem negar a existência de características masculinas no seu estilo de gestão. (LOUREIRO; CARDOSO, 2008).

A questão inerente é como ser mulher, manter suas características femininas e ao mesmo tempo ocupar um cargo construído em moldes masculinos (MENEZES, 2012). Os homens continuam a ser o espelho das organizações, o contraponto que direciona, em parte, a busca de uma identidade feminina pelas mulheres executivas (BELLE, 1991).

As executivas enfrentam então um enorme desafio: ou adquirem atributos considerados masculinos e alcançam o sucesso na carreira ou assumem a existência de um estilo feminino e vão à luta (LIMA, 2009). Na tentativa de resolver esse impasse, muitas tentam separar a mulher da profissional, suprimindo sua identidade feminina em detrimento das imposições do cargo (MENEZES, 2012).

Cabe ressaltar que o estilo feminino de gestão não é superior ao estilo masculino. Ambos podem contribuir para o sucesso, apesar das organizações ainda estarem impregnadas de estereótipos masculinos. As mulheres desenvolvem um estilo voltado para a cooperação e relacionamentos, um estilo participativo com valorização dos indivíduos, sensibilidade, necessidade de conciliação e gestão pelo consenso. Além dessas características, flexibilidade, sensibilidade, intuição, capacidade de trabalhar em equipe e administrar a diversidade, são contribuições femininas para o novo paradigma das organizações que tem se voltado mais para as pessoas (BOWEN; HIRSRICH, 1986; BETIOL, 2000; MUNHOZ, 2000; GOMES, 2005).

Com a finalidade de verificar se o estilo de gestão das mulheres executivas contém apenas características femininas ou inclui traços masculinos na sua concepção realizou-se uma pesquisa qualitativa, descritiva, utilizando como estratégia de pesquisa o método do estudo de caso. A escolha desse método se justifica por se fazer necessário o exame detalhado de um fenômeno atual, mulheres cada vez mais inseridas no mercado de trabalho e ocupando posições de liderança nas organizações, analisado dentro de um contexto de vida real, ou seja, as organizações (GODOY, 1995).

Os dados são primários, coletados através de grupos de foco. O Programa de Pós-graduação em Administração da PUC-Minas possui um grande banco de dados de entrevistas e grupos de foco já realizados com executivas e executivos do primeiro, segundo e terceiro escalão de grandes empresas. A equipe do NERHURT do PPGA da PUC-Minas, Núcleo de Estudos em Recursos Humanos e Relações de Trabalho, coordenada pelos professores Antônio Carvalho Neto e Betânia Tanure, vem coletando dados com entrevistas semiestruturadas e grupos de foco desde 2005. Esse material, que já produziu uma dissertação de mestrado (LIMA, 2009) e uma tese de doutorado (SANTOS, 2012), ainda não foi totalmente explorado, o que permitiu realizar este trabalho consultando essa fonte primária de dados. Deve-se deixar claro, portanto, que o método de coleta de dados utilizado foi o grupo de foco.

Quanto à amostra a ser analisada, os grupos de foco foram realizados em três empresas multinacionais com sede em Minas Gerais e São Paulo, sendo uma empresa do ramo de telefonia, uma de hotelaria e uma do ramo de mineração. Foram realizados sete grupos de foco, dois na empresa do ramo de mineração, dois na do ramo de hotelaria e três na empresa do ramos de telefonia.

Esses grupos de foco possuem um número equilibrado de executivas e executivos (21 mulheres e 24 homens). Todos os entrevistados, executivas e executivos, pertencem ao alto escalão das organizações conforme pode-se observar abaixo:

Quadro 8.1 – Detalhamento dos cargos dos participantes

Empresa 1			
Grupo de Foco 1		**Grupo de Foco 2**	
Entrevista Mulher 1	Gerente	Entrevista Mulher 4	Gerente
Entrevista Mulher 2	Gerente	Entrevista Homem 6	Gerente
Entrevista Mulher 3	Gerente	Entrevista Homem 7	Superintendente
Entrevista Homem 1	Gerente	Entrevista Homem 8	Gerente
Entrevista Homem 2	Diretor	Entrevista Homem 9	Superintendente
Entrevista Homem 3	Diretor	Entrevista Homem 10	Gerente
Entrevista Homem 4	Gerente		
Entrevista Homem 5	Gerente		

Empresa 2			
Grupo de Foco 1		**Grupo de Foco 2**	
Entrevista Mulher 5	Diretora	Entrevista Mulher 8	Gerente
Entrevista Mulher 6	Gerente	Entrevista Homem 11	Diretor
Entrevista Mulher 7	Gerente	Entrevista Homem 12	Diretor

Empresa 3			
Grupo de Foco 1		**Grupo de Foco 2**	
Entrevista Mulher 9	Gerente	Entrevista Mulher 13	Gerente
Entrevista Mulher 10	Gerente	Entrevista Mulher 14	Gerente
Entrevista Mulher 11	Gerente	Entrevista Mulher 15	Gerente
Entrevista Mulher 12	Gerente	Entrevista Mulher 16	Gerente
Entrevista Homem 13	Gerente	Entrevista Mulher 17	Gerente
Entrevista Homem 14	Gerente	Entrevista Homem 15	Gerente
Grupo de Foco 3		Entrevista Homem 16	Gerente
Entrevista Mulher 18	Gerente	Entrevista Homem 17	Gerente
Entrevista Mulher 19	Gerente	Entrevista Homem 18	Gerente
Entrevista Mulher 20	Gerente		
Entrevista Mulher 21	Gerente		
Entrevista Homem 19	Gerente		
Entrevista Homem 20	Gerente		
Entrevista Homem 21	Gerente		
Entrevista Homem 22	Gerente		
Entrevista Homem 23	Gerente		
Entrevista Homem 24	Gerente		

Fonte: Elaborado pela autora.

Ao analisar os dados, pretende-se verificar como a mulher executiva se vê: com mais características femininas, masculinas ou uma junção dessas características. Para facilitar a leitura, quando se referir a características femininas, está-se referindo às características percebidas por executivas mulheres e executivos homens. O mesmo para características masculinas. Vale salientar que este trabalho é um estudo sobre percepções, não se tem a intenção de querer verificar, determinar a existência de tal ou qual característica, e sim discutir como as pessoas se veem e veem os outros.

O estilo de gestão da executiva na visão da própria executiva

Apesar de toda a luta e toda a preparação para alcançarem e ocuparem cargos de alto escalão, as mulheres retratadas nesta pesquisa relatam a necessidade de investir cada vez mais no trabalho, se esforçam muito para provar o tempo todo que são capazes.

Na visão delas, as organizações ainda valorizam muito mais o trabalho masculino e, com isso, não são tão tolerantes aos erros das mulheres quanto o são com os erros dos homens. A mulher é mais cobrada, não pode esquecer, não pode errar. Com isso elas precisam fazer mais rápido e melhor que os homens, necessitam provar a qualidade de sua contribuição para a organização, acabar com a desconfiança que ainda paira sobre o trabalho da mulher, para manter a posição que possuem e para subir ainda mais na hierarquia organizacional.

Mesmo considerando o fato de que mulheres e homens executivos precisam provar que são competentes e ponderando que se doam mais do que o necessário para o trabalho do que os demais trabalhadores, vigora um consenso entre elas de que o homem chega ao mesmo ponto da carreira com menos esforço. Para o homem é mais fácil, como se fosse natural, já que o modelo organizacional ainda predominante é masculino. Eles também se esforçam, mas não precisam provar sua capacidade o tempo todo.

Além do trabalho, existe a vida doméstica, com a qual elas ainda se sentem comprometidas. Ainda hoje os homens não assumem, ou pelo menos dividem essa parte. Para eles, a mulher ainda é a responsável; não entenderam que assim como eles, as mulheres agora, também, trabalham fora do espaço privado do lar. As mulheres precisam se esforçar mais para cumprir o duplo papel de trabalhadora, mãe, mulher e dona de casa.

Elas querem ser bem-sucedidas no trabalho, ter reconhecimento, mas também querem conseguir desempenhar bem o papel de mulher que a sociedade lhes atribui papel do qual elas não conseguem se desvencilhar totalmente. Elas ainda não conseguem fugir desse lado feminino imposto socialmente.

Mesmo afirmando se dedicar ao trabalho, as executivas admitem considerar o equilíbrio entre a vida pessoal e profissional ao analisarem uma nova oportunidade de carreira que indique uma mudança de cidade ou de país. Notamos aqui uma característica feminina, de mulher/mãe que pensa na família e nos filhos, que diz estar focada na carreira, mas que ainda pensa na casa e nos filhos antes de aceitar uma nova proposta de trabalho.

Uma mulher não vai aceitar facilmente trocar de cidade, pois pensa na interrupção da escola dos filhos, enquanto o homem pensa na sua carreira, no seu desenvolvimento profissional. Para o homem é mais fácil, ele conta com a mulher para coordenar a adaptação da família da melhor maneira possível.

Outro problema que as mulheres precisam enfrentar é conciliar o sucesso da mulher executiva com o ciúme ou inveja do marido. Na sociedade patriarcal de homem provedor é difícil para o homem aceitar que é casado com uma mulher que ganha mais do que ele.

Nota-se que está acontecendo uma revitalização do modelo tradicional de família, as mulheres que antes ficavam em casa para cuidar do lar e dos filhos agora também participam como provedoras, papel que anteriormente cabia unicamente ao homem. Mas ainda é difícil para elas se assumirem provedoras. O marido ou companheiro não aceita, sente-se diminuído, desvalorizado e a sociedade encara com certo preconceito, como se a mulher estivesse tomando o lugar do homem.

Uma das participantes da pesquisa, (EM1), diz ter se separado, pois o marido não aceitava o fato de ela ter uma maior ascensão profissional, ele não aceitava o sucesso e o poder da esposa. Outra executiva, (EM2), comentou que quando comprou um carro o mostrou para o marido se referindo ao carro como "seu carro", o mesmo ficou extremamente chateado, pois ele gostaria que ela tivesse dito "nosso carro". Elas acreditam que o homem não está preparado para lidar com uma mulher independente, que se sustenta, que faz sucesso e tem poder.

Já as executivas que decidem não ter filhos para se dedicar à carreira dizem sofrer cobrança da família e dos amigos. É como se estivessem abdicando da sua condição de mulher, de mãe. Isso demonstra que a sociedade ainda não desvinculou da mulher o papel de mãe, ela ainda não tem escolha, tem que ser mãe. Para a sociedade, o trabalho não pode e não deve vir em primeiro lugar, o feminino ainda está vinculado ao papel de mãe, ser mãe significa ser mulher. Continuam prevalecendo para a mulher os papéis de mãe e dona de casa. O que for muito diferente ainda causa estranheza.

Uma característica considerada pela maioria como feminina, e da qual elas se orgulham, é a capacidade de pensar e fazer várias coisas ao mesmo tempo. Essa aptidão é considerada por elas um trunfo e um diferencial. Devido a essa capacidade feminina, as executivas relatam ter dificuldade de trabalhar com homens. Preferem mulheres na equipe por acreditarem que todas têm essa mesma facilidade e desenvoltura.

Apesar disso, logo em seguida admitem ser competitivas, e dizem competir muito mais com as outras mulheres executivas do que com os executivos homens. Existem uma competição e um ciúme entre as mulheres.

A intuição também foi citada como tipicamente feminina e, segundo as executivas, "atributo da natureza". Através da intuição, as mulheres dizem conseguir ver as coisas antes que aconteçam, tomam decisões, se orientam. Relatam usá-la em vários momentos e afirmam que sempre dá certo.

As executivas concordam que são mais conservadoras, ponderadas e preocupadas em assumir riscos. Além disso, se sentem inseguras e ansiosas e por isso mais centralizadoras que os homens. A insegurança as faz centralizar mais as atividades, querem estar a par de tudo, tudo precisa da aprovação delas.

Nota-se aqui a insegurança e a não valorização da mulher frente a suas capacidades. As mulheres ainda têm dificuldade de confiar em si mesmas; como a organização possui bases masculinas, em alguns momentos elas sentem não ser tão apropriadas, desconfiam da sua capacidade. Sentem necessidade de aprovação.

Consideram-se leais, acreditam se apegar mais às pessoas, estabelecem vínculos, envolvem-se, sofrem e acham que sentem mais do que os homens. Relatam, inclusive, ter dificuldade para demitir. Os laços e amizades que criam interferem no relacionamento profissional.

Percebem-se como emotivas, com uma tendência em levar tudo para o lado pessoal e se ressentir com frequência. A participante EM1 acha que as mulheres são mais sentimentais, guardam mais mágoa que os homens, mas admite, elogiando-se, "ser meio homem, não ser de chorar", porém a maioria admite que chora, seja no banheiro ou no corredor, não choram na frente dos homens, seguram-se e vão chorar escondido, não querem ser vistas nesse momento de fragilidade.

Com isso, a maioria delas acredita que elas precisam aprender a se controlar, parar de chorar. Uma delas, (EM11), chega a atribuir a emoção aos hormônios, mas para elas é incompatível a racionalidade exigida pelo cargo com a emoção. Uma das participantes, (EM15), diz ter aprendido a não chorar e que quando acontece é de raiva. A participante EM4 diz que "as mulheres precisam aprender a se conter, expressar menos os sentimentos".

Um contraponto observado é que mesmo se intitulando emotivas se consideram veementemente racionais, já que a racionalidade foi citada com unanimidade. Para as executivas, as mulheres que chegaram ao topo das organizações são mais racionais, muitas chegando a dizer que não há espaço para as que não são, que a racionalidade é condição inerente à carreira executiva.

Atenta-se que mesmo tendo certeza da sua racionalidade, em alguns momentos elas se dizem emotivas, apegadas às pessoas, sensíveis e inseguras. A partir dessa afirmação segura da racionalidade, pode-se inferir que a mulher executiva vê o seu estilo de gestão como uma junção de razão e emoção.

Mesmo com tantos traços femininos admitem ser duras e ter pouca paciência, traços que elas consideram masculinos, mas que, para não perder a feminilidade, procuram manter o carinho e a sensibilidade ao mesmo tempo que se orgulham de serem diretas como os homens. Uma delas diz se achar muito parecida com o marido e atribui as diferenças entre as executivas a perfil e não a gênero. Aqui nota-se o dilema do perfil, ligado à personalidade e ao gênero, aprendido e socialmente construído. Constata-se uma ambiguidade: são feitas constatações de características masculinas, mas logo em seguida querem manter a feminilidade.

Quando o assunto é negociação, existe uma dificuldade para negociar na vida pessoal, mas na organização se sentem à vontade. Consideram-se menos agressivas, sabem abordar, percebem como a outra parte funciona, acham que têm maior facilidade de exercer a empatia e agem conforme as circunstâncias obtendo melhores resultados. Aqui mencionam mais uma vez o uso da intuição, além da dedicação e do preparo para obter bons resultados.

Elas se consideram mais inteligentes porque se preocupam em entender o contexto, além de analisar o impacto das suas decisões. Mas, para fazer-se respeitar em uma organização ainda baseada em valores masculinos, elas buscam artifícios para se inteirar, para pertencer. Artifícios esses ligados a características masculinas, como, por exemplo, falar palavrões. Buscam na forma de falar uma maneira de serem aceitas, negam o seu vocabulário um pouco mais polido, introduzindo palavras de baixo calão utilizadas pelo homens. Na visão delas adequar o vocabulário é importante.

O uso dos terninhos também foi mencionado como sendo um elemento do guarda-roupa masculino que elas incorporaram como forma de interação e de manter o respeito, além de neutralizar as imagens de mulher frágil ou sensual. Querem ser lembradas pela competência e não por outros atributos como beleza, elegância e sensualidade. As executivas não se permitem usar, nem transparecer que usaram da sexualidade para conseguir o cargo. Então, a dominação masculina é tão grande e forte que elas têm que reprimir a sensualidade se "castrando" em uma roupa masculina.

Na concepção das executivas participantes desta pesquisa, as mulheres que atingiram a liderança é porque são mais firmes, característica considerada por elas como masculina, muito valorizada nas organizações.

Percebe-se haver uma confusão entre o ser "mulher" e o ser "homem" – entre, portanto, o feminino e o masculino. Se consideram emotivas, valorizam o lado humano, mas logo em seguida querem segurar sentimentos para não parecer frágeis, querem ser firmes como os homens. Admitem-se racionais. Contudo não querem perder a feminilidade por completo, ser totalmente masculinas. Acreditam que não precisam virar homem ou querer parecer com eles para sobressair, a competência deve vir em primeiro lugar. Na visão delas, é preciso mesclar feminino e masculino, razão e emoção, não dá para ser muito feminina, é preciso ter um pouco de masculinidade.

Para organizar as características citadas pelas mulheres executivas até o momento e verificar a predominância de femininas ou masculinas, elaborou-se a Figura 8.1:

Figura 8.1 – Características da mulher executiva na visão da mulher executiva

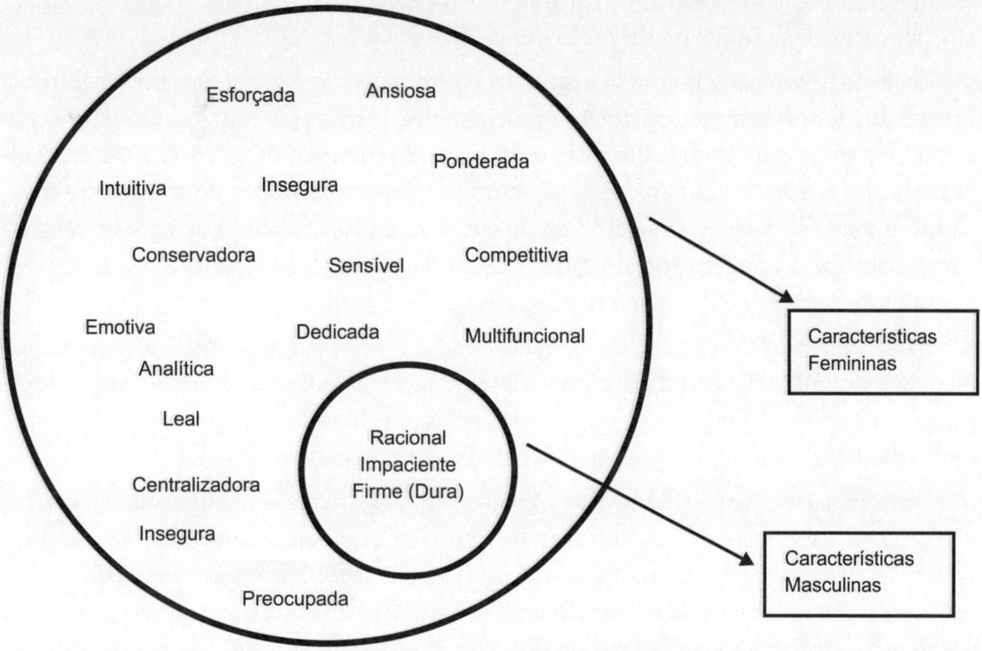

Fonte: Elaborada pelos autores (2013).

O estilo de gestão da mulher executiva na visão dos homens seus pares

Neste tópico analisar-se-á como os homens executivos veem as mulheres executivas. Como eles percebem o estilo de gestão delas, quais características eles atribuem a esse estilo. Objetiva-se verificar se na visão deles elas possuem um estilo "feminino", ou se eles notam nelas algumas características socialmente construídas masculinas.

Os executivos consideram que as mulheres são criadas para ser mãe. Por isso, quando atingem posições de destaque em grandes organizações precisam se esforçar mais, têm que provar o tempo todo que são melhores que os homens, que são capazes e competentes.

Todos concordam que a mulher precisa se esforçar mais que eles para assumir uma posição de destaque, que a progressão na carreira é mais difícil para elas do que para eles. Segundo os próprios executivos, a mulher tem que provar que é melhor, mostrar mais competência do que um homem na mesma posição. Ou seja, os homens têm mais tolerância com os erros dos homens.

Nota-se que os executivos entendem, apesar de não exteriorizar, literalmente, a organização como masculinizada e que, por isso, para as mulheres sobressaírem, eles têm consciência de que elas precisam imprimir um esforço maior que o deles. Eles assumem que elas precisam provar que são melhores, embora em momento algum afirmam que elas são iguais ou melhores que eles.

Os executivos percebem as executivas como mais agressivas que eles, mesmo a agressividade sendo uma característica socialmente construída e atribuída ao universo masculino tanto para os executivos quanto para a literatura (MORGAN, 1989). Creditam essa característica ao fato de as mesmas precisarem se impor num universo masculino e também à insegurança delas. Assim elas se tornariam mais agressivas para contrabalançar a imagem socialmente construída da fragilidade natural do feminino. Para EH17, a mulher "tem que criar um tipo para se impor".

Existe ainda um consenso de que a mulher é mais comprometida, disciplinada e planeja mais, além da facilidade para realizar várias atividades ao mesmo tempo (multifuncionalidade). Eles consideram esses atributos femininos e os veem com bons olhos. Pensam ser esses de grande valia para a carreira das executivas.

Um dos participantes de um dos grupos, (EH12), faz a seguinte analogia: "[...] cuidam bem da casa, logo cuidam bem da empresa", ou seja, apesar de ver com bons olhos, logo imprimem uma analogia, reforçando que o cuidado com a casa é feminino e dando a entender que elas trabalham utilizando os mesmos princípios que usam para cuidar do lar. O estereótipo de dona de casa ainda não foi dissipado, como se pode depreender.

A questão da conciliação entre carreira e vida privada também foi abordada por eles. A visão masculina se permite trabalhar sem preocupações com os afazeres do lar ou com os filhos. Podem focar na carreira sem preocupações domésticas, podem sair para *happy hour* logo após o expediente de trabalho e relaxar com os colegas. Porém, acham impossível que a mulher faça o mesmo, pois ela "precisa ir para casa cuidar dos filhos". Nenhum dos participantes da pesquisa mencionou dividir as tarefas domésticas e o cuidado com os filhos e com a mulher.

Outra característica atribuída às mulheres executivas por eles é emoção, eles as consideram emotivas, enquanto se consideram racionais. Apesar de um deles confessar já ter chorado no ambiente de trabalho (EH5), a maioria acredita que é só falar um pouco mais alto que as mulheres choram. A emotividade feminina foi tratada de maneira pejorativa, comparada à fragilidade.

Eles as consideram transparentes e se acham mais dissimulados, controlados, além de frios e imparciais. A transparência foi vista com bons olhos, mas novamente percebe-se que a emoção é o ponto-chave. Quando se dizem controlados e não percebem essa mesma característica na executiva, atribuem o descontrole feminino à emoção. Atribuem, portanto, um peso negativo à emoção, ou ao descontrole emocional, descontrole aqui entendido como o choro, por exemplo.

O masculino é socialmente construído para ser forte, firme portanto, não cede ao descontrole emocional. Isso o homem aprende desde pequeno, e mais ainda em sociedades machistas, onde não lhes é permitido expressar emoções na frente de outras pessoas. Para o EH17, "o homem bate na mesa, grita. Isso equivale ao choro da mulher".

A impulsividade foi atribuída a eles e não às executivas. Na visão deles, elas são mais ponderadas e cautelosas, se percebem o risco não avançam. Nesse ponto não deixaram claro isso ser bom ou ruim. Para os executivos, em alguns momentos a ponderação e a cautela feminina ajudam, mas correr riscos faz parte do mundo organizacional. Ou seja, há um lado bom e um lado ruim na visão deles.

Outro ponto comum na fala deles é o fato de considerarem os homens mais leais que as mulheres. Na visão do executivo, as mulheres têm dificuldade de formar alianças com outras mulheres. São mais competitivas e desunidas, têm mais empatia com os homens. Para EH5 "[...] é uma disputa. As mulheres são desunidas". Não são só as mulheres que se acham desunidas, mas os homens também manifestaram esse sentimento.

Eles as consideram ótimas negociadoras, apesar de detalhistas. Aliás, dedicada, detalhista e focada no trabalho são características delas quase unânimes na visão deles. Mas fazem questão de deixar claro que essas são características tipicamente femininas. Para eles, as executivas negociam bem por terem uma visão do todo, além da intuição feminina.

Quanto a trabalhar com mulheres, eles não veem problemas ou não relatam preferir trabalhar com outros homens ou com mulheres. Porém, um dos homens, [EH9], com uma visão bem machista, chega a declarar que "a empresa deveria contratar mais mulheres, para agradá-los, uma vez que os homens gostam é de mulher".

Denota que a mulher não é percebida na organização como uma trabalhadora repleta de qualidades e capacidades, que deve ser valorizada pelo seu trabalho. Ele mesmo relata, ainda, que o grande problema da mulher é querer ser homem.

A opinião de um não pode ser considerada a do todos, certamente. Mas fica evidente nessa fala, importante numa pesquisa qualitativa, que, pelo menos para esse executivo, a mulher deve manter as suas características tipicamente femininas. Essa fala, forte, talvez exprima mais claramente o que muitos não deixam claro, mas deixam escapar nas entrelinhas.

Nota-se é que os executivos citam apenas a agressividade como característica masculina presente nas executivas e, ainda assim, percebem a executiva agressiva por insegurança, como forma de sobressair e se impor na organização. Nesta seção, o importante era levantar as características das executivas percebidas pelos executivos, e não suscitar outro tipo de debate comparativo, o que será feito no próximo tópico. Feito isso, para facilitar a análise e comparação das percepções elaborou-se a Figura 8.2:

Figura 8.2 – Características da mulher executiva na visão do homem executivo

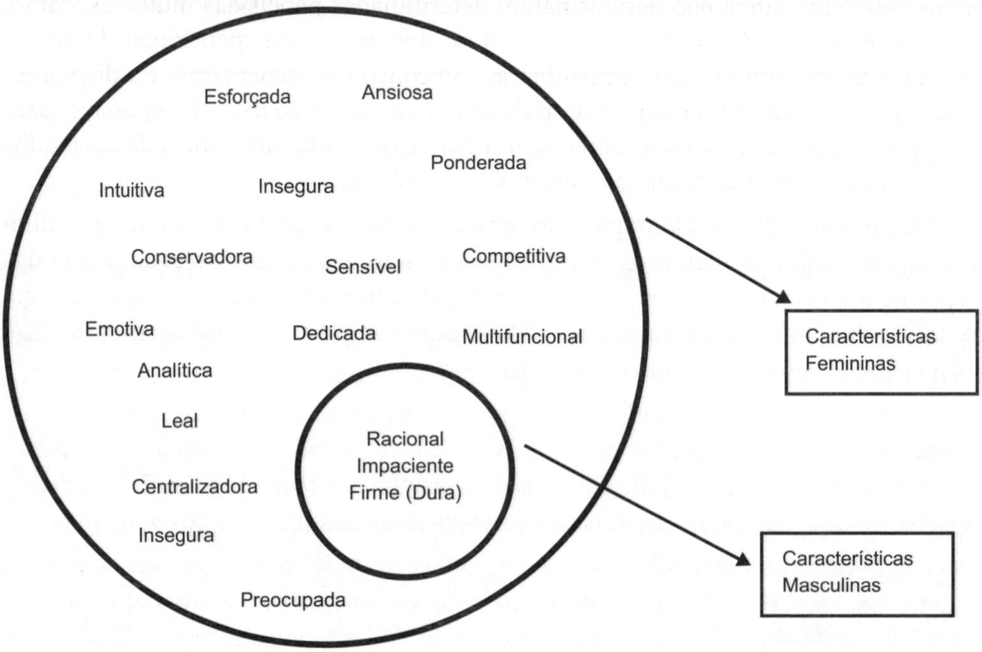

Fonte: Elaborada pelos autores (2013).

Comparação das percepções de mulheres e homens executivos sobre as executivas

Ambos reconhecem que as mulheres executivas necessitam se esforçar mais para ascender e progredir na carreira. Elas precisam provar competência e capacidade constantemente. Necessitam ser mais comprometidas e se esforçar para apresentar melhores resultados que os homens. Observa-se ainda, que as organizações estão impregnadas de valores masculinos fazendo com que as mulheres trabalhem mais que os homens para provarem que são capazes. Elas se vangloriam de sua multifuncionalidade. Essa característica também é percebida por eles, mas em determinado momento eles consideram esse atributo como adquirido no processo de cuidado com o lar.

Percebe-se que durante a realização das tarefas de cuidado com a casa e com os filhos as mulheres estão acostumadas a fazer várias coisas ao mesmo tempo e levaram então essa característica para as organizações. Conseguem se concentrar em várias atividades, acumulam várias funções, o que acabou se tornando, na visão das executivas, um diferencial positivo na gestão estratégica das organizações, onde essa característica é muito bem-vinda. Nota-se que os executivos reconhecem a multifuncionalidade como relevante para a carreira das executivas.

Quanto à conciliação entre carreira e vida privada, constata-se que elas estão na busca do meio-termo, esforçando para se organizar. Ainda se cobram e se culpam muito, mas se desdobram para dar conta de tudo. Nesse momento, nota-se que os homens realmente ainda não desvincularam determinados papéis das mulheres, como, por exemplo, esse de dona de casa. Nenhum dos executivos mencionou dividir os cuidados do lar com as suas companheiras. Ao contrário, comentaram ter disponibilidade para um *happy hour* depois do trabalho, o que na visão deles é impossível para as mulheres, já que as mesmas precisam ir para casa cuidar dos filhos, da casa e dos companheiros, ou seja, cuidar até mesmo deles próprios.

Outro ponto de análise importante que a pesquisa sugere é o fato de as mulheres descreverem o desconforto de alguns maridos frente ao sucesso profissional das esposas. Importante salientar que em momento algum os homens ouvidos por esta pesquisa se manifestaram a respeito, não chegaram sequer a citar tal ocorrência. Esse silêncio pode ser um atestado desse desconforto.

Atentando-se nesse momento apenas para as características correspondentes ao estilo de gerenciar, constata-se que não existe um consenso entre executivas e executivos. Elas se veem de uma maneira e são vistas por um outro ângulo. Concordaram apenas em algumas características que foram denominadas por ambos femininas.

Como características consideradas femininas e citadas por ambos, encontram-se a multifuncionalidade, a intuição e o fato de serem emotivas, competitivas e ponderadas. A emotividade é a que chama mais atenção. Elas se consideram emotivas, mas estão em busca do controle. Querem aprender a controlar as emoções, não chorar. Algumas relatam, inclusive, já serem bem menos emotivas que as demais. Mas ao mesmo tempo se autodenominam sensíveis. Querem ser menos emotivas sem perder a sensibilidade feminina. Já na visão dos executivos, as executivas são muito emotivas, chegando inclusive a comparar essa emotividade à fragilidade.

Porém, mesmo se considerando emotivas elas se percebem racionais. Para as executivas essa característica é inerente ao cargo e, com isso, elas foram unânimes em se intitularem racionais. Fica claro que elas entendem a racionalidade como característica masculina e, nesse ponto, ocorre uma negação da emotividade feminina para uma aceitação e imposição de uma racionalidade masculina. Ao se admitirem racionais, e inferirem que a racionalidade é atributo do cargo, se despersonalizam para serem aceitas. O mais interessante nesse ponto é que toda essa unanimidade fica entre elas. Os executivos as percebem como emocionais e afirmam que a racionalidade é uma característica deles.

Nota-se então que a racionalidade, que as executivas afirmam ter, não é percebida pelos executivos. Eles as veem emotivas e não racionais. Infere-se que mesmo se esforçando para controlar as emoções essa característica ainda é muito evidente, impedindo que os executivos reparem na racionalidade que elas admitem e se exigem ter.

As executivas ainda se consideram impacientes e firmes (duras) e consideram essas características masculinas, mas os executivos, como característica masculina presente nas executivas, observam apenas a agressividade. Justificam, relatando que as executivas são agressivas para se impor num universo masculino. Em nenhum momento as executivas se denominam agressivas. Elas ainda admitem mudar o vocabulário e a forma de se vestir para se inteirar na organização. Passam a falar palavrões e vestir terninhos como forma de se sentirem aceitas e sucumbir à feminilidade. Fica evidente que existe uma diferença no modo como se veem e como são vistas nesse aspecto. As características presentes no estilo de gestão da mulher executiva não são uníssonas, portanto.

Outro ponto importante do qual esta análise não se pode furtar é o fato de que, mesmo as executivas reconhecendo características masculinas em seu estilo e se esforçando para diminuir a emotividade, não querem anular o seu lado feminino, querem mesclar feminino e masculino, mas querem ser reconhecidas pela competência. Não fica claro a partir dos dados da pesquisa se os homens executivos concordam que a mulher deva manter a sua feminilidade ou que, para progredir na carreira, deva adotar mais características masculinas. Apenas um deles, conforme já relatado anteriormente, diz abertamente que a mulher deve manter as suas características femininas.

Logo entende-se que existem características masculinas no estilo de gestão da mulher executiva, mesmo não se chegando a um consenso entre elas e eles. Pode-se dizer que o estilo da executiva é predominantemente feminino com a existência de características masculinas. Uma interseção das Figuras 8.1 e 8.22 apresentadas anteriormente facilita a visualização do exposto:

Figura 8.3 – Interseção entre as características das executivas na visão delas mesmas e na visão dos homens executivos

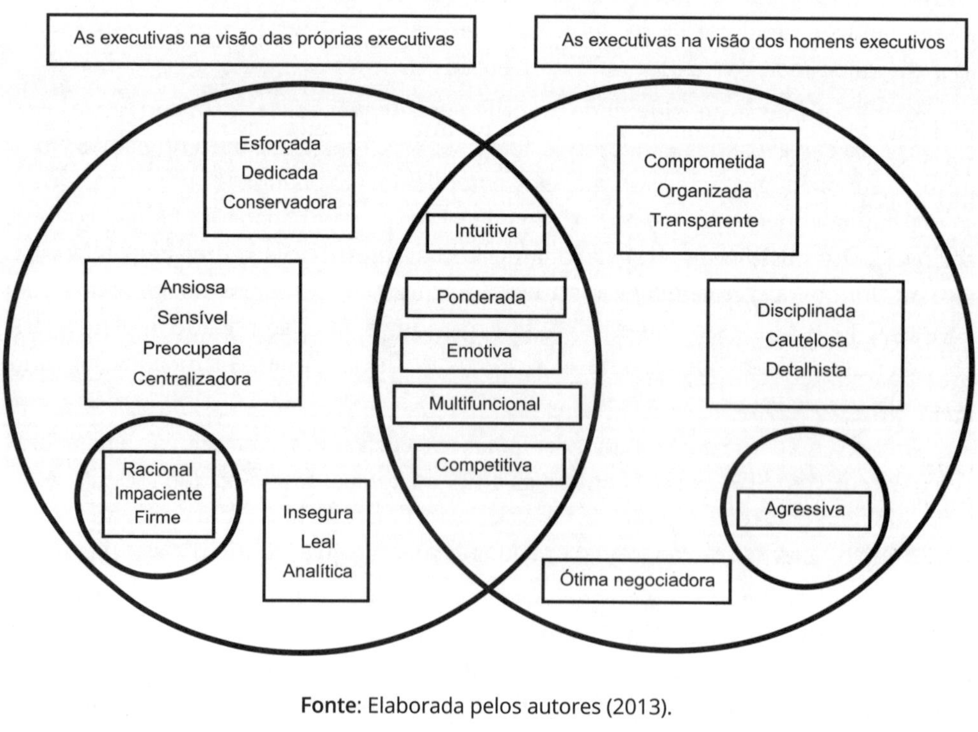

Fonte: Elaborada pelos autores (2013).

Vale ressaltar que as relações de gênero não são estáticas, mudam o tempo todo. Isso nos faz pensar que as mulheres devem seguir lutando pelo seu espaço. Num futuro próximo, talvez não mais precisar-se-á discutir características ou estilos socialmente construídos, ou as características hoje atribuídas às mulheres não serão as mesmas daqui a um tempo. Mas enquanto esse dia não chega, este trabalho busca contribuir para o entendimento da dinâmica de gênero nas organizações.

O universo do conceito de gênero e das mulheres executivas é extremamente amplo, e neste trabalho não se teve a pretensão de abranger todo o tema. Pairam no ar, ainda, os anseios, dificuldades e barreiras enfrentadas pelas executivas. Não só as organizações, mas toda a sociedade deve se abrir e aceitar sem estereótipos essa executiva que luta, é competente, digna, emotiva e se diz racional, pois, além de tudo isso ela é dona de casa, mãe, esposa dedicada e mulher! Ou não, ela também já escolhe não ser dona de casa nem esposa dedicada, a liberdade é maior que no passado para cada uma escolher o caminho que desejar!

Referências bibliográficas

AMORIM, L. T. de. Gênero: uma construção do movimento feminista? *Anais II Simpósio Gênero e Políticas Públicas*, 2011.

ANDRADE, J. O. *As carreiras femininas no espaço contemporâneo*: trajetórias e perspectivas de mulheres profissionais brasileiras. Tese (Doutorado em Administração) – Belo Horizonte: CEPEAD/UFMG, 2012.

BELLE, F. Cultura de empresa e identidades profissionais. *Revista de Administração*, n. 2, p. 40-59, 1991.

BETIOL, M. I. S. Ser administradora é o feminino de ser administrador? In: ENCONTRO NACIONAL DA ASSOCIAÇÃO DOS PROGRAMAS DE PÓS-GRADUAÇÃO EM ADMINISTRAÇÃO, 24. Florianópolis. *Anais*... Florianópolis: ANPAD, 2000.

BOWEN, D. D.; HISRICH, R. D. The female entrepreneur: a career development perspective. *Academy of Management Review*, [s. l.], v. 11, n. 2, p. 393-407, Apr. 1986.

CASTRO, M. G. O conceito de gênero e as análises sobre mulher e trabalho: notas sobre impasses teóricos. *Caderno Centro de Desenvolvimento de Recursos Humanos*, Salvador: n. 17, jul./dez., 1992.

CHIES, P. V. Identidade de gênero e identidade profissional no campo de trabalho. *Estudos Feministas*, Florianópolis, 18(2): 352, maio/ago. 2010.

CURSINO, A. M. C. Mulheres executivas no Brasil: o feminino no masculino ou o masculino no feminino? Dissertação (Mestrado Profissional em Administração) Belo Horizonte: PUC-Minas, 2013.

CYRINO, R. Essencialismo de gênero e identidade sexual: o caso das mulheres executivas. *Cad. Esp. Fem.*, Uberlândia, v. 24, n. 1, p. 79-102, jan./jun. 2011.

DESCARRIES, F. Teorias Feministas: Liberação e Solidariedade no plural. In: SWAIN, Tânia Navarro. Textos de história. Feminismo. Teorias e Perspectivas. Tradução. *Revista da pós-graduação em história da UnB*, Brasília: UnB, v. 8, n. 1/2, 2000.

FARAH, M. F. S. Gênero e políticas Públicas. *Estudos Feministas*, 12 (1), p. 47-71, 2004.

FAVILLA, C.; TOMAZ, E. Competência e sensibilidade são sinônimos de sucesso. *Revista Sebrae*, Brasília: n. 8, 2003.

FISCHLMAYR, I. C. Female self-perception as barrier to international careers? *The International Journal of Human Resource Management*, v. 13, p. 773-783, 2002.

GARDNER, W. L.; PELUCHETTE, J. V. E.; CLINEBELL, S. K. Valuing, women in management: an impression management perspective of gender differences. *Management*. v. 8, n. 2, 1994.

GOMES, A. F. O outro no trabalho: mulher e gestão. *REGE Revista de Gestão*. v. 12, n. 3. São Paulo, 2005.

GODOY, A. S. Introdução à pesquisa qualitativa e suas possibilidades. *Revista de Administração de Empresas*, São Paulo, v. 35, n. 2, p. 57-63, mar./abr. 1995.

JUTEAU, D. Etnicidade e nação. In: HIRATA, Helena; LABOIRE, Françoise et al. *Dicionário crítico do feminismo*. São Paulo: Editora UNESP, p. 90-96, 2009.

KANTER, R. M. *Men and women of the corporation*. New York: Basic Books, 1977.

LIMA, G. S. *Os Desafios da carreira da mulher executiva no Brasil*. Dissertação (Mestrado) – PUC Minas, 2009.

LOUREIRO, P. ; CARDOSO, C. C. O gênero e os estereótipos na gestão. *Tékhne* [online], n.10, p. 221-238, 2008.

MENEZES, R. S. S. *Feminilidades em Primeira Pessoa*: Narrativas Plurais, Vivências Singulares de Mulheres nos "Negócios". Tese (Doutorado) – Universidade Federal de Minas Gerais, 2012.

MORGAN, G. *Images of Organization*. London: Sage, 1989.

MUNHOZ, G. de S. Quais as contribuições que o estilo feminino de liderança traz para as organizações empreendedoras? In: ENCONTRO NACIONAL DE EMPREENDEDORISMO, 1, 2000. Maringá. *Anais*... Maringá: EGEPE, p. 164-176, out. 2000.

OLIVEIRA, A. R. de; GAIO, L. E.; BONACIM, C. A. G. Relações de gênero e ascensão feminina no ambiente organizacional: um ensaio teórico. *Revista de Administração da UFSM*, 2(1), 80-97, 2009.

PEDRO, C. B.; GUEDES, O. de S. As conquistas do movimento feminista como expressão do protagonismo social das mulheres. *Anais do I Simpósio sobre Estudos de Gênero e Políticas Públicas*, 2010.

POWELL, G. N. One more time: do male and female differ? *Academy of Management Executive*, v. 4, p. 68-75, 1998.

SANTOS, C. M. M. *As mulheres brasileiras:* Do espaço privado da casa para as posições executivas nas organizações brasileiras. Tese (Doutorado) – PUC Minas, 2012.

SANTOS, J.; ANTUNES, E. Relações de Gêneros nas organizações: a construção de estereótipos de liderança masculina e feminina no judiciário de Rondônia. *Revista de Administração e Negócios da Amazônia,* 4(3), 2012.

SCOTT, J. W. Gênero: Uma Categoria Útil de Análise Histórica. *Educação & Realidade*. Porto Alegre, v. 20, n. 2, p. 71-99, jul./dez. 1995.

9

FATORES QUE INTERFEREM NO CRESCIMENTO DAS MULHERES PROFISSIONAIS NAS ORGANIZAÇÕES: ENTRE O PRAZER E A CULPA

Carolina Maria Mota Santos

Betania Tanure

Antonio Carvalho Neto

Introdução

O estudo do mundo corporativo faz parte do foco de interesse dos autores deste capítulo. Apesar do mundo empresarial ainda ser necessariamente um mundo masculino, não se pode fechar os olhos para o indiscutível avanço da mulher no topo empresarial. Nos últimos anos, a partir destes estudos, decidimos aprofundar então na vida da mulher executiva. Buscou-se entender os fatores que levaram essas mulheres ao alto escalão, como elas conciliam ou buscam conciliar vida pessoal e carreira, os maiores desafios profissionais, entre outros questionamentos.

Este capítulo busca discutir a tentativa de conciliação entre vida pessoal e carreira destas mulheres que conseguiram chegar ao topo das grandes organizações situadas no Brasil. Além disso, analisa a mudança de significado do trabalho para essas mulheres, pois, apesar de todo cansaço, a carreira é motivo de muita realização.

Diante disso, alguns aspectos foram analisados: as três jornadas de trabalho (as duas de trabalho na empresa e uma em casa); o sentimento de culpa (na relação com a família); a realização no trabalho; o que fariam se pudessem viver novamente.

1 As três jornadas de trabalho da executiva

Descontinuidade, improvisação, brevidade: essas são algumas características que descrevem a vida executiva (TONELLI, 2008). Geralmente os executivos retratam que trabalham em casa nos finais de semana, mas que, apesar da carga de trabalho, pois na maior parte do tempo estão dedicados às atividades profissionais, parecem estar satisfeitos com suas realizações (TONELLI; ALCADIPANI, 2003). Entretanto, se o trabalho e a carreira já absorvem tempo e energia (EVANS, 1996), no caso da mulher executiva há ainda a segunda jornada: o trabalho da casa.

As esferas de atuação família e trabalho, que aparecem mutuamente excludentes em um primeiro momento, passam a ser assumidas concomitantemente no cotidiano dessas mulheres. Ao se falar do trabalho da mulher fora de casa, muitos elementos estão presentes: emancipação feminina, filhos, marido, sentimento de culpa, renda familiar, realização profissional. Isso acontece porque, mesmo com vida profissional, a mulher brasileira continua sendo socialmente considerada o centro da família, ou seja, responsável por tudo que acontece com ela. Mesmo a mulher executiva dificilmente consegue desvincular-se do papel de mãe, o que acaba influenciando sua trajetória profissional (FARIA, 2002; LAGES; DETONI; SARMENTO, 2005; LOSADA; ROCHA-COUTINHO, 2007).

> São oito horas da manhã na grande metrópole; a mulher ainda sonolenta dá os últimos retoques na maquilagem, confere a rotina do lar, verifica o que precisa ser comprado, preparado, consertado, pago, arrumado; distribui tarefas, confere lições de casa das crianças; dá-lhes um beijo [...] Já à porta, despede-se do marido e companheiro e vão, cada um para seu lado, para mais uma batalha diária. Ela, agora, revê sua agenda profissional do dia e reavalia os muitos desafios que deverá enfrentar; consciente de suas obrigações e direitos, ela avança para vencer mais uma etapa da carreira profissional. Apesar de todo o entusiasmo e motivação que a move para a conquista da realização plena, seu coração de mãe e esposa se aperta: será que encontrará tudo em ordem e harmonia quando, finalmente à noite, voltar para sua família? (LEITE, 1994, p. 18).

Definir a "mulher" de hoje é falar dos papéis tradicionais de mãe e esposa, mas também da possibilidade de inserção no mercado de trabalho, da conquista da independência econômica, do desejo de ter uma carreira profissional, de direitos políticos e do excesso de responsabilidades atribuídas à dupla jornada de trabalho. Essa situação é diferente de ser mulher anos atrás, que significava identificar-se apenas com a maternidade e com a esfera privada do lar (CORRÊA et al., 2007; RAGO, 2004; VENTURI; RECAMÀN, 2004). Pode-se até falar em tripla jornada, uma vez que a crescente demanda por qualificação exige que essas mulheres cumpram, muitas vezes, três jornadas de trabalho: a profissional, a familiar e a educacional (AMARAL; VIEIRA, 2009).

De acordo com nossa pesquisa, a dedicação e a determinação são fatores importantes que impulsionaram as mulheres ao alto escalão na percepção das executivas brasileiras entrevistadas. Essas características aparecem como um meio de atingir o objetivo de crescer profissionalmente, até porque elas sabem que precisam trabalhar muito mais do que seus pares homens na mesma posição. "Como a gente sabe que é uma luta desigual, a gente tem mais determinação."

Essas executivas, além de conquistarem espaço, também têm a oportunidade de fazer um trabalho de que realmente gostam, de ter uma carreira, de se sentirem realizadas. "A carreira é muito importante para mim." "Eu sempre gostei muito do que faço." "Tenho desejo de fazer algo diferente que não seja nada só dentro de casa."

A grande maioria das executivas entrevistadas fala de autoexigência, de persistência e que trabalha demais. Mas também menciona a paixão pelo que faz, em ter justa causa para trabalhar e grande realização profissional.

Executivas de 39 anos até 50 anos relataram que o objetivo principal para chegar aos altos escalões foi a busca por independência financeira. "Minha âncora de vida foi pautada na vida profissional. Não me via em um lugar diferente do que não ter essa independência financeira." Outra executiva, além de também dizer que sempre quis independência financeira, expõe que a partir dessa "[...] eu posso tomar as minhas próprias decisões e bancá-las. A independência possibilita também ter autonomia". Outras relataram o fato de não ter que depender de ninguém, por exemplo, de um homem para pagar as contas.

Isso vem ao encontro do que se encontra na literatura. Perrot (1998) retrata que muitas mulheres veem o trabalho como uma possibilidade de autonomia, de ser "livre" e de se defender. Além da busca por realização pessoal e profissional, há o desejo de independência financeira (BERTOLINI, 2002). Além disso, Gonçalves (2000) considera que a ressignificação do trabalho para a mulher traz um novo valor: o trabalho é motivo de orgulho.

O modelo de família tradicional é questionado a partir das mudanças observadas na sociedade brasileira, como, por exemplo, a entrada das mulheres no mercado de trabalho. Mesmo assim, percebe-se também a permanência da responsabilidade da mulher pelos afazeres domésticos e cuidados com os filhos e outros familiares. Talvez a mudança cultural mais marcante tenha sido o questionamento do papel social apenas como esposa, mãe e dona de casa (BRUSCHINI, 2007; D'ELIA, 2009; SCORZAFAVE, 2004).

As mudanças na configuração do mercado de trabalho têm sido intensas (aumento da renda e tipo de trabalho realizado por elas, aumento do nível de escolaridade mais acelerado entre as mulheres), mas as mudanças na divisão sexual do trabalho doméstico têm sido insignificantes. É um período de transição, uma vez que as mudanças que estão ocorrendo na vida das mulheres não se estenderam de forma ampla para todos os espaços. Enquanto a esfera doméstica não passar por mudanças, não se pode pensar em participação mais igualitária no mercado de trabalho entre homens e mulheres. Muitas mulheres exercendo funções iguais às masculinas ainda enfrentam sobrecarga injusta de trabalho devido às tarefas domésticas e familiares (AZEVEDO, 2007; FLECK; WAGNER, 2003; LOSADA; ROCHA-COUTINHO, 2007).

Das executivas que responderam quantas horas trabalham por dia, 31 das 47 entrevistadas trabalham 10 a 12 horas por dia, mas relatos de 14 horas por dia também foram registrados. Muitas aproveitam a tarde e/ou a noite de domingo para colocarem as atividades em dia, checar *e-mails*, entre outras tarefas. Um número também expressivo de executivas contou trabalhar os quatro finais de semana do mês na empresa.

Na percepção de muitas executivas, a presença de uma boa empregada foi um fator que ajudou a enfrentar a trajetória profissional *versus* as demandas do lar. Contar com uma boa empregada possibilitou ter em casa uma estrutura que funcionasse, evitando-se, assim, a dupla jornada de trabalho mais intensa.

Essas ajudantes do lar fazem as atividades da casa, mas também as que extrapolam essa rotina, como, por exemplo, as relacionadas ao papel de ser mãe na sociedade brasileira, conforme depoimento a seguir:

> [...] Tenho duas funcionárias excelentes. Uma trabalha pra mim há mais de 20 anos. Sabiam tudo. Quem era o pediatra, qual medicamento teriam que dar aos meus filhos. Faço uma boa seleção de pessoas que podem me ajudar. A nova cozinheira que está comigo busca receitas na internet. As receitas devem ser *light* devido ao meu esporte [...].

Na vida dessas mulheres, os filhos e a casa não são mais partes que completam a sua realidade. Na verdade, se verificar as horas dedicadas a eles, o papel no qual a executiva mais gasta tempo é o profissional, diferentemente das mulheres de gerações bem anteriores, como retrata a literatura (CARDOSO, 1980; DEL PRIORE, 2011; ROCHA-COUTINHO, 1994), que tinham em sua rotina o envolvimento apenas com as atividades relacionadas ao lar.

Essa estrutura em casa precisa funcionar principalmente para as executivas que viajam muito, como relata uma executiva que havia voltado da licença-maternidade havia pouco tempo "Eu viajava para o exterior por 15 dias, por exemplo, com um neném de cinco meses em casa."

A terceirização dessas funções acontece de maneira elevada entre as executivas, uma vez que no Brasil é grande a disponibilidade de mão de obra barata. É uma situação específica brasileira, pois, ao comparar esse dado com os de outros países, mulheres executivas dos países nórdicos e dos Estados Unidos, por exemplo, não encontram com facilidade profissionais que auxiliem no trabalho das tarefas da casa (HALPERN; CHEUNG, 2009; MOORE, 2004). Talvez, por isso, a participação masculina nas tarefas domésticas nesses países seja mais frequente. Entretanto, no caso do Brasil, apesar da ajuda que as babás e as empregadas domésticas propiciam a essas executivas, tarefas antes desenvolvidas pelas mães, a orientação em relação aos valores e definição de limites dos filhos não é facilmente transferida, apresentando uma carga adicional no dia a dia da mulher executiva, uma vez que raramente seus maridos, muitos deles também executivos, ajudam nessas tarefas (CARVALHO NETO; TANURE; ANDRADE, 2010).

Além de reforçarem a importância de se ter estrutura em casa que funcione e jogo de cintura para lidar com várias atividades por dia, as executivas pesquisadas ressaltaram a importância da colaboração do marido. Para elas, ele precisa lidar bem com o fato de a mulher ficar muito tempo fora de casa. Mesmo assim, muitas disseram: "A gente sempre acha que está devendo." A conciliação entre vida pessoal e profissional foi e/ou é muito difícil para muitas executivas. Uma entrevistada chegou a dizer que, quando era mais jovem, ao dar entrevistas dizia que estava tudo maravilhoso. Tinha medo de falar a verdade. A maturidade mostrou isso: "é extremamente difícil conciliar". E, por causa disso, aparecem o cansaço e o sentimento de culpa.

2 O excesso de trabalho das executivas e a culpa pelo pouco tempo com os filhos

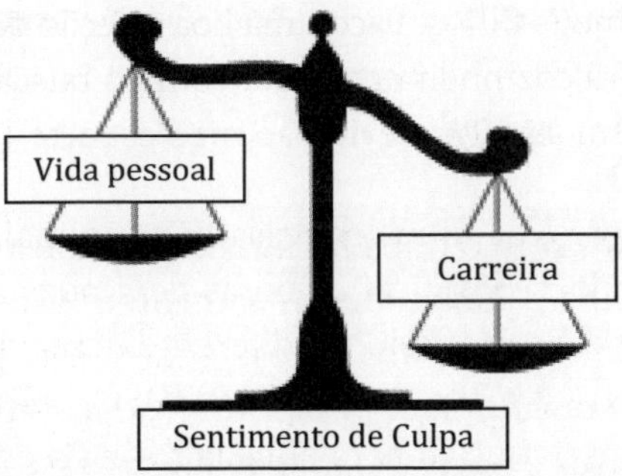

Muitas carregam o sentimento de culpa em relação ao tempo que não podem se dedicar aos filhos e aos cuidados com a casa. A expectativa da sociedade e da própria mulher é que ela exerça a maternidade 24 horas (TANURE; CARVALHO NETO; ANDRADE, 2006b). Entretanto, o sucesso não é uma exigência social para a mulher. A mulher pode voltar ao lar e ser só mãe se quiser. A sociedade lhe dá suporte, diferentemente quanto ao homem. Existe pressão para que a mulher entre no mercado de trabalho, mas com respaldo caso haja o abandono (BETIOL; TONELLI, 1991).

Algumas executivas foram enfáticas ao dizer que para estarem na posição a que chegaram colaborou o fato de não possuírem filhos. O conflito entre a carreira e a família é relatado por executivas que são solteiras:

> Como eu não sou casada e não tenho filhos, eu entendo que isso fica muito mais fácil [...] É um grande desafio isso. Eu vivo insatisfeita com a minha vida pessoal, com as outras demandas que eu tenho que gerenciar e com as demandas do trabalho.

Mas esse conflito não acontece apenas com as solteiras. As que são casadas e sem filhos também acreditam que dão conta do trabalho e das demandas da vida pessoal porque não têm filhos: "[...] funciona por eu não ter filhos e por eu ter um marido bastante dedicado ao trabalho também". As que são casadas e possuem filhos também sofrem: "Com filho tudo fica mais difícil [...]."

Algumas executivas relataram o sentimento de perda em relação aos cuidados com os filhos – papel da mulher na sociedade brasileira. Outras manifestaram preocupação com a chegada dos filhos, porque sabem que da mesma maneira que as tarefas da casa, os cuidados com os filhos são de responsabilidade da mulher. A fala de uma entrevistada ilustra essa situação: "[...] é um receio que eu tenho sobre a questão de ter filhos, porque no fundo é que nem a casa, ia sobrar só pra mim [...] eu acho que ainda é fácil porque a gente não tem filho. Com filho fica tudo mais difícil".

Quase 50% das executivas entrevistadas (20 em um grupo de 47) dedica duas a três horas por dia aos filhos. Muitas revelaram que essa dedicação acontece no período da noite. Uma até brincou: "Ah... se contar de madrugada (risos)". As mães que têm filhos pequenos ressaltaram que no final de semana tentam ficar o período integral com os filhos para compensar a ausência durante a semana. Mães que têm filhos já no final da adolescência e/ou adultos ficam menos tempo com eles: "Eles é que não querem saber da gente mais."

As excessivas demandas com o trabalho fazem com que a executiva tenha um mínimo de contato com os filhos. Foram muitos comentários de que a babá ou a empregada é quem vivencia o crescimento dos filhos, é quem está presente quando o filho consegue fazer uma tarefa nova, como, por exemplo, engatinhar a primeira vez. Essa situação deixou as executivas emocionadas ao falarem desse assunto.

Apesar de provedoras do lar, muitas ainda se submetem aos maridos como se eles tivessem o direito de definir sozinhos o orçamento familiar e até mesmo ganhando menos do que elas, em alguns casos. Logo, apesar da executiva ter a possibilidade de inserção no mercado de trabalho e independência econômica além do papel tradicional de mãe e esposa (RAGO, 2004; TANURE; CARVALHO NETO; ANDRADE, 2006a; VENTURI; RECAMÁN, 2004), pesquisas (AGUIAR, 2007; AMAS, 1995; TANURE; CARVALHO NETO; ANDRADE, 2006b; VENTURI; RECAMÁN, 2004) mostram que os homens ainda são considerados provedores do lar. Em muitos casos eles controlam o orçamento e o dinheiro recebido por elas. Para Betiol e Tonelli (1991), caso o marido não atinja sucesso profissional, ele pode não suportar o desenvolvimento da mulher. Sendo assim, a executiva passa a ter medo de, com o sucesso, perder o ambiente afetivo e positivo do lar.

Além disso, elas se sacrificam, estendendo a jornada de trabalho, que já é excessiva, acordando mais cedo que o marido para realizar tarefas que ele poderia compartilhar. Essa situação seria amenizada caso o marido também participasse dessas atividades (EVANS, 2000; LAGES; DETONI; SARMENTO, 2005; TANURE; CARVALHO NETO; ANDRADE, 2006b). Na esfera do lar, continua a submissão da mulher ao homem.

Macêdo e Macedo (2004) discutem que a manutenção de que os homens são os reais provedores da casa serve muitas vezes para justificar e sustentar a posição de que eles necessitam ganhar mais do que as mulheres. A mulher deve ser considerada, ainda nos dias de hoje, como segunda renda da família, mantendo, assim, um estereótipo de que sempre tem alguém que cuida dela. No caso das executivas, elas chegam a ganhar mais do que seus maridos, mas continuam submissas a eles. Essa constatação traduz a força da cultura de subordinação feminina.

Pesquisa realizada por Rocha-Coutinho (2003) com executivas cariocas também ressalta que a conciliação família-trabalho é muito difícil, principalmente quando se têm filhos pequenos, desencadeando conflitos e culpa. A divisão de despesas e tarefas dentro de casa ainda é vista de forma tradicional. Mesmo quando há um caixa único, o dinheiro delas é entregue ao marido para ser por ele gerenciado. Mesmo quando elas ganham o equivalente ou mais que seus maridos, eles continuam a ser vistos como os provedores financeiros da família. Além disso, a atuação do homem no espaço doméstico continua a ser vista como uma ajuda, e não como obrigação de compartilhamento de responsabilidades. Mesmo conquistando espaços no topo das organizações, em casa a mulher executiva tem dificuldade de atuar de forma igualitária com o marido. Percebe-se aqui o peso da cultura machista. No lar, o provedor é o homem. A mulher executiva é ainda vista como auxiliar desse provedor.

O sentimento de culpa aparece com mais força, porque as mulheres se lançaram no mercado de trabalho sem, no entanto, se desvencilharem das atividades domésticas (LAGES; DETONI; SARMENTO, 2005). Sua emancipação encontra barreiras culturais fortemente internalizadas. Além disso, essa mesma cultura, que somente as reconhece como trabalhadoras quando estão no mercado de trabalho (não as reconhece quando fazem trabalhos domésticos), encontrou também nesse mesmo mercado uma outra forma de oprimi-las. A atividade desempenhada fora de casa chega a ser um outro agente estressor a partir do momento em que a mulher precisa disputar com os homens as vagas ofertadas, além de sofrer discriminações no ambiente de trabalho, relativas à maternidade e ao assédio sexual (LAGES; DETONI; SARMENTO, 2005).

Há reconhecimento, aprendizado, desafios, contatos com outras pessoas (LOURENÇO; FERREIRA; BRITO, 2009), mas, igualmente, há acusação por parte da sociedade de negligência nos cuidados aos filhos e acusação de pouca dedicação às tarefas do lar (JABLONSKI, 1998). Observa-se um mar de culpas envolvendo a mulher que decidiu trabalhar fora, mesmo para aquela que atingiu o almejado olimpo empresarial.

Ela chega em casa e a única coisa que deseja é tomar um banho e ir para a cama, mas existem demandas como: lição de casa, afeto e atenção aos filhos (ROCHA-COUTINHO, 1994; TANURE; CARVALHO NETO; ANDRADE, 2007). As transformações na vida da mulher não foram suficientes para modificar os temores enfrentados por ela com respeito à vida profissional. Um dos maiores motivos de angústia e preocupação das mulheres refere-se à sensação de que o trabalho impede a dedicação à família e a necessária atenção à vida pessoal. Elas tendem a se culpar antecipadamente, temendo não conseguir conciliar a vida profissional, disponibilidade para si mesmas e assistência à família (ANDRADE, 2010; BERTOLINI, 2002; CARVALHO; CARVALHO; SANTOS, 2002).

O cansaço também está presente na vida dessas executivas. Mesmo no caso das mulheres que romperam a barreira até os altos escalões das grandes empresas situadas no Brasil e gozam dos privilégios de igualdade profissional, a excitação e as recompensas do poder em alguns momentos dão lugar ao cansaço e a certo desapontamento, principalmente para aquelas que abdicaram da vida pessoal em prol da carreira. Uma executiva de meia-idade, por exemplo, retrata que deu tudo pelo emprego. Disse que no início foi excitante estar em um local onde nenhuma mulher havia chegado antes, mas que agora é apenas um emprego. O pior é a solidão que ela enfrenta. Retrata que talvez devesse ter um filho mesmo sem pai, pois assim teria uma família (FRIEDAN, 1983).

Muitas, apesar de toda essa rotina, conseguem investir na carreira e também na vida pessoal, mesmo postergando a maternidade. Uma executiva brasileira disse que fez duas faculdades, *Master of Business Administration* (MBA) e mestrado. Trabalhou muito e quando chegou aos 40 anos viu uma data-limite para ter ou não ter filhos. Resolveu engravidar, mas teve que fazer fertilização *in vitro*. Para ela, foi um processo doloroso. Postergar o momento de ter filhos é uma fonte de sofrimento para as executivas, entretanto, tem sido a estratégia de algumas (CARVALHO NETO; TANURE; ANDRADE, 2010; TANURE; CARVALHO NETO; ANDRADE, 2007).

O cansaço muitas vezes ocorre devido à sobrecarga de atividades, pois, apesar do avanço na participação das mulheres no mercado de trabalho, ainda ocorre a fraca contrapartida da participação masculina na divisão do trabalho doméstico, mesmo no caso das executivas (AGUIAR, 2007; AMAS, 1995; MADALOZZO; MARTINS; SHIRATORI, 2008; VENTURI; RECAMÀN, 2004). Além disso, a maternidade traz novos elementos para uma conciliação que, para essas executivas sem filhos, já era difícil (ANDRADE, 2010). Com filhos, a conciliação fica mais difícil.

Os executivos, quando estão estressados, após o trabalho vão jogar tênis, por exemplo, para relaxar. E não sentem culpa, pois não precisam abrir mão de outros aspectos da vida. Já em relação às executivas, relatos de que precisam voltar para casa para cuidar dos filhos são constantes. Além disso, a executiva é cobrada socialmente em relação ao seu papel de mãe e dona do lar. O homem executivo já é cobrado em relação aos desafios profissionais (CARVALHO NETO; TANURE; ANDRADE, 2010; SCANFONE, 2006; TANURE, CARVALHO NETO, ANDRADE, 2007).

Nos momentos de lazer, o executivo diretor, por exemplo, se não estiver presente em uma partida de golfe fica fora da *network* dos seus colegas e presidente da empresa (ASSIS, et al., 2010). Em relação à executiva, a cobrança social no seu papel de mãe e responsável pelo lar também a prejudica não apenas nos períodos de lazer para o descanso, mas também profissionalmente, uma vez que normalmente fica fora de momentos de *network* da empresa como, por exemplo, uma partida de golfe.

Outras demandas comuns da alta gestão, como viagens e frequentes mudanças de moradia, favorecem os homens executivos e dificultam o avanço na hierarquia organizacional por parte das executivas devido ao sério compromisso com a família. Na maioria das vezes, a executiva não muda a moradia dos filhos e marido em função da empresa, diferentemente dos executivos (CARVALHO NETO; TANURE; ANDRADE, 2010).

O trabalho para a executiva é tão desgastante que uma hora problemas de saúde surgem. Relatos de problemas sérios de saúde apareceram:

> Em 2009 tive um tipo de infarto (desmaiei, adormeci). O médico disse que foi um pico de estresse. Um sinal. Meu marido me perguntou: "o que falta agora? Um infarto de verdade?" Lembrei do que meu pai sempre disse: eu trabalho para viver e não para morrer de tanto trabalhar. Saí da empresa. Foi uma decisão muito difícil. Abri mão de tudo (*status*, financeiro). Pedi demissão. Fiquei 40 dias fora. Eu e minha mãe. Quando voltei escolhi abaixar o meu ganho financeiro, mas também abaixar o meu nível de estresse. Hoje tenho outra relação com a carreira.

Outra executiva chegou a pedir demissão da empresa porque não tinha tempo para a filha. A filha chamava a sogra de mãe e isso a machucava muito. Depois que decidiu: "ou sou uma executiva que tem filhos ou uma mãe que trabalha fora" começou a fazer escolhas. Parou de falar mentira para a empresa dizendo que ia ao médico e na verdade ia para a reunião da escola da filha.

Parece haver aqui uma mudança de postura das mulheres atuais em relação às mulheres de gerações anteriores. Antes, a mulher tinha vergonha de sair de casa. Hoje, parece ter vergonha de dizer que tem que faltar ao trabalho ou atrasar por estar envolvida com algum compromisso relacionado à família.

Como ilustram Tanure, Carvalho Neto e Andrade (2007), a expectativa da sociedade e da própria mulher é de que, independentemente das obrigações profissionais, a mulher deva exercer a maternidade 24 horas; e para algumas executivas, lidar com essa pressão é muito difícil, como foi o caso do relato acima.

3 A realização das executivas no trabalho

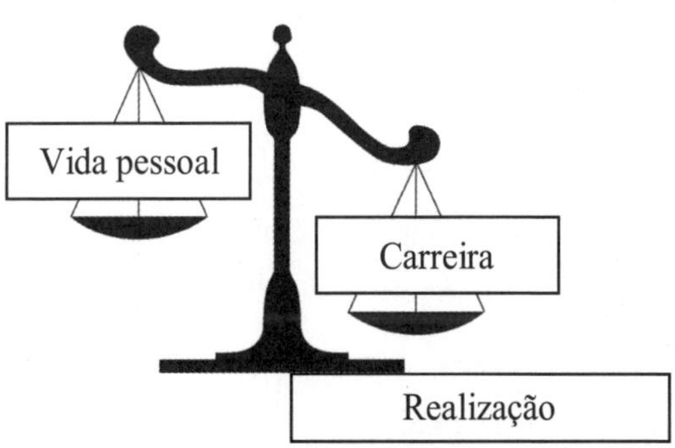

As mães de estratos de renda mais alta continuam a se ver como responsáveis pela educação dos filhos, mesmo quando podem contar com uma rede de apoio (marido, avó). Esse é o caso das executivas. A dificuldade ocorre devido ao significado dado ao trabalho por essas mulheres. O trabalho é muito mais do que uma questão financeira. Isso é percebido com mais destaque nas mulheres de alta renda e mais escolaridade. Se antes a maternidade definia a vida da mulher, agora ela parece não ser suficiente para sua plena realização pessoal (ALMEIDA, 2007; LOSADA; ROCHA-COUTINHO, 2007; MEDEIROS, 2006). Isso não quer dizer que as mulheres de baixa renda não deem significado ao trabalho e não tenham realização pessoal, mas como as mulheres de alta renda tiveram mais oportunidades de estudo, de investir na profissão, elas saíram de casa não só pela independência financeira, mas também para construírem uma carreira. Essas mulheres estão também buscando reconhecimento de competência (BETIOL; TONELLI, 1991). Para elas, o trabalho foi adquirindo novos significados (LOURENÇO; FERREIRA; BRITO, 2009).

Para as mulheres de renda mais alta, a relação com a vida profissional é muito complexa. Tendo se preparado para isso ao longo de anos de estudo, a maioria encara essa atividade como algo inerente à própria vida e não pretende abrir mão do que já conquistou, em princípio. Em nome da carreira adiam casamento, filhos ou até mesmo abdicam de tê-los. Por isso, não é de estranhar que o percentual das executivas sem filhos é mais alto do que o percentual dos executivos (40,5% de mulheres contra 19,3% de homens) (CARVALHO NETO; TANURE; ANDRADE, 2010; TANURE; CARVALHO NETO; ANDRADE, 2007; MEDEIROS, 2006).

Quando as executivas possuem filhos, há o dilema: de um lado, a responsabilidade por eles e, de outro, o grande interesse profissional. Segundo Andrade (2010), o conceito de maternidade sofreu ressignificações quando se fala em executivas. O poder da maternidade é minimizado diante de outros desejos, como, por exemplo, ser profissional, e frente à preocupação com a necessidade de uma grande doação ou doação incondicional para o trabalho.

São muitas que colocam o prazer de trabalhar, apesar de deixarem de lado outros aspectos da vida. Fica claro que essas mulheres não seriam mais felizes se não tivessem o trabalho. "Nunca sofri muito porque eu nasci para trabalhar. Eu não acho que seria uma melhor mãe se tivesse que ficar em casa."

As mulheres da geração que começaram a sair de casa para trabalhar, conforme ilustra Gonçalves (2000), saíam com a justificativa de que estavam "na rua" para trabalhar e não para se divertir. O trabalho como lazer, como algo agradável e que traz felicidade ainda não era aceito. O que se percebe hoje, principalmente, nos casos dessas mulheres que chegaram a altos escalões, é que o trabalho chega a ser algo tão importante em suas vidas quanto ter um marido e ser mãe. Enquanto as mulheres dos anos a partir de 1970 diziam aos seus filhos que não estavam batendo pernas, mas sim trabalhando, essas executivas deixam claro para seus filhos que estão trabalhando porque gostam muito, porque isso faz parte de suas vidas. Além disso, ter um marido, ser casada era importante no final do século XIX. Como trata Rocha-Coutinho (1994), o casamento era quase a única possibilidade de "carreira" aberta à mulher. Nos dias atuais, ter um trabalho e/ou ter uma carreira parece ser mais importante.

Relatos de executivas que escolheram postergar a vinda dos filhos ou ter uma família menor para poderem, assim, dar conta das demandas da carreira apareceram: "Eu queria ter outro filho e me arrependo. Trabalhava muito, escolhi a vida profissional." Uma executiva explica que achou que ficaria louca, porque trabalhava o dia inteiro e passava a noite amamentando: "[...] a ideia de ficar grávida e passar por aquilo tudo de novo é traumatizante".

Apesar dessas situações, a grande maioria das executivas entrevistadas nunca ou poucas vezes contemplaram a possibilidade de buscar outro trabalho ou de deixá-lo devido à incompatibilidade com sua vida pessoal. Algumas assinalaram que precisam pensar numa outra carreira no futuro, quando estiverem mais velhas, pois a rotina de uma executiva é extremamente cansativa. "Ritmo intenso de trabalho e muitas viagens, tudo isso cansa: no futuro tenho outro plano. Quero um trabalho menos duro." A opção de outra carreira para algumas é a docência ou ter um negócio próprio. Como a profissão faz parte da vida dessas executivas, elas pensam em diminuir o ritmo no futuro, mas não parar totalmente.

Para Friedan (1983), as mulheres executivas atuais não estão entrando na batalha pelos direitos como suas mães tiveram que buscar, elas já conquistaram a independência financeira pela qual suas mães lutavam, e possuem uma carreira. Entretanto, como foi dito, ela ainda têm outras batalhas a travar, como, por exemplo, lidar melhor com o sentimento de culpa relacionado ao pouco tempo dedicado à família e a conciliação vida pessoal com a vida profissional.

Considerando todos os dilemas retratados, nem tudo é óbice. As insatisfações não significam negação à carreira. Mesmo com o alto preço que paga, há também grande orgulho por conseguir conciliar várias carreiras: de mãe, esposa, filha e profissional. Ou seja, há também muitas fontes de prazer na vida da executiva. A executiva leva muito a sério o que faz, pois ela também precisa trabalhar muito mais e melhor do que o homem na mesma posição para ser aceita. Se antes a maternidade e o casamento definiam a vida da mulher, hoje já não são mais suficientes para a realização pessoal de muitas. No caso das executivas brasileiras, o trabalho, além de ser um projeto individual, uma carreira, é algo inerente à própria vida. A carreira tornou-se um valor para a mulher contemporânea (D'ELIA, 2009; CARVALHO NETO; TANURE; ANDRADE, 2010; MEDEIROS, 2006; SORJ, 2004).

Perguntadas se, diante de todas as barreiras que ainda enfrentam e diante das fortes pressões da sociedade, elas abandonariam o projeto de carreira, as executivas brasileiras disseram que não pretendem abandonar a construção da carreira (CARVALHO NETO; TANURE; ANDRADE, 2010). Entretanto, segundo Silveira (2009), elas ainda experimentam sentimentos dúbios em relação às suas experiências no campo profissional. Por um lado, possuem sentimento de sucesso e, por outro, ainda há a expectativa de ser aceita, valorizada e respeitada como mulher.

Lourenço, Ferreira e Brito (2009), ao investigarem o significado do trabalho para uma executiva, observaram que, ao longo de sua carreira, apesar do sofrimento, houve preponderância da dimensão do prazer. E sentimentos como felicidade, orgulho, realização, reconhecimento, desafio e aprendizado estavam muito presentes. Ou seja, as vivências não foram apenas sob o prisma do prazer, mas houve mais realização e bem-estar do que sofrimento quando se considera o prisma do trabalho.

4 Se tivessem que viver novamente... dariam mais enfoque em questões relacionadas à carreira

Na pesquisa que gerou este capítulo, quando perguntadas sobre se fossem viver de novo o que fariam de igual e o que fariam de diferente, em um grupo de 47 executivas, 10 responderam que nada fariam de diferente. As outras, quando falavam de diferença, citavam apenas um item que mudariam em suas vidas. O item mais citado foi não terem tido a experiência de morar em outro país e, com isso, não terem contato mais profundo com outra cultura. A possibilidade de terem aprendido inglês mais cedo e terem aprendido outras línguas também apareceu. Um outro fator também aludido foi que essas executivas têm a percepção de que deveriam estudar mais. Uma explicação para essa situação pode estar na fala dessa executiva: "A gente não tem muito tempo para formação ou a formação acadêmica não está intimamente ligada com as necessidades de mercado." É interessante que se está falando das mulheres brasileiras que mais tiveram acesso à educação e, mesmo estudando cada vez mais, na percepção delas ainda é pouco.

Cinco executivas falaram que fariam diferente justamente o que não conseguiram adquirir. Duas solteiras disseram que investiram pouco nos relacionamentos afetivos, pois sempre priorizavam a carreira. Entre elas, apenas uma demonstrou, durante a entrevista, tristeza por não ter casado. Das 15 que não possuem filhos, para quatro a maternidade foi uma frustração na vida. Não tiveram filho porque renunciaram: "Fiz a opção de não ter filho, pois acho que para filho tem de haver uma dedicação muito maior" ou porque não conseguiram engravidar: "Fiz todos os exames para ver por que não engravidava, mas meu marido não fazia [...] queria ter a resposta por que não podia ter filhos. Me separei com 41 anos e com 42 entrei na menopausa. Entendi que Deus me mandou a resposta."

Apenas uma executiva não mudaria o fato de não ter filho. Assegurou: "Gosto dessa liberdade e pago o preço disso." As outras, ao falarem dessa frustração, ficaram com os olhos cheios de lágrimas. Uma delas, que tem apenas um filho, manifestou a vontade de ter tido mais: "[...] eu tenho uma dó do meu filho porque não tem irmãos [...] isso é uma coisa que talvez devesse ter tido, mas eu não dava conta não, isso foi uma coisa que deixei da minha vida pessoal, por causa do trabalho".

Outro fator interessante é que mesmo com a correria e a falta de tempo dessas mulheres, apenas quatro em um grupo de 47 disseram que mudariam em suas vidas o pouco tempo dedicado aos filhos e à vida pessoal. Se o sentimento de culpa aparece pelo fato de não terem tempo disponível, era de esperar que, com essa pergunta, elas dissessem que mudariam o pouco tempo dedicado aos filhos. Entretanto, pouquíssimas atestaram isso. Parece que a demanda profissional está tão intensa na vida dessas mulheres e a vontade de buscar cada vez mais, de terem acesso a todos os tipos de oportunidade é tão forte, que o que ficou como falta para elas é não ter tido uma oportunidade diferente na vida: morar em outro país.

Logo, percebe-se que as executivas demonstram angústia quando reconhecem o pouco tempo dedicado aos filhos. Entretanto, quando perguntadas sobre se fossem viver de novo o que fariam de igual e de diferente, pouquíssimas dedicariam mais tempo aos filhos se tivessem a oportunidade de fazer diferente. Em vez disso, mencionaram que fariam diferente não ter vivido uma experiência de vida internacional, seja para conhecer outra cultura e/ou aprender outra língua.

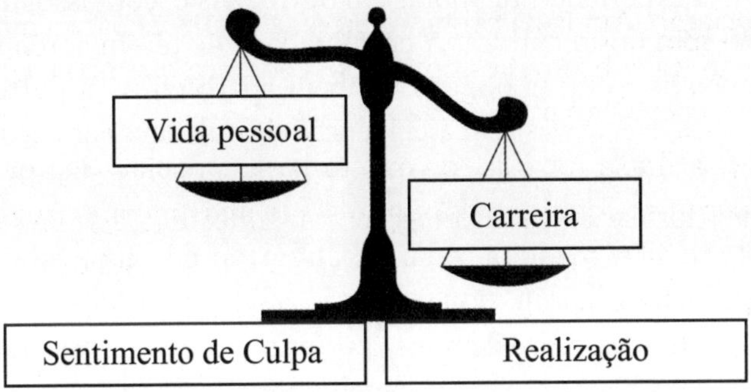

Considerações finais

Pode-se observar que em todos os aspectos analisados a balança das executivas foi mais tendenciosa para a vida profissional. Ou seja, mesmo que as mulheres sintam culpa e angústia por não darem maior atenção à vida pessoal, principalmente aos filhos, ainda assim a vida profissional as realiza muito. Se elas pudessem fazer tudo de novo, dedicariam ainda mais à carreira.

Essas executivas brasileiras fazem parte da chamada "segunda onda". São filhas das mulheres que, nos anos 1970, lutaram por seu espaço. São jovens que estão mais preparadas intelectual e emocionalmente para vencer etapas e assumir carreiras que até pouco tempo eram consideradas exclusivamente masculinas (MEDEIROS, 2006). As mulheres executivas atuais, "filhas" do feminismo, não estão entrando na batalha pelos direitos como suas mães. Elas já conquistaram a independência financeira pela qual suas mães tanto lutaram (FRIEDAN, 1983), embora, como se vê, tenham ainda outras batalhas a travar. São exatamente as mulheres que estão chegando no 3º e mesmo no 2º escalão das organizações brasileiras (aproximadamente 23%) (TANURE;

CARVALHO NETO; ANDRADE, 2007). E as que hoje fazem sucesso (já passaram do 3º escalão) foram as que mostraram não só competência, mas tiveram também persistência numa fase de possíveis conflitos entre as duas demandas, trabalho *versus* casa (BETIOL; TONELLI, 1991).

As mulheres, ao experimentarem uma nova realidade questionando seu papel na sociedade, levam os homens a repensarem também o seu papel na família e no trabalho. Entretanto, a divisão das atividades do lar ainda não foi resolvida, ou seja, essas atividades ainda são vistas como responsabilidade apenas das mulheres e são redefinidas com a demarcação entre a família e o lar como o "mundo das mulheres" e o trabalho como o "mundo dos homens" (FRIEDAN, 1983).

Ao longo dos anos a mulher adquiriu mais tarefas a fazer, sem abandonar as tarefas do lar. A responsabilidade das tarefas da casa e dos filhos incumbida à mulher brasileira desde o tempo de colônia continua a vigorar no ano de 2013. Se houve diálogo para sair de casa, no quesito responsabilidade com as tarefas da casa parece não haver tanta negociação. Ainda há cobrança privada e pública para a mulher cuidar dos filhos, da casa e do trabalho ao mesmo tempo, cobrança que não é feita dos homens. O enfoque deles é apenas no profissional.

Por causa dessa dupla jornada, o conflito para conciliar vida pessoal e carreira apareceu nesta pesquisa como um dos fatores que mais incomodam e preocupam as executivas brasileiras. Da maneira como foi abordado por elas, esse conflito denota ser o grande desafio dessas profissionais, sendo o sentimento de culpa comum nesse grupo de mulheres. Esse conflito demonstrou ser tão preocupante que em vários momentos das entrevistas o assunto era retomado por elas.

O tempo dedicado ao trabalho reduz o tempo dedicado à família. Essa situação gera culpa nas executivas, mas não gera conflito familiar. Além disso, conclui-se que o fato de elas estarem na alta hierarquia não implica renúncia à vida familiar e/ou o rompimento de sua união conjugal, renúncia tão "convocada" pelo movimento feminista. O estereótipo de executiva solteira ou divorciada não se mantém nos dias atuais, o que não quer dizer que elas não tenham problemas para resolver em relação à conciliação entre vida pessoal e carreira.

O ganho maior é em relação ao lado pessoal da executiva, pois com a possibilidade de ter carreira e família, ela volta para casa mais completa, sentindo-se uma profissional realizada, o que interfere na qualidade do relacionamento interpessoal. A executiva não se sente abafada vivendo à custa dos desejos do marido, como as mulheres de gerações anteriores. Mas ela também se diferencia das atuais mulheres que estão no mercado de trabalho, pois chegou à alta hierarquia organizacional. Entretanto, mesmo realizada profissionalmente, essa situação não diminui sua preocupação em relação à dificuldade de conciliar essas duas grandes demandas da sua vida. E essa preocupação não escolhe estado civil e tamanho da família: as solteiras, as casadas, com filhos e sem filhos relataram viver esse conflito.

Considerando todas essas pressões, se elas demandam muito mais tempo para as exigências da carreira, não é somente porque a empresa exige. Elas dedicam tanto tempo assim não para ocupar seu tempo ocioso ou simplesmente porque nada têm para fazer. Elas dedicam porque gostam muito do que fazem. Sentem prazer e realização, apesar de todos os obstáculos e lutas. Embora reconheçam os conflitos e todos os obstáculos, elas estão demonstrando que ser executiva não se trata de uma missão impossível e/ou de um sonho nunca conquistado.

Referências bibliográficas

AGUIAR, Gardene Souza. *Diversidade no trabalho*: os desafios em ser mulher em uma organização financeira. Dissertação (Mestrado) – Faculdade de Economia, Administração, Contabilidade e Ciência da Informação e Documentação. Programa de Pós-graduação em Administração. Universidade de Brasília. Brasília, 2007.

ALMEIDA, Leila Sanches. Mãe, cuidadora e trabalhadora: as múltiplas identidades de mães que trabalham. *Revista do Departamento de Psicologia* – UFF, v. 19, n. 2, p. 411-422, jul./dez. 2007.

AMARAL, Graziele Alves; VIEIRA, Adriane. A mulher e a tripla jornada de trabalho: a arte de ser beija-flor. In: ENANPAD 2009 – ENCONTRO NACIONAL DOS PROGRAMAS DE PÓS-GRADUAÇÃO EM ADMINISTRAÇÃO, 2009, São Paulo. *Anais*... São Paulo: XXXIII Encontro da ANPAD 2009. CD-ROM.

AMAS. *Famílias de crianças e adolescentes*: diversidade e movimento. Belo Horizonte, 1995.

ANDRADE, Silvana Rodrigues. "Eu sou uma pessoa de tremendo sucesso!": trajetórias, identidades e representações de mulheres executivas. In: X ENCONTRO NACIONAL DE HISTÓRIA ORAL, UNIVERSIDADE FEDERAL DE PERNAMBUCO – UFPE. *Anais*..., Centro de Filosofia e Ciências Humanas, Recife, 2010.

ASSIS, Lilian Bambirra et al. O isomorfismo entre executivas nas maiores empresas brasileiras. *Gerais: Revista Interinstitucional de Psicologia*, v. 3, n. 1, p. 95-107, 2010.

AZEVEDO, Márcia Carvalho. A mulher no mercado de trabalho brasileiro. In: ENGPR 2007 – I ENCONTRO DE GESTÃO DE PESSOAS E RELAÇÕES DE TRABALHO, 2007, Natal. *Anais*... Natal: I Encontro da GPR. CD-ROM.

BERTOLINI, Lucila Benatti Almeida. *Relações entre o trabalho da mulher e a dinâmica familiar*. São Paulo: Vetor, 2002.

BETIOL, Maria Irene Stocco; TONELLI, Maria José. A mulher executiva e suas relações de trabalho. *Revista de Administração de Empresas*, São Paulo, v. 31, n. 4, p. 17-33, out./dez. 1991.

BRUSCHINI, Maria Cristina Aranha. Trabalho e gênero no Brasil nos últimos dez anos. *Cadernos de Pesquisa*, v. 37, n. 132, p. 537-572, set./dez. 2007.

CARDOSO, Irede. *Mulher e trabalho*: discriminações e barreiras no mercado de trabalho. São Paulo: Cortez, 1980.

CARVALHO, José Luis Felício dos Santos; CARVALHO, Maria da Penha Felício dos Santos; SANTOS, Lyla Collares. Novas bonecas feitas de velhos retalhos: investigando medos, ansiedades e inquietações das mulheres nas organizações. In: ENANPAD 2002 – ENCONTRO NACIONAL DOS PROGRAMAS DE PÓS-GRADUAÇÃO EM ADMINISTRAÇÃO, 2002, Salvador *Anais*... Salvador: XXVI Encontro da ANPAD 2002. CD-ROM.

CARVALHO NETO, Antonio; TANURE, Betania; ANDRADE, Juliana. Executivas: carreira, maternidade, amores e preconceitos. *RAE-eletrônica*, v. 9, n. 1, art. 3, jan./jun. 2010.

CORRÊA, Alessandra Morgado Horta et al. Soldadinhos-de-chumbo e bonecas: representações sociais do masculino e feminino em jornais de empresas. *RAC – Revista de Administração Contemporânea*, v. 11, p. 191-211, 2007.

DEL PRIORE, Mary. *Histórias íntimas*: sexualidade e erotismo na história do Brasil. São Paulo: Planeta do Brasil, 2011.

D'ELIA, Tatiana Charpinel Pereira. *Mulher, maternidade e trabalho*: dilemas contemporâneos. Dissertação (Mestrado) – Programa de pós-graduação em Psicologia do Departamento de Psicologia da PUC – Rio, Rio de Janeiro, 2009.

EVANS, Gail. *Nos negócios, jogue como homem, vença como mulher*. São Paulo: Futura, 2000.

EVANS, Paul. Carreira, sucesso e qualidade de vida. *RAE – Revista de Administração de Empresas*, São Paulo, v. 36, n. 3, p. 14-22, 1996.

FARIA, Carlos Aurélio Pimenta. Entre marido e mulher, o Estado mete a colher: reconfigurando a divisão do trabalho doméstico na Suécia. *Revista Brasileira de Ciências Sociais*, v. 17, n. 48, 2002.

FLECK, Ana Cláudia; WAGNER, Adriana. A mulher como a principal provedora do sustento econômico familiar. *Psicologia em Estudo*, Maringá, v. 8, p. 31-38, 2003.

FRIEDAN, Betty. *A segunda etapa*. Rio de Janeiro: Francisco Alves, 1983.

GONÇALVES, Betânia Diniz. *Transformações da identidade de gênero entre mulheres, no século XX, em Minas Gerais*: um estudo em três gerações. (Dissertação de mestrado) – Belo Horizonte: UFMG, 2000.

HALPERN, Diane F.; CHEUNG, Fanny M. *Mulheres no topo*: como mulheres bem-sucedidas conciliam trabalho e família. Rio de Janeiro: Habacuc, 2009.

JABLONSKI, Bernardo. *Até que a vida nos separe*: (a crise do casamento contemporâneo). Rio de Janeiro: Agir, 1998.

LAGES, Sônia Regina Corrêa; DETONI, Carolina; SARMENTO, Sandra Carrato. O preço da emancipação feminina: uma reflexão sobre o estresse gerado pela dupla jornada de trabalho. *Estação Científica*, Juiz de Fora, v. 1, 2005.

LEITE, Christina Laurroudé de Paula. *Mulheres*: muito além do teto de vidro. São Paulo: Atlas, 1994.

LOSADA, Beatriz Lucas; ROCHA-COUTINHO, Maria Lúcia. Redefinindo o significado da atividade profissional para as mulheres: o caso das pequenas empresarias. *Psicologia em Estudo*, Maringá, v. 12, n. 3, p. 493-502, set./dez. 2007.

LOURENÇO, Cléria Donizete da Silva; FERREIRA, Patricia Aparecida; BRITO, Mozar José. O significado do trabalho para uma executiva: a dimensão do prazer. In: ENANPAD 2009 – ENCONTRO NACIONAL DOS PROGRAMAS DE PÓS-GRADUAÇÃO EM ADMINISTRAÇÃO, 2009. São Paulo. *Anais*..., XXXIII Encontro da ANPAD 2009.

MACÊDO, Goiacira Segurado; MACEDO, Kátia Barbosa. As relações de gênero no contexto organizacional: o discurso de homens e mulheres. *RPOT*, v. 4, n. 1, p. 61-90, 2004.

MADALOZZO, Regina; MARTINS, Sergio Ricardo; SHIRATORI, Ludmila. Participação no mercado de trabalho e no trabalho doméstico: homens e mulheres têm condições iguais? In: ENANPAD 2008 – ENCONTRO NACIONAL DOS PROGRAMAS DE PÓS-GRADUAÇÃO EM ADMINISTRAÇÃO, 2008, Rio de Janeiro. *Anais*... Curitiba: XXXII Encontro da ANPAD 2008. CD-ROM.

MEDEIROS, IvanyYara. *Amamentação em mulheres que trabalham*: o não trabalho no trabalho. Dissertação (Mestrado) – Faculdade de Saúde Pública. Universidade de São Paulo. Programa de Pós-graduação em Saúde Pública, São Paulo, 2006.

MOORE, Gwen. Mommies and daddies on the fast track in other wealthy nations. *The Annals of the American Academy of Political and Social Science*, p. 596:208, 2004.

PERROT, Michelle. *Mulheres públicas*. São Paulo: Editora UNESP, 1998.

RAGO, Margareth. Ser mulher no século XXI. In: VENTURI, Gustavo; RECAMÀN, Marisol; OLIVEIRA, Suely. *A mulher brasileira nos espaços público e privado*. São Paulo: Fundação Perseu Abramo, 2004.

ROCHA-COUTINHO, Maria Lúcia. Quando o executivo é uma "dama": a mulher, a carreira e as relações familiares. In: FÉRES-CARNEIRO, Terezinha. *Família e casal*: arranjos e demandas contemporâneas. Rio de Janeiro: Ed. PUC - Rio; São Paulo: Loyola, 2003.

ROCHA-COUTINHO, Maria Lúcia. *Tecendo por trás dos panos*: a mulher brasileira nas relações familiares. Rio de Janeiro: Rocco, 1994.

SCANFONE, Leila. *Tempos de trabalho e de não trabalho na percepção dos executivos das grandes empresas no Brasil*. Dissertação (Mestrado) – Programa de Pós-Graduação em Administração, Pontifícia Universidade Católica de MG, 2006.

SCORZAFAVE, Luiz Guilherme da Silva. *Caracterização da inserção feminina no mercado de trabalho e seus efeitos sobre a distribuição de renda.* Tese (Doutorado) – Faculdade de Economia, Administração e Contabilidade. Universidade de São Paulo, São Paulo, 2004.

SILVEIRA, Nereida Salette Paulo. Entendendo a experiência de inclusão-exclusão de mulheres em cargos de alta gerência. In: ENANPAD 2009 – ENCONTRO NACIONAL DOS PROGRAMAS DE PÓS-GRADUAÇÃO EM ADMINISTRAÇÃO, 2009, São Paulo. *Anais*... São Paulo: XXXIII Encontro da ANPAD 2009. CD-ROM.

SORJ, Bila. Trabalho remunerado e trabalho não remunerado. In: VENTURI, Gustavo; RECAMÀN, Marisol; OLIVEIRA, Suely. *A mulher brasileira nos espaços público e privado.* São Paulo: Fundação Perseu Abramo, 2004.

TANURE, Betânia; CARVALHO NETO, Antonio; ANDRADE, Juliana Oliveira. *Relatório de pesquisa sobre qualidade de vida dos executivos nas empresas brasileiras.* Relatório elaborado por Fátima Brant Drumond – DMEP, 2006a.

TANURE, Betânia; CARVALHO NETO, Antonio; ANDRADE, Juliana Oliveira. A superexecutiva às voltas com carreira, relógio biológico, maternidade, amores e preconceitos. In: ENANPAD 2006 – ENCONTRO NACIONAL DOS PROGRAMAS DE PÓS-GRADUAÇÃO EM ADMINISTRAÇÃO, 2006, Salvador. *Anais*... Salvador: XXX Encontro da ANPAD 2006b. CD-ROM.

________; ________; ________. *Executivos*: sucesso e (in)felicidade. Rio de Janeiro: Elsevier, 2007.

TONELLI, Maria José; ALCADIPANI, Rafael. O trabalho dos executivos: a mudança que não ocorreu. In: ENANPAD 2003 – ENCONTRO NACIONAL DOS PROGRAMAS DE PÓS-GRADUAÇÃO EM ADMINISTRAÇÃO, 2003, Atibaia. *Anais*... Atibaia: XXVII Encontro da ANPAD 2003. CD-ROM.

TONELLI, Maria José. Vida de executivo. GV Executivo. *Getulio Vargas Executivo*, v. 7, p. 62-66, 2008.

VENTURI, Gustavo; RECAMÀN, Marisol. As mulheres brasileiras no início do século XXI. In: VENTURI, Gustavo; RECAMÀN, Marisol; OLIVEIRA, Suely. A *mulher brasileira nos espaços público e privado.* São Paulo: Fundação Perseu Abramo, 2004.

10

A DIFÍCIL CONCILIAÇÃO ENTRE A VIDA PROFISSIONAL E PESSOAL: UM ESTUDO BASEADO NA FAIXA ETÁRIA DAS MULHERES EXECUTIVAS

Tatiana de Almeida Xavier

Antonio Carvalho Neto

Fernanda Versiani

A carreira das mulheres executivas vive em constante conflito com a vida pessoal. A conciliação é extremamente difícil. Neste capítulo será apresentado o resultado de uma pesquisa, que teve como objetivo classificar a percepção das executivas sobre a possibilidade de conciliação de sua carreira com a vida pessoal, segundo tipologia proposta por Belle (1994), de acordo com a faixa etária.

A percepção das mulheres executivas foi analisada separadamente de acordo com as idades entre 30 a 39 anos; 40 a 49 anos; e 50 a 60 anos, por se acreditar que há mudanças na vida profissional e na vida pessoal durante a passagem de cada ciclo que causam diferentes impactos.

Este tema é importante para as organizações, pois, sabendo como as executivas tentam e batalham para conciliar sua carreira profissional com a vida pessoal, podem ser criadas práticas de RH que favoreçam essa conciliação e também influenciem um melhor desempenho laboral.

As empresas poderiam também se beneficiar da presença de mulheres para impulsionar a diversidade na cúpula organizacional, podendo contribuir para uma prática de RH estratégica mais competitiva, caso a diversidade seja um valor (OLIVEIRA; GAIO; BONACIM, 2009). Além do mais, poderá ainda ser útil aos gestores, consultores, professores e estudiosos que tenham o compromisso de aperfeiçoar, continuamente, sua postura, suas habilidades, práticas e seus atributos, na gestão de carreira aplicada, especialmente no caso das mulheres.

Muitas empresas consideram tal conciliação importante quando ela representa valor para os funcionários “estratégicos”, com alto grau de responsabilidade dentro da organização e que não abrem mão da vida pessoal em favor da carreira. Podem então, incorporar tal ação no discurso de promover melhor qualidade de vida no trabalho (PINTO, 2003).

Esse assunto importa muito para as mulheres que almejam equilibrar a carreira executiva com a vida pessoal. As mulheres que ascendem em suas profissões precisam saber equilibrar diferentes demandas, anseios e expectativas que recaem sobre elas, muito mais que os homens que chegaram ao poder.

Por esse ser um universo de difícil acesso, o das executivas que conquistaram lugar na cúpula organizacional, e por raramente conseguir retratar pesquisas neste nível organizacional, principalmente separando por faixa etária, é que este capítulo vem contribuir com a literatura acadêmica e com as práticas de RH das empresas.

1 O conflito das executivas brasileiras entre trabalho e família

Não mais como antigamente, as mulheres têm invadido o mercado de trabalho e já ocupam altos cargos nas grandes empresas. Mas as executivas ainda estão sobrecarregadas com funções relacionadas ao trabalho doméstico, relacionado à vida pessoal (CAPELLE et al., 2006; CARVALHO NETO; TANURE ; ANDRADE, 2010).

Essa conquista no mercado de trabalho gerou satisfação por um lado e preocupação de outro. O trabalho feminino acabou tomando um espaço da vida pessoal, gerando conflito entre "família *versus* trabalho" (PITTMAN, 1994; BETIOL, 2000; SOUZA; GUIMARÃES, 2000; NOOR, 2002; MARTINS, EDDLESTON; VEIGA, 2002; SMYRNIOS, ROMANO, TANEWSKI, 2003; CARVALHO NETO; TANURE; ANDRADE, 2010). Alguns tipos de conflitos foram identificados a partir da literatura, conforme ilustrado na Figura 10.1 que se segue.

A responsabilidade da mulher executiva aumenta e faz com que seja ainda mais cobrada pelos outros e por si mesma. Essa situação acaba sobrecarregando as mulheres executivas por constantemente terem que criar estratégias para amenizar os conflitos existentes entre essas duas dimensões da vida (CAPELLE et al., 2006; CARVALHO NETO; TANURE; ANDRADE, 2010).

Figura 10.1 – Tipos de conflitos entre vida profissional e vida pessoal

Vida profissional		**Vida Pessoal**
– Carga horária de trabalho superior a 10h. – Expatriação; atender às demandas fora do horário de trabalho. – Atender à demanda da *network*. – Ultrapassar o teto de vidro.	**×**	– Disponibilidade para lazer. – Vida amorosa. – Cuidados com a aparência física e o emocional. – Atenção ao relógio biológico. – Responsabilidade com o lar; com a educação e socialização dos filhos.

Fonte: Elaborado pelos autores.

Na carreira das executivas há barreiras que elas encontram para chegar aos primeiros escalões no organograma organizacional, fenômeno mais conhecido como "teto de vidro". Este nome é devido a um conjunto de dificuldades que as mulheres encontram, muitas vezes imperceptíveis, conhecido também como as barreiras invisíveis (STEIL, 1997).

As executivas recebem mais demandas oriundas da carreira e da vida pessoal do que os homens na mesma posição, tornando um desafio conciliá-las. Essa conciliação pode causar modificações no estilo de vida da mulher. Conflitos presentes no trabalho e na esfera pessoal causam problemas emocionais e físicos, além de interferir na relação familiar e reduzir a satisfação relacionada à qualidade de vida (SOUZA et.al, 2009).

O senso comum machista diz que a mulher é prioritariamente destinada à esfera doméstica (CAPELLE et al.,2006; CARVALHO NETO; TANURE; ANDRADE, 2010) e que sua vida profissional, assim como a natureza de seus investimentos no trabalho, são apenas consequências de suas obrigações familiares (BELLE, 1994). Sendo assim, não é de estranhar que os conflitos na carreira profissional das mulheres com a vida pessoal sejam mais pesados quando comparados aos dos homens (BETIOL; TONELLI, 1991).

No Brasil, o número de mulheres que ocupam cargos de direção é elevado, quando não superior ao de homens, somente em áreas ocupadas tradicionalmente por mulheres, como a social, a da cultura e a da educação, os chamados guetos femininos (BRUSCHINI; PUPPIN, 2004).

Saindo desse gueto, em 2007, nas grandes empresas privadas, as mulheres atingiram os 23% nos cargos de alto escalão (TANURE; CARVALHO NETO; ANDRADE, 2007). Em 2010, a carreira da mulher dentro das 500 maiores empresas no Brasil foi registrada em uma série histórica pelo Instituto ETHOS e IBOPE com pesquisas editadas em 2001, 2003, 2005, 2007 e 2010. A amostra foi composta por empresas de vários setores (47,6% indústria, 26,6% no serviço, 17,2% no comércio e 8,6% no setor de alimentos e produtos agrícolas). O percentual de mulheres em cargos executivos aumentou ao longo dessa série. Atingiu 13,7% (ETHOS; IBOPE, 2011). Este dado, de 13,7% de executivas, se soma aos dados de Tanure, Carvalho Neto e Andrade (2007), que registraram 23% de executivas no país. Justifica-se o decréscimo percentual devido à grande concentração de dados do setor industrial que representou cerca de 50% na pesquisa do Instituto ETHOS e IBOPE (2011). Este setor tem baixa concentração de mulheres, por isso o percentual de executivas foi menor em 2010 em relação a 2007. Daí a diferença entre as duas pesquisas.

Esse avanço das mulheres na carreira executiva não foi suficiente para desvincular a imagem da mulher como a principal responsável pelos trabalhos no lar (BETIOL; TONELLI, 1991). Para as executivas da pesquisa de Bruschini e Puppin (2004), o papel tradicional da mulher na sociedade afeta seus papéis profissionais. Se forem muito passivas, como prega o estereótipo da mulher, são vistas como não tendo garra suficiente para brigar por metas e objetivos, atividades demandadas pela carreira executiva.

A exigência de alta *performance* das mulheres em seus múltiplos papéis, dona de casa, mãe e trabalhadora, pode gerar uma expectativa social para que a mulher seja uma moça comportada, esposa dedicada ao marido, mãe zelosa e boa dona de casa. Essa cobrança pode recair também no âmbito profissional. E ser percebida por ela como pressão, podendo gerar uma cobrança interna que aumenta o conflito entre carreira e vida pessoal (BRUSCHINI; PUPPIN, 2004).

A atividade da mulher no lar tem uma importância primordial na direção material e moral da família, e na formação inicial do caráter e educação dos filhos. Para isso, faz-se necessária sua presença no lar. Fica certamente difícil, ou a mulher está se dedicando à carreira profissional ou à vida pessoal, já que o homem pode não ser parceiro nessa hora (ARRUDA, 1996).

Além disso, grande parte das executivas tende a concordar que a cultura corporativa influencia bastante na conciliação da carreira com a vida pessoal. As empresas cuja cultura é mais tradicional ou machista não dariam às mulheres cargos-chave. Com isso, elas têm consciência de ter, como qualquer trabalhadora, uma desvantagem pessoal no mercado. Elas lidam com uma carga maior, cuidam dos filhos, da família, da casa e do trabalho. Enquanto esta desvantagem não for superada, dificilmente poderão dedicar-se integralmente à carreira escolhida, galgando seus degraus mais elevados. Mas, acreditam também que contra a competência não há argumentos. Consideram possível conseguir um melhor equilíbrio entre o lado familiar e o profissional. Ou seja, fazer valer o predomínio da competência sobre a cultura corporativa machista. Isso requer não só a ocupação de mais espaços nesse nicho ocupacional de elite, como também a obtenção de um equilíbrio maior entre o lado familiar e o profissional (BRUSCHINI; PUPPIN, 2004).

Elas valorizam a carreira profissional a ponto de fazerem muitos investimentos, como estudar e dedicar menos tempo à vida pessoal. Com isso, inserem-se em cargos mais estratégicos no mercado de trabalho. Os estudos são vistos como uma preparação e até mesmo um "passaporte" para o mercado de trabalho em cargos mais qualificados (BETIOL; TONELLI, 1991; TANURE; CARVALHO NETO; ANDRADE, 2007). Segundo pesquisas de Betiol e Tonelli (1991), Bruschini e Puppin (2004), Carvalho Neto; Tanure, e Andrade (2010), a percepção das executivas sobre o desenvolvimento intelectual pode ser tida como valor para a carreira. Elas consideram pré-requisito importante ter feito curso superior em uma boa universidade brasileira ou fora do país e ter feito MBA ou especialização. Isso pode servir tanto para promoção quanto para contratação nas grandes empresas.

Outro conflito das executivas, além de ter que saber lidar com as duas demandas (profissional e pessoal), é quanto à aparência. A cultura do ambiente de negócio acredita que, ao cuidar da aparência física e da forma de se vestir, o indivíduo se enche de energia, o que contribuiria para um clima positivo e ofereceria uma sensação de bem-estar. Tal investimento levaria a uma energização das relações e dos atos, a ponto de ser reconhecido pela organização (BETIOL; TONELLI, 1991). O desleixo no vestir pode indicar um descuido consigo mesma (que não é adequado nem para o homem). Ele pode ter uma relação com uma desorganização interna, uma falta de confiança e autoestima. O que não significa ser uma questão de beleza, e sim de charme. A sociedade espera esse charme da mulher, assim como a organização. Dessa forma, cuidar da aparência é uma demanda da vida pessoal e da carreira profissional. A demanda é por uma elegância discreta, mas constantemente cultivada (BETIOL; TONELLI, 1991).

A carreira das executivas se situa em dois polos opostos. Onde em um se encontra a carreira em modelo usado pelos homens, quando o foco é a carreira e não a vida pessoal, e no outro a carreira em modelo utilizado pelas mulheres, onde há uma tentativa de equilíbrio da carreira com a vida pessoal. Um modelo que pode ser bastante útil para esse tipo de análise foi desenvolvido por Belle (1994). No tópico a seguir discorremos sobre este modelo.

2 Discutindo três tipologias de tipos de executivas (organização, compartimento e ambievalentes), proposta por Belle (1994)

De acordo com a tipologia de Belle (1994), há cinco tipos de executivas: Mulher da Organização; Compartimento; Ambivalente; Maternidade e Conflito. A seguir, serão explicadas as três primeiras tipologias, pois acredita-se que Maternidade e Conflito estão presentes na vida das executivas em determinados momentos, independente mente da classificação em que se enquadram. Vale ressaltar que Maternidade é identificada quando a executiva foca mais na gravidez ou nos cuidados com os filhos que na vida pessoal. Conflito são as executivas que estão em inconformidade com a carreira e/ ou vida pessoal (BELLE, 1994).

2.1 Executivas do tipo "Mulher da Organização"

São as mulheres que estão na cúpula organizacional, cuja vida gira em torno da própria carreira. Deixam de atender demandas pessoais em prol do trabalho (BELLE, 1994). No Brasil, as pioneiras podem ser assim classificadas. O que não quer dizer que ainda não haja executiva desse tipo. Pesquisas realizadas no Brasil revelam que muitas executivas trabalham mais que os homens em posições semelhantes (BETIOL; TONELLI, 1991). A quantidade de trabalho das executivas, superior à dos homens, foi percebida também nos Estados Unidos (MARSHALL, 1984).

As executivas que se enquadram como Mulher da Organização ou não têm filhos ou os têm em menor quantidade, sendo a maternidade um provável obstáculo para um melhor desempenho na carreira (GATRELL, 2011). Dividir-se entre maternidade e vida executiva, no Brasil, não parece ser simples (BRUSCHINI; PUPPIN, 2004). Elas têm que atender uma agenda cheia de viagens, ou seja, ausentar-se de casa, o que implica ficar distante da família, da vida pessoal, podendo causar um suposto conflitos entre trabalho e família (LU et al., 2009). A demanda por expatriação da executiva também pode influenciar a mulher em adiar a formação de sua família ou permanecer solteira (GIALAIN, 2009).

Mesmo após anos de estudos, as mulheres executivas vivem em constante aprendizado e fazem cursos de acordo com a necessidade da organização. Seus interesses de aprendizado deixam de ter razões pessoais para serem motivados em função da necessidade da organização. Admitem que "vestir a camisa da empresa" significa estar disponível 24 horas por dia (BRUSCHINI; PUPPIN, 2004; CARVALHO NETO; TANURE; ANDRADE, 2010).

2.2 Executivas do tipo "Compartimento"

Apesar de muitas executivas fazerem de sua vida pessoal a própria carreira, outras já aderiram, pelo menos no discurso, à necessidade de ter uma vida pessoal à parte do trabalho executivo. As que apresentam um discurso de conciliação entre a vida pessoal e a carreira, e suas atitudes ainda se encontram muito próximas das executivas "Mulher da Organização", são denominadas de Compartimento (BELLE, 1994).

Esse tipo de executiva resiste em assumir a dificuldade de conciliar as demandas oriundas da carreira com as da vida pessoal (BELLE, 1994). Nota-se uma dificuldade de falarem sobre cumprimento das exigências do trabalho sem deixar de cumprir com as obrigações pessoais, como o cuidado com os filhos, a família e o lazer (CARVALHO NETO; TANURE; ANDRADE, 2010). Elas trabalham o dobro que seus parceiros homens em nome da meritocracia que é mais exigida deles nos processos de ascensão hierárquica nas empresas (BRUSCHINI; PUPPIN, 2004). Mas se trabalham muito, sobra pouco espaço para os cuidados pessoais e familiares. Elas delegam as atividades domésticas para empregadas, babás, motoristas e parentes (TANURE; CARVALHO NETO; ANDRADE, 2007).

Há uma dificuldade em falar da vida pessoal. Não sabem como dizer detalhes de acontecimentos pessoais que não envolvam o trabalho, a carreira ou a organização na qual trabalham ou já trabalharam. Geralmente a vida pessoal está conectada integralmente ao trabalho (BELLE, 1994).

Há uma resistência em reconhecer quando o trabalho tem maior valor na "balança" da conciliação. Essa atitude pode ser uma estratégia usada por elas para não se sentirem ameaçadas pelos homens, seus concorrentes em relação ao cargo. Assim, não demonstram fragilidade perante o desafio de conciliar duas demandas tão exigentes. Tal pensamento se realiza baseado nas contradições sobre como atendem a essas duas demandas nas pesquisas feitas por Belle (1994), Bruschini e Puppin (2004) e Carvalho Neto; Tanure e Andrade (2010).

Nos Estados Unidos, também há esse tipo de executivas que se realizam através do trabalho. Exercem profissões que lhes agradam, têm interesse e ambição pelo que fazem. Mas, lá, elas parecem ter maior apoio dos maridos em relação às executivas brasileiras. Elas se preocupam com os filhos, mas não se veem sem trabalhar em um cargo executivo (SULEROT, 1988).

2.3 Executivas do tipo "ambivalentes"

São as executivas que fazem da carreira uma parte da sua vida pessoal. Elas têm foco nas demandas pessoais. Não deixam de atender às necessidades particulares ou de natureza familiar, seja na relação com filhos, marido ou desejos que não estão relacionados ao trabalho (BELLE, 1994).

Sobre as executivas com esse perfil, realizou-se uma pesquisa em busca de fonte no portal da CAPES, nos periódicos internacionais como *Academy of Management* e no currículo Lattes de pesquisadores que já publicaram sobre executivas, para ver se houve algum pesquisador que encontrou algo sobre o assunto. No entanto, nada foi encontrado.

Para Belle (1994), as executivas desse perfil tiveram forte influência da cultura organizacional onde trabalhavam. De qualquer forma, será aqui considerado para caso de surgir esse tipo de executiva na pesquisa de campo.

3 Considerações metodológicas sobre como a pesquisa foi realizada

A pesquisa foi realizada sob a perspectiva qualitativa descritiva, pois visa abordar o mundo "lá fora" e não em contextos especializados de pesquisa, como os processados em laboratórios. Através disso, tenta-se entender e descrever esse fenômeno social "por dentro" da realidade das diversas executivas, analisando suas experiências individuais e sua percepção como grupo. Essas experiências podem estar relacionadas a histórias de vida ou a práticas cotidianas e profissionais das executivas que romperam a barreira do teto de vidro e ocupam cargos do nível mais estratégico das grandes empresas brasileiras. Elas se encontram diante do desafio da conciliação da carreira profissional com a vida pessoal (GIBBS, 2009).

O método de pesquisa utilizado foi o estudo de caso, devido à complexidade do objeto de estudo. A abordagem qualitativa é a mais indicada (YIN, 1981). Esse estudo de caso pode contribuir para o diálogo reflexivo entre os pesquisadores e profissionais (NUMAGAMI, 1998).

Foi utilizada como técnica de coleta de dados a entrevista semiestruturada. Para a análise dos dados, utilizou-se da classificação de Belle (1994), que usou cinco tipologias: a Mulher da Organização, Compartimento, Ambivalência, Maternidade e Conflito. Entretanto, neste estudo foram utilizadas somente as três primeiras, por considerar que as outras duas estejam nestas subentendidas.

A unidade empírica é formada por executivas ocupantes de cargos de primeiro, segundo e terceiro escalão das grandes organizações situadas nos estados de São Paulo e Minas Gerais. Foram escolhidas executivas ocupantes de tais cargos por serem esses os que representam a cúpula da hierarquia no organograma organizacional. Os estados foram escolhidos por se situarem na região Sudeste, a mais desenvolvida do Brasil, especialmente em São Paulo, onde estão as sedes das maiores empresas do país e, consequentemente, os cargos de maior poder na hierarquia organizacional.

Realizou-se a coleta de dados primários através de entrevista semiestruturada, respeitando o roteiro de entrevista básico, mas com flexibilidade para introduzir, alterar ou eliminar questões, de acordo com as necessidades da pesquisa, identificadas ao longo da entrevista (GODOY, 1995). Essa entrevista, com um tempo médio de duração de uma hora, possibilitou servir de fonte de análise para este estudo.

Aplicou-se entrevista semiestruturada com um entrevistador e um assistente. A presença do assistente contribuiu para amenizar a influência do entrevistador sobre o entrevistado. Auxiliou, também, nas observações de campo para captar informações importantes como a leitura do ambiente (por exemplo, a linguagem corporal, as roupas), assim como ajudou a interpretar as informações expressas ou não expressas nas falas das executivas.

Foram selecionadas 13 diretoras, 12 vice-presidentes e 5 presidentes. Todas as entrevistas foram gravadas. As 30 executivas entrevistadas conquistaram os mais altos cargos na hierarquia organizacional das maiores empresas operando no país, conforme abaixo:

Tabela 10.1 – Seleção das executivas participantes

Nível hierárquico organizacional	Número de executivas
I escalão (presidente)	5
II escalão (vice-presidente)	12
III escalão (diretora)	13
Total	**30**

Fonte: Elaborada pelos autores através de dados da pesquisa.

À medida que se galgavam níveis mais altos dentro das organizações, ficava cada vez mais raro encontrar mulheres executivas, conforme identificado no referencial teórico. Devido a este fato, o número de executivas foi decrescente à medida que se subiu no nível hierárquico organizacional, o que não comprometeu a análise qualitativa. Segundo Bonoma (1985) e Eisenhardt (1989), a quantidade de participantes selecionados para entrevista tem pouca importância, uma vez que o objetivo é a saturação teórica ou a profundidade do conhecimento.

Realizou-se análise de conteúdo por se tratar de um exercício de redução dos dados, onde o texto é codificado em determinadas categorias. Neste caso, nos três tipos de executivas propostos por Belle (1994): Ambivalente, Mulher da Organização e Compartimento, a análise de conteúdo "se constitui, antes num conjunto de vias possíveis nem sempre claramente balizadas para a revelação, alguns diriam, reconstrução, do sentido do conteúdo" (LAVILLE; DIONNE, 1999, p. 216). Para tanto, a análise foi dividida em três fases: preparação dos dados; codificação e recorte dos conteúdos; categorização e tratamento dos resultados, conforme a Figura 10.2.

Figura 10.2 – Fases da análise da pesquisa

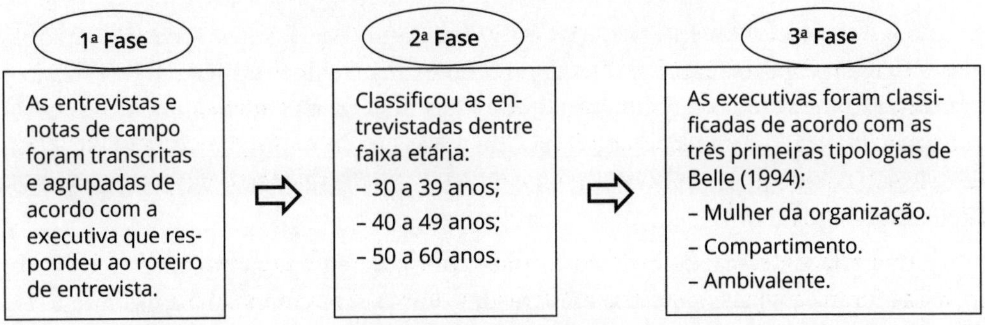

Fonte: Elaborada pelos autores.

4 Análise da percepção das executivas sobre a conciliação da carreira com a vida pessoal, segundo as três tipologias de Belle (1994), de acordo com a faixa etária

A partir da primeira e segunda fases da análise foi possível desmembrar a amostra de acordo com o tipo de empresa e a faixa etária das entrevistadas. Em seguida, classificá-las de acordo com a faixa etária, como mostrado nas Tabelas 10.2 e 10.3.

Tabela 10. 2 – Classificação da amostra de executivas entrevistadas por nacionalidade da empresa

Amostra	Empresa
20	Multinacional
10	Nacional

Fonte: Elaborada pelos autores através de dados da pesquisa.

Tabela 10.3 – Classificação da amostra das executivas entrevistadas por faixa etária

Amostra	Faixa etária
10	30 a 39
13	40 a 49
7	50 a 60

Fonte: Elaborada pelos autores através de dados da pesquisa.

Todas as executivas entrevistadas estudaram mais de 17 anos. Todas são graduadas e fizeram especialização no Brasil e ou no exterior. Algumas fizeram mestrado e duas chegaram a cursar o doutorado. Isso indica uma tendência do aumento de escolaridade no perfil das executivas, conforme apresentado na literatura (BRUSCHINI; LOMBARDI, 2001; GRZYBOVSKI; BOSCARIN; MIGOTT, 2002; BRUSCHINI; PUPPIN, 2004; FCC, 2007).

A maioria é casada, com filhos e conta com uma equipe para cuidar dos filhos, principalmente os pais, além dos empregados domésticos como babá e motorista. Há ainda a opção da escola em tempo integral (BETIOL; TONELLI, 1991; ITABORAÍ, 2003; TANURE; CARVALHO NETO; ANDRADE, 2007; DEL PRIORE, 2011).

Boa parte das executivas casa mais de uma vez e forma nova família, agregando os enteados. Sendo assim, os cuidados com os filhos se estendem aos enteados que passaram a dividir o mesmo espaço familiar. Essa informação vem acrescentar algo novo no perfil das executivas expressado até o momento na literatura. Os meus, os seus e os nossos filhos vêm se tornando uma realidade na vida destas mulheres.

Todas trabalham mais de 12 horas por dia. O trabalho é mais do que *full time*. O *blackberry* e o *smartphone* estão a postos 24 horas por dia, inclusive nos finais de semana. São cobradas para lerem seus *e-mails* o tempo todo. Quando há algum comentário sobre algum *e-mail* que ainda não leram se sentem frustradas. Tal percepção corrobora com a literatura (TANURE; CARVALHO NETO; ANDRADE, 2007; SCANFONE; CARVALHO NETO; TANURE, 2011).

4.1 Executivas entre 50 e 60 anos

Nessa faixa etária, algumas executivas apresentam um perfil mais próximo ao dos homens em relação às executivas com idades entre 30 a 49 anos. Esse achado confirma a literatura (TANURE; CARVALHO NETO; ANDRADE, 2007).

Elas são, em sua maioria, casadas, com filhos jovens ou adultos, e algumas ganham até mais que seus maridos. Eles as ajudam nas atividades domésticas e na criação dos filhos, mas a maior parte da responsabilidade e principalmente dos cuidados ainda é delas. As que são divorciadas ou solteiras contam com empregados domésticos e têm maior disponibilidade para se dedicarem ao trabalho.

Confessam que a emancipação da mulher trouxe mais trabalho do que se tinha antes. Segundo as mesmas, para a mulher hoje construir uma carreira, se for casada, tem que ter um marido que a compreenda, filhos que aprendam desde cedo a valorizar a carreira da mãe e que toda a família veja o trabalho como um valor. Mas confessam que não são bom exemplo para ninguém, em se tratando de equilíbrio entre a carreira e a vida pessoal.

Dois aspectos diagnosticados na pesquisa que se confirmam na literatura são os sentimentos causados por não conseguirem conciliar a carreira executiva com a vida pessoal (TANURE; CARVALHO NETO; ANDRADE, 2007; CARVALHO NETO; TANURE; ANDRADE, 2010) e a pressão que a mulher sofre para fazer tudo com excelência (BRUSCHINI; PUPPIN, 2004).

Algumas foram expatriadas em função da carreira, moraram em vários locais do mundo, fizeram alguns amigos, mas não têm tempo para revê-los. Dessas executivas que foram expatriadas, todas são solteiras ou divorciadas. Nenhuma delas foi expatriada casada e que o marido a tenha acompanhado, mesmo que a renda dele fosse menor em relação à da esposa executiva, o que corrobora com a literatura (BETIOL; TONELLI, 1991; TANURE; CARVALHO NETO; ANDRADE, 2007; GIALAIN, 2009).

Para algumas dessas executivas, a conciliação entre carreira e vida pessoal foi difícil ou nem chegou a existir. Quando mais jovens, algumas tinham medo de dizer a verdade sobre a difícil ou quase impossível conciliação entre carreira e vida pessoal, mas a maturidade as faz dizer a verdade. Antes diziam que tudo era maravilhoso; hoje, reconhecem que puseram muito mais esforço no trabalho que na vida pessoal. Muitas revelam que raramente almoçam com os filhos, acabam deixando esse papel para os maridos quando esses têm mais disponibilidade de tempo do que elas.

Atualmente, tentam recuperar o "tempo perdido" criando algumas regras para não deixarem que o trabalho invada totalmente sua vida pessoal, como a atenção aos amigos, por exemplo. Acreditam que não há mais mulheres na carreira executiva por uma questão de opção a favor da conciliação:

> Não temos mais mulheres na carreira, mais mulheres presidentes, pois ela se dá o direito de escolher quais os ingredientes que deverão fazer parte na sua vida, os afetos, companheiro, filhos, netos, atividade intelectual, espiritual, etc. Qualidade de vida não é igual a sucesso financeiro. Ela não perde seus valores por um barco novo. Qualidade de vida não é abrir mão de seus valores para ganhar mais dinheiro e comprar um barco. As mulheres jogam o leque, muito mais rico, sobre a mesa e não acham interessante, excitante se submeterem aos caprichos organizacionais. (executiva com mais de 15 anos de profissão)

Consideram que as mulheres ainda podem escolher entre ter uma carreira que as permita conciliar com a vida pessoal ou não. Não sofrem pressão social para chegar ao primeiro escalão. Enquanto o homem, além de sofrer a pressão social para chegar ao primeiro escalão, quer a presidência organizacional e ter mais dinheiro, mesmo que para isso deixe sua vida pessoal totalmente de lado.

Algumas empresas revelam dificuldade de reter boas executivas, quando em determinado momento elas optam em mudar de direção para montar seu próprio negócio ou decidem ir para cargo público em função de mudança de valores:

> A principal razão de saída das mulheres em altos cargos não é pelo preconceito. Ela sai por que ela não vê mais sentido em pagar o preço. Deixa de ver sentido no esforço que tem que fazer *versus* o que está ganhando [...]. Não temos essa pressão social em ser presidente [...]. Diferente do meu irmão que tem família, aí é questão de gênero. Homem tem que trabalhar, ter muito dinheiro, para o homem isso é maior. Exemplo: se eu sair da empresa, o que vou fazer? Posso ter um ano sabático, ir para França, ou nadar, plantar etc. Tenho patrimônio para fazer isso. Se meu irmão fala isso, minha mãe desmaia na hora. A pressão sobre ele, pelo menos nesta geração, é muito maior. Já eu, ninguém vai me internar num hospício. Para a mulher, a estrutura de valores em que vive é muito mais importante. Já vi mulheres em altos cargos irem embora. Falarem: não quero mais, tá muito caro, tá muito tóxico, as organizações estão muito perdidas. (executiva de segundo escalão de uma empresa multinacional)

A motivação da mulher na carreira executiva é diferente da do homem. A executiva com idade entre 50 a 60 anos, mesmo que não tenha chegado ao primeiro escalão, preocupa-se com o seu legado, ou seja, com o que deixará para a geração futura. Portanto, segundo a tipologia criada por Belle (1993), as executivas com idade entre 50 a 60 anos são "Mulheres da Organização", aquelas que abriram mão da vida pessoal para se dedicarem inteiramente à carreira. Mesmo que depois tentem equacionar essas duas demandas.

4.2 Executivas entre 40 e 49 anos

Muitas executivas estão no segundo casamento com filho e/ou enteado bebê ou na primeira infância. Muitas afirmaram não sentir culpa em se dedicar mais ao trabalho, já que conciliar a carreira com a vida pessoal é difícil, o que não quer dizer que esta não exista. Elas sentem orgulho pelo trabalho que exercem. A realização desses profissionais através do trabalho já foi percebida por Sulerot (1988) nos EUA na década de 1980 e por Tanure, Carvalho Neto e Andrade (2007) no Brasil.

O problema é quando a sobrecarga de trabalho afeta a saúde. Só nessa hora é que decidem diminuir a carga horária de trabalho em favor da vida. A carreira executiva requer muito tempo e presença física no trabalho, apesar de toda a tecnologia. Elas acreditam que a demanda de tempo da carreira pode interferir na vida pessoal. No entanto, dizem pensar que não seriam mães melhores se não fossem executivas. A afirmação de algumas executivas em não sentir culpa por dedicarem pouco tempo à vida pessoal, principalmente aos filhos, contrapõe-se à literatura (SILVA; REBELO; ROSETTO; 2010). Para essas executivas, a carreira e os filhos fazem parte de sua vida, já que optaram por tê-los depois dos 35 anos, quando puderam equilibrar algumas demandas do trabalho. Esse já se encontrava em um momento mais maduro. Talvez tal determinação as faça abrir mão de um marido que não entenda sua maior dedicação às atividades profissionais que ao casamento:

> Homem é muito ciumento né, ciúme de atenção, carente né, a maioria deles. O meu ex-marido achava assim, um absurdo assim, ele sempre teve ciúme do meu trabalho. Ele tinha ciúme da atenção que eu dou pro meu trabalho [...]. Você tem que tá casada com um homem que entende que você tem uma carreira. E homem que entende que mulher tem carreira tá pra nascer ainda (risos) (executiva de uma multinacional, do segundo escalão, divorciada com filho de 10 anos).

Surge assim uma situação nova na literatura em relação às executivas. A pesquisa sugere que algumas delas podem estar abrindo mão de permanecer casadas em favor da carreira profissional, o que pode indicar para algumas ser mais importante uma carreira executiva de sucesso do que atender à demanda de atenção do marido ou parceiro amoroso. Isso se contrapõe à literatura que diz que marido e filho fazem parte da própria identidade da mulher (BETIOL; TONELLI, 1991).

De acordo com a tipologia de Belle (1993), essas executivas, que têm idade entre 40 a 49 anos, são como as de idades entre 50 e 60 anos, são Mulheres da Organização, se dedicam muito mais à carreira profissional, com um diferencial, dizem não sentir culpa por isso, podem abrir mão até mesmo do casamento. Mas acreditam que uma possibilidade de conciliação entre a carreira e a vida pessoal está em se cercar de uma boa equipe em casa e no trabalho, conforme apresentado na literatura (BETIOL; TONELLI, 1991).

4.3 Executivas entre 30 e 39 anos

Essas executivas são em sua maioria solteiras e algumas estão casadas recentemente, sem filhos ainda ou com filho bebê. O visual dessas mulheres é de vestir mais acessórios, camisas de babados e salto alto. A vaidade com cabelos e unhas é perceptível por estarem impecáveis. Trabalham mais de 12 horas por dia, o que corrobora a literatura (TANURE; CARVALHO NETO; ANDRADE, 2007). Para elas, a conciliação da carreira com a vida pessoal não é tão difícil, acreditam que é plenamente possível a conciliação, o que vai ao encontro do que diz Konek (2006). Elas tentam facilitar as coisas morando perto do trabalho com o objetivo de conduzir seu lazer e atividades domésticas na mesma região geográfica. Assim, academia, restaurante e bares estão sempre perto e as amizades do trabalho são levadas para a vida pessoal.

Essas mulheres estão no início de suas carreiras executivas no nível estratégico, ocupando cargos da alta cúpula organizacional. Por mais que digam que conciliam a carreira profissional com a vida pessoal, isso não procede. Elas ficam muito mais tempo dedicando-se à carreira que qualquer outra demanda da vida pessoal. Acreditam que conciliam as duas demandas por não apresentarem conflito interno ou familiar devido à dedicação máxima à carreira.

Sendo assim, o "mundo" delas gira em torno do trabalho. Mas dizem não sentir culpa por isso. Sentem que a vida pessoal faz parte do trabalho, e não o contrário. Casam com homens que também trabalham tanto quanto elas. Acreditam que eles são mais propícios a entender a importância da carreira profissional para elas. Mas reconhecem que quando o assunto é responsabilidades com as poucas atividades domésticas, já que não têm filhos, eles deixam por conta delas.

Algumas executivas optam por fazer compras *online* ao invés de irem até o supermercado, assim as empregadas recebem tudo em casa. Tudo em função de não perder tempo, pois grande parte das horas do dia é reservada para o trabalho. Mesmo com casamento recente, geralmente veem o marido após as 21 horas. Antes disso, geralmente os dois estão trabalhando ou estudando em favor da construção de suas carreiras.

As que já são casadas e não possuem filhos pensam que a conciliação é tranquila pela ausência dos mesmos. E que poderão ter algum conflito entre carreira e vida pessoal quando estes nascerem. "Sabem" (aceitam) que a responsabilidade pelos cuidados com os mesmos compete, principalmente, a elas.

As que são casadas e com filho bebê contam com uma equipe doméstica para auxiliá-las. Mesmo assim, tiveram uma licença-maternidade conflituosa por não aguentarem os quatro meses fora do trabalho. Muitas encontraram a solução para as pressões corporativas coferindo *e-mails*, reunindo por *conference call*, além de aparecer na empresa antes do tempo determinado pela lei.

Para Belle (1993), executivas que apresentam um discurso que concilia carreira profissional e vida pessoal, mas que têm dificuldade de falar da sua vida pessoal separada do trabalho, são executivas classificadas como "Compartimento".

De acordo com os dados levantados por esta pesquisa sobre as executivas, pode-se dizer que as mulheres estão aumentando o grau de escolaridade, conforme indicado na literatura (BRUSCHINI; LOMBARDI, 2001; GRZYBOVSKI; BOSCARIN; MIGOTT, 2002; BRUSCHINI; PUPPIN 2004; FCC, 2007) e que isso pode se confirmar como tendência. Além disso, essas executivas voltam sua identidade mais para o trabalho que para a vida pessoal (ITABORAÍ, 2010; ALMEIDA, 2007; ETHOS; IBOPE, 2010). Não só por se dedicarem muito aos estudos, como por optarem por engravidar depois dos 35 anos, o que também pode indicar a prioridade ao trabalho (TANURE; CARVALHO NETO; ANDRADE, 2007; SOUZA et al. 2009).

Dessa forma, o perfil das executivas é de trabalhadora; estudante; com poucos filhos, no máximo três; casam-se mais de uma vez e priorizam o trabalho em relação à vida pessoal. Desde a década de 1990 esse perfil vem sendo apresentado à literatura (BETIOL; TONELLI, 1991; DEL PRIORE, 2011). O que se pode notar é que agora, na primeira década do segundo milênio, as executivas conservaram o perfil da década passada e acrescentaram mais uma característica.

A diferença entre as executivas segundo a faixa etária classificada pode indicar que, quando a executiva é jovem e está no início da carreira e já atingiu o topo da hierarquia organizacional, ela não vislumbra nenhum prejuízo pessoal por se dedicar quase integralmente à sua carreira. À medida que a maturidade vai chegando, tanto na idade como na profissão, elas já têm como colocar as coisas na balança e percebem algum prejuízo pessoal, mas, ainda assim, sentem orgulho pela carreira que construíram.

5 Considerações finais

A evolução da carreira da mulher levou-a a ocupar os cargos estratégicos na cúpula organizacional, mesmo que ainda representem a minoria. Romper a barreira do teto de vidro e conciliar a carreira e a vida pessoal são problemas vivenciados pelas executivas paulistas e mineiras. Sob influência das culturas brasileira e organizacional e sob a pressão familiar, elas se dividem entre a capacitação profissional e as demandas pessoais. Dessa forma, acreditam equilibrar as exigências da profissão e da vida pessoal. Com isso, a balança pode tender mais para um lado, o lado a que atribuírem maior valor.

Muitas executivas desta pesquisa não planejaram chegar ao primeiro escalão para não comprometerem as demandas que julgam valorosas em sua vida pessoal. Elas informam também que não sofrem pressão social para chegarem à presidência das organizações, como os homens. Estes, além de serem movidos pela conquista do poder organizacional, são motivados por ganhos financeiros cada vez maiores.

Para as executivas, o valor do ganho monetário tem um "teto". Ele não pode neutralizar os benefícios da vida pessoal como todo o convívio com a família, por exemplo. Dessa forma, levanta-se a questão: será que as executivas de fato não querem ocupar o primeiro escalão? Ou elas não querem se posicionar como concorrentes dos seus colegas homens e assim amenizar o impacto do "teto de vidro" sobre elas?

Fato é que ao chegarem, com idades entre 50 a 60 anos, ao terceiro, segundo e primeiro escalões das grandes organizações, elas estão mais preocupadas com o seu legado do que com sua progressão na carreira. As executivas nessa faixa etária são, segundo a tipologia de Belle (1994), "Mulheres da Organização", aquelas que abriram mão da vida pessoal para dedicar-se inteiramente à carreira profissional. Mas reconhecem que, quando mais jovens e no início da carreira, foram executivas "Compartimento", aquelas que apresentam um discurso de conciliação da carreira e vida pessoal, mas que tinham dificuldade de falar da sua vida pessoal desmembrada do trabalho.

As executivas com idades entre 40 e 49 anos, ocupantes dos cargos de terceiro, segundo e primeiro escalões, são mulheres "Compartimento", segundo a tipologia de Belle (1994). Elas se sentem realizadas através do trabalho e talvez por isso se dediquem com maior fervor à carreira; só desaceleram esse ritmo por motivo sério de saúde, o que corrobora a literatura. Essas executivas estão no primeiro ou segundo casamento, de preferência com homens que trabalham tanto quanto elas. São dispostas a interromper um laço matrimonial se este for empecilho para a carreira. Afirmam não sentir culpa por se dedicarem tão intensamente ao trabalho, o que contradiz a literatura.

Da mesma forma, as mulheres executivas que se encontram nas idades entre 30 e 39 anos são classificadas pela tipologia de Belle (1994) como mulheres "Compartimento". Talvez por se encontrarem no início de suas carreiras e já ocuparem cargos na alta hierarquia organizacional.

Não foram encontrados entre os sujeitos de pesquisa mulheres "Ambivalentes", aquelas que valorizam a carreira profissional e a vida pessoal, mas dedicam-se mais à vida pessoal. Pode-se entender que a carreira executiva atualmente, para essas mulheres, não permite tal situação.

Portanto, pode não ser possível conciliar de fato a carreira executiva com a vida pessoal, já que a vida pessoal é, muitas vezes, negligenciada em favor da carreira. Precisam de um parceiro que aceite o ritmo de trabalho e talvez por isso casem mais de uma vez. Precisam lidar com os filhos e os enteados, frutos do segundo casamento. E, só depois da maturidade, começam a valorizar a vida pessoal fora do trabalho, criando regras que as façam "correr atrás do tempo perdido".

Referências bibliográficas

ALMEIDA, Leila Sanches de. Mãe, cuidadora e trabalhadora: as múltiplas identidades de mães que trabalham. *Revista do Departamento de Psicologia-UFF*, v. 19, n. 2, p. 411-422, jul./dez. 2007.

ARRUDA, Maria Cecília Coutinho de. Relação empresa-família: o papel da mulher. *Revista de Administração de Empresas*, São Paulo, v. 36, n. 3, p. 6-13, jul./ago./set. 1996.

BELLE, F. Executivas: quais as diferenças na diferença. In: CHANLAT, J. F. (Org.). *O indivíduo nas organizações*: dimensões esquecidas, São Paulo: Atlas, 1994. v. 2.

BETIOL, M. I. S.; TONELLI, M. J. A mulher executiva e suas relações de trabalho. *Revista de Administração de Empresas*, São Paulo, v. 31, n. 4, p. 17- 33, out./dez. 1991.

__________. Ser administradora é o feminino de ser administrador? In: ENANPAD, 24. *Anais*... Florianópolis: ENANPAD, 2000. CD-ROM.

BONOMA, Thomas V. Case research in marketing: opportunities, problems and a process. *Journal of Marketing Research*, xxii, 1985.

BRUSCHINI, Cristina; LOMBARDI, Maria Rosa. Instruídas e trabalhadeiras: trabalho feminino no final do século XX. *Cadernos Pagu*, Campinas: Pagu/Núcleo de Estudos de Gênero; Unicamp, n. 17/18, 2001/2002.

_______; PUPPIN, Andrea Brandão.Trabalho de Mulheres Executivas no Brasil no Final do Século XX. *Cadernos de Pesquisa SCIELO*, v. 34, n. 121, p. 105-138, jan./abr. 2004.

CAPELLE, M. C. A.; BRITO, M. J. B.; MELO, M. C. O. L.; VASCONCELOS, K. A. A Produção científica sobre gênero na administração: uma meta-análise. In: ENANPAD, 30. *Anais*... Salvador: ENANPAD, 2006. CD-ROM.

CARVALHO NETO; TANURE, Betânia; ANDRADE, Juliana Oliveira. Executivas: carreira, maternidade, amores e preconceitos. *RAE Eletrônica* (Online), v. 9, p. 2-23, 2010.

EISENHARDT, K., Agency theory: an assessment and review. *Academy of Management*, v. 14, p. 57-74. 1989.

FCC – FUNDAÇÃO CARLOS CHAGAS, *Banco de dados sobre o trabalho da mulher 2007*. Disponível em: <http://www.fcc.org.br/bdmulheres/>. Acesso em: 20 abr. 2012.

GATRELL, Caroline. Policy and the pregnant body at work: Strategies of secrecy, silence and supra-performance.*Work and Organization*. v. 18 n. 2, Mar. 2011.

GIALAIN, Eliana. *Expatriação e gênero*: um referencial para multinacionais brasileiras. (Dissertação) - Departamento de Administração da faculdade de Economia, Administração e Contabilidade. Universidade de São Paulo, Programa de Pós-graduação em Administração, São Paulo, 2009. 176f.

GIBBS, Graham. *Análise de dados qualitativos*. Porto Alegre: Artmed, 2009.

GODOY, Arilda Schmidt. Pesquisa qualitativa: tipos fundamentais. *Revista de Administração de Empresas*, São Paulo, v. 35, v. 3, p. 20-29, maio/jun. 1995.

GRZYBOVSKI, D.; BOSCARIN, R.; MIGOTT, A. M. B. Estilo feminino de gestão em empresas familiares gaúchas. *Revista de Administração Contemporânea*, v. 6, n. 2, maio/ago. 2002.

INSTITUTO ETHOS; IBOPE, Inteligência. Perfil social, racial e de gênero nas 500 maiores empresas do Brasil e suas ações afirmativas. *Pesquisa 2010*, São Paulo, novembro 2011.

ITABORAÍ, N. R. Atravessando as fronteiras entre público e privado: relações de gênero no trabalho e na família. SIMPÓSIO DE EXCELÊNCIA EM GESTÃO E TECNOLOGIA, 2009. *Anais*..., Campinas, 2010.

KONECK, Carolyn M. *A study of women leadership styles and the glass ceiling. Doctor of Philosophy*. Capella University, December 2006.

LAVILLE, Christian; DIONNE, Jean. *A construção do saber*: manual de metodologia da pesquisa em ciências humanas. Porto Alegre: Artmed; Belo Horizonte: UFMG, 1999.

LOURO, G. L. *Nas redes do conceito de gênero*. 2000. Disponível em: <http://www.ufrgs.br/faced/geerge/ >. Acesso em: 12 nov. 2013.

LU, Luo; KAO, Shu-Fang;COOPER, Cary L.; ALLEN, Tammy D.; LAPIERRE, Laurent M.; O'DRISCOLL, Michael; POELMANS, Steven A. Y.; SANCHEZ; Juan I.; SPECTOR, Paul E. Work resources, work-to-family conflict, and its consequences: a Taiwanese–British cross-cultural comparison. *International Journal of Stress Management*, v. 16, nº 1. 2009.

MARSHALL, Judi. Women in management. *Journal of Career Assessment*, 15: 121, 1984

MARTINS, L. L.; EDDLESTON, K. A.; VEIGA, J. F. Moderators of the relationship between work-family conflict and career satisfaction. *Academy of Management Journal*, v. 45, n. 2, p. 399-409. 2002

NOOR, N. M. Work-family conflict, locus of control, and women's well-being: tests of alternative pathways. *The Journal of Social Psychology*, v. 142, n. 5, p. 645-662. 2002.

NUMAGAMI, Tsuyoshi. The infeasibility of invariant laws in management studies: a reflective dialogue in defense of case studies. *Organization Science*, v. 9, n. 1, p. 2-15, Jan./Feb. 1998.

OLIVEIRA, R. de; GAIO, F. BONACIM, C.A.G. Relações de Gênero e ascensão feminina no ambiente Organizacional: um ensaio teórico. *Rev. Adm. UFSM*, Santa Maria, v. 2, n. 1, p. 80-97, jan./abr.2009. São Paulo: Atlas, 2001.

PINTO, A. M. G. R. S. *As diferenças de gênero na percepção do conflito trabalho-família*. Escola Superior de Gestão do Instituto Politécnico de Castelo Branco. 2003. Disponível em: <epositorio.ipcb.pt/bitstream/10400.11/149/1/REP_AnaPinto.pdf>. Acesso em: 9 jun. 2011.

PITTMAN, J. F. Work/family fit as a mediator of work factors on marital tension: evidence from the interface of greedy institutions. *Human relations*, v. 47, p. 183-209, 1994.

SCANFONE, Leila; CARVALHO NETO; TANURE, Betânia. Executivos: o difícil equilíbrio entre a carreira e a vida privada. In: KILIMNIK, Zélia Miranda. (Org.). *Transformações e transições nas carreiras*: estudos nacionais e internacionais. Rio de Janeiro: Qualitymark, 2011, v. 1, p. 225-252.

SCOTT, J. W. Gender: a useful category of historical analysis. *The American Historical Review*, v. 91, n. 5, p. 1053-1101, 1986.

SILVA, A. B.; REBELO, L. M. B.; ROSSETTO, C. R. Fontes e consequências do conflito na relação trabalho-família de mulheres gerentes. ENCONTRO DE ESTUDOS ORGANIZACIONAIS DA ANPAD, 6., 2010, Florianópolis. *Anais*. Rio de Janeiro: Anpad, 2010. v. 1, p. 1-17.

SMYRNIOS, K. X.; ROMANO, C. A.; TANEWSKI, G. A. Work-family conflict: a study of American and Australian family businesses. *Family Business Review*, v. 16, n. 1, p. 35-51, Mar. 2003.

SOUZA, Renata Laíse Reis; GRINER, Almog; BRITO, MAX Leandro De Araújo; ROCHA, Victor Olavo de Paiva Miranda; SILVA, Anielson Barbosa. Conflito na relação trabalho e família de mulheres gerentes: o caso do Banco do Brasil. *SEMEAD*, 12, 2009.

SOUZA, A. E.; GUIMARÃES, V. N. Gênero no espaço fabril. In: ENANPAD, 24, Florianópolis. *Anais*... Florianópolis: ENANPAD, 2000. CD-ROM.

STEIL, A. V. Organizações, gênero e posição hierárquica: compreendendo o fenômeno do teto de vidro. *RAUSP*, v. 32, n. 3, 1997.

SULEROT, Evelyne. *Historia y sociologia del trabajo fenenino*. Barcelona: Península, 1988.

TANURE, Betânia; CAVALHO NETO, Antonio; ANDRADE, Juliana. *Executivos*: sucesso e infelicidade. São Paulo: Campus, 2007.

YIN, Robert K. The case study crisis: some answers. source: administrative. *Science Quarterly*, v. 26, n. 1. Mar. 1981.

11

DUAL CAREER: UMA PERSPECTIVA SOB A ÓTICA DO GÊNERO FEMININO

Heliani Berlato dos Santos

Introdução

A temática gênero há muito vem instigando diversos problemas de pesquisa, visto suas peculiaridades que se pautam principalmente nas questões relacionadas ao novo papel social que a mulher vem ocupando em todos os contextos que a envolvem. Carece, todavia atentar-se ao fato de que por mais óbvios que pareçam alguns achados até então, salvo todos os recortes necessários, é importante refletir que o objetivo dos estudos sobre gênero retrata uma realidade cultural e social de um grupo que, mesmo estando na segunda década do terceiro milênio, ainda vivencia situações tidas, para aqueles menos entendidos no assunto, como "clichês", mas que, ao contrário, reforçam a carência e necessidade de ações mais assertivas.

Para este capítulo, destinado a um livro que tem como tema central estudar as relações de gênero, o enfoque será dado a um movimento conhecido na literatura internacional como *dual career* e entendido no Brasil como a carreira do casal. Faz-se oportuno, antes de adentrar ao objetivo propriamente dito, salientar que os estudos sobre gênero não podem ser reduzidos ao entendimento minimizado somente à figura da mulher, mas também sobre o papel do homem dentro dessa condição. Strey (1998, p.184) em seus estudos reforça tal consideração ao dizer que

> [...] gênero passou a ser muitas vezes equiparado à mulher, pois se debruçavam principalmente sobre a mulher e suas contingências. Embora seja utilizado o termo gênero quando se fala de mulheres, sempre fica claro que não se pode obter informações sobre elas sem, ao mesmo tempo, obter informações sobre os homens. Assim, para conhecer-se como são as mulheres, socialmente construídas, faz-se necessário saber sobre os homens, socialmente construídos. É imprescindível conhecer a história do desenvolvimento de ambos os gêneros, assim como é importante estudar todas as classes para compreender o significado da história de como funcionou e funciona a ordem social ou para promover sua transformação (*Ibidem*, p. 184).

O estudos sobre *dual career* remetem a um entendimento sobre o casal (homem e mulher), que para Barnett e Hyde (2001) deve ser visto como uma unidade de análise, ou seja, esse casal não deve ser estudado como indivíduo (homem e mulher separadamente), mas entendido como uma díade. Isso justifica a importância da temática diante das demandas que emergem acerca dos estudos sobre gênero e também carreira. Todavia, a pretensão deste texto será discorrer de forma teórica sobre como a *dual career* se desenha em uma perspectiva feminina. Não está, com isso, ignorando a díade de análise acima sugerida, mas sim direcionando olhares mais específicos que poderão se somar àqueles analisados em conjunto.

Ao falar sobre *dual career*, o principal impulsionador para tal discussão é o processo de mudança e reestruturação pelo qual as questões de gênero perpassam, especialmente nas relações que envolvem família e trabalho. Um agente propagador dessa mudança é o significativo crescimento da entrada de mulheres no mercado de trabalho. Isso acaba instigando questionamentos sobre os papéis e responsabilidades de homens e mulheres no seio familiar, tornando-os mais evidentes.

As leituras sobre gênero confirmam essa onda de mudanças na visão do papel da mulher dentro de casa, no trabalho e na sociedade (HIRATA; SEGNINI, 2007; COSTA et al., 2008; HIRATA; KERGOAT, 2003; MARUANI; HIRATA, 2003). Um ponto fundamental que auxilia na compreensão dos estudos sobre gênero é o entendimento de sua história.[1] Inúmeros são os fatores que conduzem a uma reformulação dos estudos sobre gênero. Esse campo de estudo está diretamente ligado à história do movimento feminista, que busca evidenciar as variadas implicações envolvidas na figura da mulher (LOURO, 1997).

Ao referenciar o movimento feminista, Louro (1997) caracteriza-o como um movimento social organizado, protagonista de mudanças conceituais relevantes, por meio do qual as mulheres conquistaram uma autonomia civil, trabalho assalariado, direito à educação, além de participação no cenário político. Desse modo, a luta que essas mulheres travaram pela igualdade não só no campo ideológico, mas principalmente em suas repercussões práticas, constituiu-se como base para a expansão do movimento feminista.

Nas palavras de Strey (1998, p. 184), o feminismo objetivava que "[...] o uso do conceito ou categoria gênero transformasse profundamente os paradigmas da história e de outras disciplinas do conhecimento humano". A segregação social à qual a mulher esteve submetida ao longo da história acabou revestindo-a de uma invisibilidade, o que estimulou o movimento feminista a se concentrar cada vez mais em reivindicações de mudanças reais e efetivas no que tange ao espaço da mulher.

No início do século XX, a noção que se aceitava na cultura ocidental sobre os papéis de gênero baseava-se na doutrina de esferas separadas. De acordo com esta ideo-

[1] A história referida acima remete a um contexto no qual a divisão sexual do trabalho era baseada em relações patriarcais de sexo e gênero e deveria permanecer entendida como uma divisão natural entre os papéis sociais masculinos e os papéis sociais femininos (LIEDKE, 1997, p. 272).

logia, homens e mulheres possuem naturezas diferentes, e os papéis desempenhados na sociedade deveriam ser radicalmente desiguais. Assim, via-se de forma natural que os homens mergulhassem no mundo dos negócios e no comércio e que as mulheres se preocupassem com atividades domésticas (KORABIK, 1999).

A capacidade de gerar filhos e de criá-los originou a crença de um domínio dos homens sobre as mulheres, além de estabelecer papéis sociais diferentes entre eles. É nessa hierarquia rígida de papéis, atrelada ainda a um controle da sexualidade feminina,[2] que se assenta o conceito de modelo patriarcal no país (BRUSCHINI, 1990).

> Contudo, durante o século XX, o desenvolvimento industrial e tecnológico libertou as mulheres das formas de limitação do passado (HUNTER COLLEGE, 1983). Além disso, o trabalho foi reestruturado, passando a ser menos dependente da força física, que colocava o homem em uma situação de superioridade (COOK, 1985). O que se percebe com a decorrência dos anos é que as mulheres[3] estão dedicando menos tempo de suas vidas à educação e cuidado dos filhos, e mais tempo com atividades remuneradas (POWELL, 1993).

Nesse cenário de modificação, o que se verifica é uma migração das mulheres de ambientes tidos como condicionados (como o ambiente doméstico) para espaços públicos de trabalho, ainda que estes sejam controlados por homens e imponham às mulheres uma representação de atividade secundária.[4]

O que se observa no decorrer das últimas décadas é que as mulheres, de modo especial as pertencentes às classes média e alta,[5] vêm conquistando um espaço cada vez maior no campo do trabalho remunerado, espaço esse tido quase que exclusivamente como reduto masculino. Gradativamente as mulheres estão se embrenhando e se incorporando nesse meio, e consequentemente alcançando posições de prestígio no mercado profissional (ABRAMO, 2007).

A participação crescente das mulheres no mercado de trabalho, em particular as que possuem filhos, pode ser considerada um dos fenômenos econômicos e sociais

---

[2] Essa fala da autora remete à época Brasil-Colônia (período em que o Brasil era colônia de Portugual), no qual o modelo patriarcal imperava e o controle da sexualidade feminina se dava principalmente em função de garantir herança e sucessão (BRUSCHINI, 1990).

[3] As mulheres referidas pelo autor pertencem ao perfil de mulheres norte-americanas.

[4] Entende-se como atividade secundária o fato de a atividade se basear na ideia da mulher como força de trabalho que se estrutura em torno de uma concepção de família nuclear, onde o homem é o principal e único provedor e a mulher a principal responsável pela casa e pela família. Assim, neste modelo, a inserção da mulher no mundo do trabalho, quando existe, é em aspecto secundário de seu projeto de vida ou da formação de sua identidade, visto que essa inserção surge sempre de modo eventual, complementar ou instável (ABRAMO, 2007).

[5] Essas duas classes foram mencionadas dentro do contexto, em função de as mulheres das classes mais baixas sempre terem que trabalhar para buscar o seu sustento e/ou ajudar no sustento da família.

mais relevantes dos últimos tempos, pois interfere e altera as estruturas de cada um desses campos. Outra estrutura que também sofre esse impacto é a estrutura familiar (marido provedor – mulher responsável pelo lar), pois hábitos até então tidos como tradicionais para cada sexo passam a seguir novos caminhos (MEULDERS et al. 2008).

Diante dessa discussão, na qual as relações de gênero e o modelo patriarcal de família são fortemente afetados, verifica-se o despontar de um novo panorama, onde não há mais tanto estranhamento em relação ao novo papel da mulher e ao espaço que essa vem ocupando na sociedade e na família. Percebe-se que a função das mulheres no mercado de trabalho está se expandindo de forma constante e na maioria dos países (POWELL, 1999).

Esse ambiente favorece a mulher, que passa a ter mais autonomia nas escolhas e melhores condições para buscar sua realização profissional e pessoal, pois ela assume novas responsabilidades (carreira/trabalho) e busca adaptar as antigas (casa/filhos) ao seu novo mundo.

Essa conquista no campo feminino, além de gerar fortes mudanças, favorece o surgimento de um fenômeno: a mulher (casada)[6] também passa a ter suas oportunidades e condições de desenvolver uma carreira, e o faz de forma conjunta ao seu marido, caracterizando-se a *dual career.*

Este tema teve sua gênese já há algumas décadas (RAPOPORT; RAPOPORT, 1976), porém nunca esteve tão presente na atualidade. A essência do mesmo se fundamenta no fato de o casal (marido e esposa) desenvolver sua carreira conjuntamente, ou seja, ambos os parceiros assumem as responsabilidades familiares simultaneamente com a atividade profissional.

Ao se falar sobre a abordagem de *dual career* torna-se imprescindível atentar para três questões: gênero, família e trabalho. Isso porque a prática de *dual career* interfere nas bases estruturais de cada um desses conceitos, uma vez que está baseada na ideia de os cônjuges terem suas próprias carreiras. Isso tem implicações na estrutura familiar por questionar a condição da mulher como "apenas" cuidadora do lar e ainda por incentivar uma postura mais autônoma dentro de várias arenas, de modo especial a relacionada ao mercado de trabalho.

Essa quebra de paradigma[7] que "naturaliza" a saída da mulher (que busca compromisso com a carreira e igualdade no trabalho) impacta consideravelmente no campo masculino, sobremaneira nas funções desenvolvidas. Ou seja, essa prática vai demandar dos homens uma maior participação nos papéis familiares (MAUME, 2008),

---

6 A palavra *casada* refere-se a qualquer tipo de relacionamento (não somente o legal) existente entre homem e mulher.

7 Sob a ótica kuhniana, o paradigma é visto cientificamente e definido como teoria ou sistema dominante, por determinado período, numa específica área científica ou não. Está relacionado à evolução das Ciências e se caracteriza pela especialização, tendo como principal ênfase o conhecimento (KUHN, 2003).

visto que a mulher também passa a ter uma participação na renda da casa (BOND et al. 2003). Por essa razão, o casal passa a interagir de forma mais intensa e concomitantemente nas esferas familiar e profissional.

Com isso, observa-se que há uma readequação dos conceitos, e que essa readequação está trazendo grandes impactos à sociedade e, de modo especial, ao indivíduo em suas várias dimensões (pessoal, familiar, social etc.). O fenômeno da *dual career* emerge justamente de todas essas implicações e reestruturações sociais.

Segundo Rapoport e Rapoport (1976), a *dual career* já existia, porém nunca havia sido estudada e nem considerada como tendo propriedades estruturais distintas das verificadas em outros tipos de famílias. O estudo original realizado por esses autores por volta dos anos 60 fez parte de um estudo mais amplo realizado para o Planejamento Político e Econômico (PEP), que buscava pesquisar e conhecer mais sobre as mulheres que assumiam lugares de "topo" no trabalho. Contudo, os autores, ao perceberem o grande número de mulheres jovens na força de trabalho, principalmente aquelas já mães, notaram a necessidade de explorar esse movimento de marido e esposa saírem juntos para trabalhar. As famílias de dupla carreira representam um novo tipo de estrutura familiar no contexto moderno, considerado como um modelo especial de família de trabalho duplo, no qual as pessoas aspiram por uma ocupação e buscam suas carreiras (RAPOPORT; RAPOPORT, 1976).

Perspectiva histórica e conceitual – as relações de gênero

O conceito de gênero, relativo à construção social do sexo, surgiu na década de setenta, no âmbito das Ciências Sociais. O emprego do termo *gênero* expressa todo um sistema de relações que inclui sexo, porém transcende a diferença biológica. Ao termo sexo cabe designar a caracterização genética e anátomo-fisiológica dos seres humanos (HEILBORN, 1991; HEILBORN, 1994; SCOTT, 1994).

É relevante esclarecer as diferenças entre "sexo" e "gênero", quando se pretende abordar as relações sociais de gênero, pois esses conceitos apresentam características distintas entre si. Para Butler (1999), gênero deve ser entendido como algo culturalmente construído, enquanto sexo, como algo adquirido naturalmente. A autora ressalta ainda que o corpo é uma construção em si, desprovido de qualquer significado que anteceda à atribuição do gênero.

Joan Scott (1995) foi uma das primeiras historiadoras a atribuir importância política fundamental à construção simbólica da diferença entre os sexos. Seu aprofundamento conceitual sobre a temática possibilitou a emergência de estudos para um campo principiante de conhecimento – a Teoria das Relações de Gênero. Pautada numa revisão teórica do movimento feminista, a autora ressalta que o conceito de gênero percebe a visão dicotômica da construção simbólica das diferenças entre os sexos do ser humano, que são fundamentadas numa disputa política mais ampla, envolvendo o terreno dos significados culturais. Uma definição utilizada pela autora fixa o gênero como um elemento constitutivo das relações sociais, fundadas sobre as diferenças percebidas entre os sexos e ainda como uma primeira forma de representação das relações de poder (SCOTT, 1995, p. 141).

Rubin (1975) também é uma das autoras que possibilitou o surgimento do conceito de gênero. Ela trata, em um de seus textos,[8] esse conceito como um "sistema de sexo/gênero" (*system of sex/gender*) e o define como "um conjunto de arranjos através dos quais a sociedade transforma a sexualidade biológica em produto da atividade humana". Formula, ainda, um instrumento de análise que propõe que o masculino e o feminino não são características inseparáveis, mas edificações subjetivas de cada uma das espécies humanas. Tais constatações contribuem e enriquecem os estudos sobre gênero e ainda se tornam referência para outros autores que buscam essa perspectiva. Contudo, Rubin (1975) recebeu algumas críticas a suas ideias. Isso porque, segundo ela, muito do que é discutido sobre sexualidade e gênero tem base nos sistemas de parentesco, visto que estes se apoiam nas questões do incesto, do heterossexualismo obrigatório e de uma divisão assimétrica dos sexos.[9]

Uma das críticas a Rubin (1975) é feita por Scott (1995), que advoga por uma abordagem mais ampla do gênero, que não envolva somente o parentesco, mas também outras questões, como o mercado de trabalho, que é sexualmente segregado, o sistema político e ainda a educação como instituição socialmente masculina. Ou seja, a análise de Rubin (1975) adquire um caráter reducionista, uma vez que é sabido que o gênero é construído tanto através do parentesco quanto em organizações políticas, na economia e em outras instâncias de igualdade em seus fundamentos (SCOTT, 1995, p. 15).

Assim, como categoria de análise, o termo *gênero* pode ser conceituado a partir da relação entre dois discursos. O primeiro molda-se por quatro elementos ligados entre si, que são: a disponibilidade das representações simbólicas disponíveis, as normas conceituais latentes na sociedade em suas variadas áreas, a identidade subjetiva e a existência do campo educacional, político e econômico, inclusive o parentesco, que se juntam na concatenação da construção do gênero. O segundo discurso completa a definição ao ressaltar o gênero como um campo básico de articulação do poder no decurso do controle dos recursos materiais e simbólicos ou no acesso diferenciado a eles. Em vista disso, a construção do gênero tem a finalidade de legitimar as relações sociais, o que, por sua vez, compõe um elemento político, caracterizando assim um terreno fértil para exame dos processos de organização dos poderes em sociedades diversas (SCOTT, 1995; RUBIN, 1975).

Partindo-se da definição de gênero como "[...] distinção padronizada, socialmente produzida entre macho e fêmea, masculino e feminino" (ACKER, 1992, p. 250),

---

8 O texto referido é "*The traffic in women*" (1975).

9 Ou seja, a autora quer dizer com isso que o sistema de parentesco é fundamentado na obrigatoriedade do casamento entre pessoas de sexos diferentes, que este não deve ocorrer entre pessoas do mesmo grupo e sempre é preciso que ocorra através da troca de mulheres (1975, p.16).

entende-se que "ele é construído socialmente, não é algo que as pessoas são, é algo que fazemos: no trabalho, na comunidade e nas famílias" (MAIER, 1999, p. 71). Scott (1995) concorda com esse conceito ao defender que as relações entre os sexos são socialmente construídas; todavia, para a autora isso ainda é irrisório, visto que não esclarece a forma pela qual essas relações são construídas e por que são erguidas de maneira desigual, favorecendo a figura masculina. Também não aclara seu funcionamento ou explica suas mudanças, permitindo concluir que só essa averiguação não é forte o bastante para integrar ou alterar os modelos históricos existentes.

Contudo, a grande maioria dos estudos se apoia nesse conceito e parte dele para as variadas discussões sobre as relações de gênero. No entanto, é importante salientar que renunciar ao determinismo biológico com a pretensão de instalar o determinismo social não é algo viável, visto que homens e mulheres podem ou não agir de acordo com os parâmetros masculinos e femininos prefixados. Dessa forma, julga-se oportuno considerar a dinâmica e a complexidade das relações de gênero que circundam todo o espaço organizacional, já que essa dinâmica viabiliza condições de mudança (MEDRADO; DANTAS, 1996).

A propósito dessa mudança, um conceito importante vem tomando novos rumos – as relações de gênero. O conceito de relações de gênero deve permitir estudos críticos sobre como os sexos se organizam para reproduzir o conjunto das relações sociais. Historicamente, vive-se numa sociedade em que as relações de gênero patriarcais são predominantes e as construções simbólicas e elaborações culturais se materializam em práticas sociais hierarquizadas, ou seja, o masculino sobrepõe-se ao feminino. Isso, por sua vez, culmina numa condição de privilégios e poder para o homem, remetendo as mulheres a uma situação de subordinação que, em contrapartida, se edifica e se reproduz em relações de trabalho, produção e reprodução baseadas na diferenciação entre os sexos (MATOS, 2009).

Os processos ou práticas de gênero refletem e reforçam concepções vigentes de masculinidade e feminilidade. Em alguns tipos de organização (militar, departamento policial), a prevalência da masculinidade ainda é bastante acentuada (MAIER, 1999); vale ressaltar, contudo, com base em alguns estudos, o aumento da presença de mulheres também nesse meio (CAPPELLE, 2006; ROSA; MOZAR, 2008). Sobre essa prevalência masculina, Kerfoot e Knights (1993, p. 661) justificam que é "[...] a ideologia que naturaliza e legitima a dominação dos homens sobre as mulheres; e do patriarcado é a estrutura das relações desiguais de poder sustentada por esta ideologia".

Sobre o significado das relações de poder dentro do espaço organizacional, verifica-se que os elementos que facilitam tal compreensão advêm das relações de gênero. Isso ocorre à medida que essas relações de poder vão legitimando determinado tipo de dominação de um grupo específico. Com base no estudo do sistema de formação de gênero, é possível verificar um movimento no qual o meio social demarca espaço e se legitima, cabendo aos indivíduos escolher a melhor forma de lidar com o poder predominante nas relações sociais (SCOTT, 1995; MEYER, 2000).

Essas questões enfatizam o peso histórico da questão do gênero e demonstram que mudanças nesse contexto causam fortes impactos nas estruturas organizacionais, familiares e sociais.

Gênero, Trabalho e Carreira: conceitos e inter-relações

> As grandes linhas da transformação do trabalho, segundo a ótica do gênero, estão se tornando razoavelmente claras. Os detalhes variam segundo os países, as tradições, a cultura e o nível de desenvolvimento, mas os eixos de mudança são bastante semelhantes. Cada mudança vem com luz e sombra. Constata-se a inserção da mulher no mercado de trabalho, o que faz parte da libertação; contudo, a repartição da carga familiar não evolui no mesmo ritmo, e a mulher encontra-se duplamente amarrada. [...] As desigualdades de gênero no trabalho tendem a se reduzir [...] (DOWBOR, 2003, p. 11).

O parágrafo acima retrata o novo panorama que se desenha na sociedade do trabalho, onde o fator gênero já não pode mais ser negado e a presença da mulher, não somente no mercado de trabalho, mas também em vários contextos sociais, também não passa despercebida. Tal aspecto influencia sobremaneira as relações de trabalho, de modo especial as relacionadas à divisão sexual do trabalho. Isso justifica o enfoque que se pretende dar, tomando-se como ponto de partida, nos estudos sobre gênero, a conquista da mulher nas vertentes familiar e profissional, pois é pelo fato de estas estarem intimamente ligadas que se desenvolve o fenômeno da *dual career* proposto neste texto.

Contudo, antes de iniciar a abordagem do contexto proposto, julga-se oportuno, como meio de introdução, replicar a afirmação de Gardey (2003, p. 37) de que "[...] As mulheres sempre trabalharam". A autora faz tal afirmação porque considera que os órgãos de análise econômica e social omitiram ou negaram durante um longo período as atividades femininas. Ressalta que a identificação e quantificação de muitas atividades pela estatística continuam sendo um problema para quem se interessa em estudar atividades campesinas e comerciais.

Com a mesma opinião segue Bruschini et al. (2007), ao considerarem inadequadas as estatísticas oficiais, principalmente as realizadas nas décadas de 1970 e 1980, pois não mostravam a verdadeira contribuição da mulher para o meio social. O trabalho doméstico executado pela dona de casa, por exemplo, não era visto como atividade econômica; dessa forma, pessoas que declaravam essa prática como principal função eram caracterizadas como economicamente inativas.[10]

---

[10] Os inativos ou a população não economicamente ativa constitui-se de estudantes, donas de casa, aposentados, inválidos e os que vivem de renda. Essa categoria se caracteriza por pessoas que estão fora da força de trabalho (IBGE).

É praticamente unânime, entre os autores (BRUSCHINI et al., 2007; ABRAMO, 2007; GARDEY, 2003; MEULDERS et al., 2008), que o espaço das mulheres na força laboral progride a cada ano. Todavia, isso se deve a mudanças no contexto socioeconômico e cultural. As transformações nos aspetos culturais e sociais, segundo Bruschini (2007), alteraram a identidade feminina, que agora se volta cada vez mais para o trabalho remunerado. E, paralelamente a isso, a difusão da escolaridade e a entrada das mulheres na universidade possibilitaram o acesso a novas oportunidades de trabalho. Dessa forma, para a autora, tais aspectos sustentam o crescimento da atividade feminina e a reconfiguração desse perfil na força de trabalho.

Concernente ao perfil, verificam-se no mercado nacional mulheres trabalhadoras tornando-se mais velhas, casadas e com filhos, o que reflete um comportamento voltado tanto para a família quanto para o trabalho. Por outro lado, estas ainda continuam sendo as principais responsáveis pelas tarefas do lar e pelo cuidado com as crianças ou pessoas da família, reforçando o modelo tradicional familiar. Tal fato culmina com a sobrecarga desse novo perfil de mulher, que trabalha fora e se responsabiliza pelas funções domésticas, especificamente mães com filhos pequenos (BRUSCHINI et al., 2007).

Para Bruschini (2007), as últimas décadas foram caracterizadas por importantes transformações demográficas, culturais e sociais que impactaram sobremaneira no aumento do trabalho feminino. No tocante à questão demográfica, a autora, apoiada em dados do IBGE, cita o declive da taxa de fecundidade; a redução no tamanho das famílias; uma população mais envelhecida e, ainda, uma expectativa de vida maior das mulheres, que aumenta a população idosa deste grupo; por fim, tidos como mais significativos, por apresentarem um marcante crescimento, os arranjos familiares[11] chefiados por mulheres. Assim, o que se percebe é uma "desnaturalização" das antigas identidades de homens e mulheres e, principalmente, do modelo de família nuclear tradicional, no qual o pai assume as responsabilidades pelo provimento familiar, cabendo à mãe a responsabilidade única e exclusiva de cuidar dos filhos e do lar. O novo cenário reforça a ideia de uma sociedade mais igualitária para ambos os sexos, visto que a mulher, além de se consolidar nos espaços produtivos, assume para si responsabilidades antes atribuídas apenas ao homem. Tal fato se confirma diante do aumento porcentual, 25,9% em 1998 para 34,9% em 2008, do número de mulheres que se declaram como pessoa de referência do domicílio.[12] É interessante salientar, ainda com base nesses dados, que o aumento no número de mulheres chefes de família também pode ser observado nas casas onde há a presença do marido, visto que o porcentual destes casos passou de 2,4% em 1998 para 9,1% em 2008.[13]

---

11 A autora utiliza-se da terminologia adotada pelo IBGE, a qual refere que "família ou arranjo familiar é o conjunto de pessoas ligadas por laços de parentesco, dependência doméstica ou normas de convivência, residente na mesma unidade domiciliar, ou pessoa que mora só em uma unidade domiciliar" (IBGE, 2009).

12 Dados extraídos da Síntese de *Indicadores Sociais* de 2008, realizada pelo IBGE.

13 Não há dados mais recentes sobre essas informações.

O Gráfico 11.1, a seguir, apresenta os porcentuais, já mencionados, relacionados aos anos e ao perfil das famílias pesquisadas.

Gráfico 11.1 – Famílias com pessoa de referência do sexo feminino

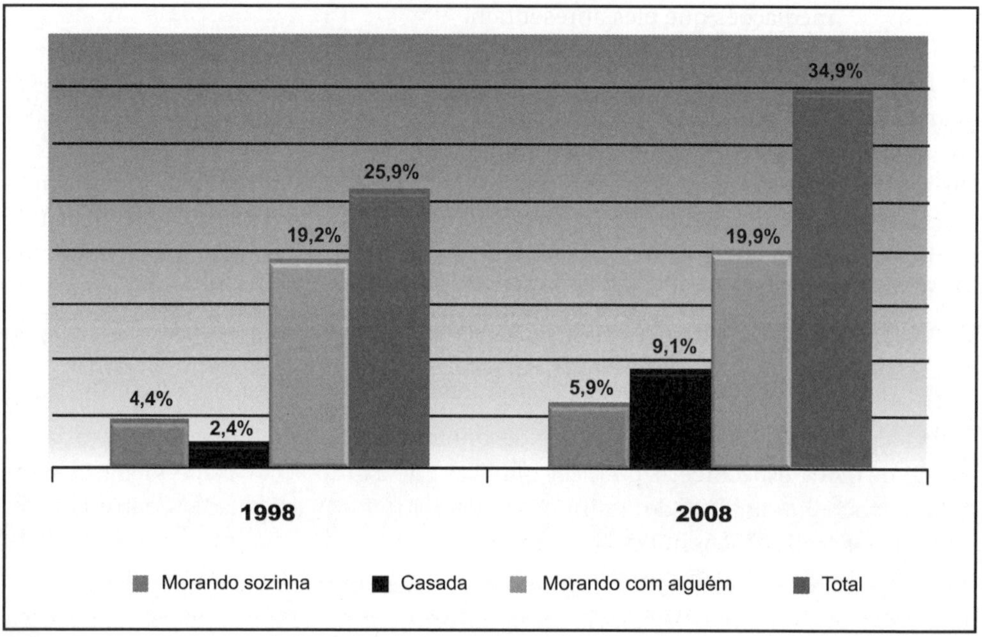

Fonte: IBGE (2008).

Dados do IBGE demonstram ainda que o número de horas dedicadas aos afazeres domésticos pelas mulheres está diminuindo. De acordo com a pesquisa, o tempo médio de horas despendidas pelas mulheres em tarefas como limpeza da casa, cuidados com as crianças e com idosos passou de 28,9 horas em 2001 para 23,9 horas em 2008. Observa-se também um aumento no porcentual de homens que declaram fazer algum tipo de tarefa doméstica. No ano de 2001, quando a pesquisa começou a ser feita no país, 42,5% dos homens assumiam realizar tal atividade, enquanto os últimos dados levantados em 2008 trazem um porcentual de 45,3%.

Contudo, é importante ressaltar que quase 90% das mulheres que trabalham fora manifestaram cuidar das atividades domésticas, enquanto 46,1% dos homens declararam-se na mesma situação. Enquanto os homens gastam 9,2 horas semanais em média com essa tarefa, elas empenham 20,9 horas semanais. É possível considerar que a carga horária feminina semanal de afazeres domésticos corresponde a ter um segundo emprego de meio período, porém sem remuneração. Esses dados, somados aos do parágrafo anterior, confirmam que uma mudança nos moldes familiares e uma redefinição do lugar da mulher na sociedade e na família estão ocorrendo, contudo essas alterações ainda sofrem restrições.

Para Araújo et al. (2008, p. 229):

> São alterações marcadas por conflitos, tensões e formas de conciliação entre as diversas atividades dos homens e mulheres, dentro e fora da vida doméstica, definidas pelas especificidades de cada contexto e pelas mediações que eles apresentam.

Esses autores evidenciam três eixos centrais, não excludentes, que circundam essas mudanças. O primeiro eixo ressalta a importância de interpretar as modificações dos modelos de relações familiares e conjugais de gênero como uma tendência linear. Ou seja, o perfil das famílias, conforme já dito, apresenta importantes transformações, como o enfraquecimento do patriarcado, sobretudo no tocante à hierarquia de direitos e ao padrão da organização familiar, tendo em vista que o mundo se volta cada vez mais para a dinâmica da vida no meio público.

O segundo eixo discute a necessidade de identificar e compreender aspectos do meio político, socioeconômico e cultural, pois estes agem mutuamente na construção do papel de gênero, nas tensões e nas formas de conciliação. Por fim, o terceiro eixo chama a atenção para as condições socioeconômicas e o modelo político dos variados países, de modo específico as políticas públicas que dão apoio à vida familiar e ao mercado de trabalho, analisando assim as características das articulações entre Estado, mercado e família (ARAÚJO et al., 2008).

Dados mais recentes do IBGE (2009, p. 16) demonstram que a população feminina está representando a maioria da população em idade ativa, correspondendo a 53,6%, e que o mesmo comportamento se deu ao longo dos últimos sete anos investigados. Isso ocorreu tanto no total das seis regiões metropolitanas, quanto em cada uma delas. As regiões metropolitanas que apresentaram as maiores proporções de mulheres foram Recife (55,1%), Salvador (54,6%) e Rio de Janeiro (54,0%). São Paulo apresentou o menor índice (53,0%).

Essa crescente participação feminina no mundo do trabalho, ocorrida por necessidade ou por opção, contribuiu também de forma decisiva para o aumento da participação da mulher em espaços públicos diversificados, possibilitando sua ascensão em muitos segmentos da sociedade. A inserção da mulher no espaço produtivo e social trouxe ganhos, porém evidenciou e acentuou velhos problemas não resolvidos, como a exploração cada vez maior da população trabalhadora feminina.

Assim, vale destacar que alguns aspectos da inserção das mulheres no mercado de trabalho, comparativamente à dos homens, sofreram impactos positivos, mas também negativos. Os destaques positivos são fatores como: o crescimento da taxa de ocupação feminina em relação à masculina, as mulheres absorvem a maior parte dos empregos gerados e há uma redução moderada na taxa de informalidade.[14] Exemplo

[14] No Brasil, "trabalho formal" ou "trabalho informal" derivam da ordem jurídica. O trabalho informal caracteriza-se como aquele que não prevê carteira de trabalho assinada (NORONHA, 2003). Dessa forma, a palavra *informalidade*, mencionada neste texto, deve ser entendida conforme a definição acima.

disso é a queda, entre os anos de 1998 e 2008, de 48,3% para 42,1%, do número de mulheres que trabalhavam em ocupações precárias. Sobre os aspectos negativos, destacam-se: a tendência de aumento significativo do índice de desemprego entre as mulheres, de forma especial entre as mais pobres; mesmo com dados favoráveis, apresentados nos aspectos positivos, o número de mulheres empregadas no setor informal em relação ao total da força de trabalho feminina ainda é superior ao de homens, considerando-se a mesma situação; por fim, o número de mulheres que não contam com nenhum tipo de proteção social é superior ao de homens em situação semelhante (ABRAMO, 2007).

Corroborando Bruschini (2007), Abramo (2007) também salienta que à medida que as mulheres apresentam níveis de escolaridade mais altos, aumentam substancialmente seus índices de participação e de renda média e criam-se mais possibilidades de ingresso em um emprego formal. Contudo, a autora ressalta existir uma grande desigualdade entre homens e mulheres quando analisado o nível de escolaridade de ambos, considerando-se as possibilidades e condições de inserção no mercado de trabalho.

Vários fatores mantêm e reproduzem essas desigualdades, que advêm da divisão sexual do trabalho. Hirata e Kergoat (2003, p. 111) salientam que a divisão do trabalho entre homens e mulheres leva a variadas lógicas cujo "inventário" ainda está por ser realizado. Para essas autoras, dois caminhos se abrem: de um lado, segue a ideia de trabalho repartido, no qual os *status* sociais entre os sexos são concebidos de forma igual, pressupondo uma relação complementar e conciliatória dos papéis; de outro, a concepção de "relações sociais antagônicas" entre os sexos. Todavia, a visão que prevalece afirma que a

> [...] divisão do trabalho entre homens e mulheres é em primeiro lugar a imputação aos homens do trabalho produtivo – e a dispensa do trabalho doméstico – e a atribuição do trabalho doméstico às mulheres, ao passo que são cada vez mais numerosas na nossa sociedade salarial as mulheres a querer entrar e se manter no mercado de trabalho (HIRATA; KERGOAT, 2003, p. 113).

Abramo (2007) entende a divisão sexual do trabalho como uma ordem de gênero em que a mulher é destinada à função de cuidar da vida doméstica e privada, cujo valor social seria inferior ao do espaço público. Isso reforça nas mulheres uma limitação de tempo e recursos para investir em sua formação, tanto quanto promove uma subvaloração do trabalho feminino e de seu papel na sociedade. Pautada nesses aspectos, a autora aborda a ideia na qual a mulher é uma força de trabalho secundário.

Numa breve consideração, tal proposição se molda em dois momentos. Primeiro, quando se estrutura ao redor da concepção de família nuclear (homem provedor e mulher cuidadora da casa). Nesse caso, a inserção da mulher no mundo do trabalho, quando existe, é secundária, visto que esta assume o papel de provedora somente quando o homem fica impossibilitado de cumprir sua função em razão de alguma situação (crise, desemprego, doença etc.) ou quando a figura masculina é ausente (morte, separação). O segundo momento se pauta na consequência da atribuição desse papel ao homem. A inserção ocupacional da mulher ocorre de forma eventual ou instável, ou seja, a trajetória profissional desta só ocorre na falha do homem como provedor, e não por um direito ou projeto pessoal dela, pois a mulher volta à inatividade, abandonando a atividade econômica, assim que o homem retorna ao mercado de trabalho. A pouca relevância da remuneração gerada para a renda familiar, a ideia de que o mundo do trabalho não forma identidade para as mulheres e os altos custos indiretos – relacionados à maternidade, aos altos índices de rotatividade, às constantes faltas ao trabalho – justificam a exclusão da mulher de certas funções na indústria e confirmam a definição do trabalho doméstico como secundário (ABRAMO, 2007).

Sobre essa ideia de secundário, Silvera (2003) vai um pouco além ao apontar que o salário feminino ainda é visto como um salário complementar. Para essa autora, persistem preconceitos em relação ao trabalho feminino, o que justificaria a discriminação salarial, fruto da posição que a mulher ocupou antes de entrar no mercado de trabalho e da forma como era vista fora dele. Tais preconceitos se sustentam nas relações sociais de sexo condicionadas à conhecida divisão dos papéis dentro do núcleo familiar. A autora defende que parte das desigualdades está intimamente atrelada a preconceitos sociais que rotulam a mulher como isenta de obrigação financeira, com menor disponibilidade para o trabalho e, consequentemente, com menor engajamento.

Tal explanação se faz oportuna por evidenciar a visão errônea que muitos ainda têm da inserção das mulheres no mercado de trabalho e dos constantes desafios enfrentados por elas em busca da igualdade, visto que grande parcela delas ainda é marcada pela precariedade no mundo do trabalho (BRUSCHINI; LOMBARDI, 2000), expressa pelos contratos de curta duração, empregos de tempo parcial e/ou trabalho em domicílio.

Pode-se dizer que a caracterização e o entendimento sobre *dual career* inexistiriam sem antes apresentar, mesmo que de forma resumida, a evolução histórica e algumas contextualizações acerca das pesquisas sobre gênero. O despontar deste assunto é o principal motivador para o surgimento da *dual career* e todas suas nuances.

Isso posto, e diante do objetivo deste estudo, voltar-se-á um olhar diretivo de algumas pesquisas que evidenciam a posição feminina em casais de dupla carreira.

Duas carreiras e uma família: buscando a igualdade de gênero

O objetivo em trazer a tona à discussão sobre o que alguns autores tratam como fenômeno *dual career* incita em um primeiro momento repensar a forma como a estrutura familiar se configura na contemporaneidade e como isso interfere nas relações de gênero tendo em vista o protagonismo que a mulher passa a assumir dentro deste contexto. É notório que a *dual career* evidencia a necessidade de uma equiparação entre os gêneros, o que colabora diretamente na maximização do papel feminino frente ao que o conceito propõe.

Os estudos que enfatizam a percepção das mulheres dentro da relação *dual career* apresentam em sua grande maioria aspectos relacionados aos dilemas e conflitos vivenciados por estas ao transitarem nas esferas – carreira e família (QUEK et al., 2011; MAKELA et al., 2011; SEKARAN, 1983). Seja em um contexto internacional ou nacional, o que se percebe é uma similaridade de percepções que convergem, mesmo considerando culturas e costumes diferentes. Entre elas, destaque para o aumento no grau de igualdade entre homem e mulher no mercado de trabalho e também no trabalho doméstico; a atividade econômica da mulher é alta mesmo com filhos pequenos; os conflitos ainda são maiores para mulheres com filhos (até 6 anos de idade); os casais tendem a voltar aos padrões tradicionais quando têm filhos; as mulheres percebem muito mais conflitos do que os homens, entre outros.

Importante ressaltar que os estudos sobre *dual career* apresentam alguns enfoques. O primeiro reforça a necessidade de reconhecer que existe uma variação, entre os sexos, no comportamento dos papéis e nas estratégias de enfrentamento, ou seja, na forma como os casais agem diante dessa variação. Isso leva a uma classificação da *dual career* em tipologias ou subgrupos identificáveis que ocorrem segundo o nível de envolvimento no trabalho e/ou na família, as prioridades centrais da vida e a ordem do papel assumido por cada parceiro. Um outro enfoque está relacionado à escolha da *dual career* como estilo de vida. Isso faz com que o casal rompa com o padrão tradicional de vida familiar e transite para um meio repleto de novos paradigmas em que vantagens (benefícios) e desvantagens (conflitos/dilemas) também são percebidas (GILBERT, 1985).

Um estudo específico sobre a *dual career* desenvolvido no Brasil (SANTOS, 2011) revelou alguns resultados acerca dos enfoques mencionados anteriormente. O objetivo do estudo foi explorar o fenômeno *dual career* no contexto nacional, identificando os fatores a ele associados. A pesquisa em questão foi realizada com casais (361 casos válidos), mas resultados específicos para cada gênero também foram levantados. Dessa forma, verificou-se que as mulheres deste estudo (148 casos) podem ser agrupadas naquilo que condicionou chamar de perfil (acrobata, carreirista e familista). Os resultados revelaram que as mulheres *dual career* se dividem da seguinte forma entre os perfis: perfil acrobata (35,7%), perfil carreirista (4,3%) e perfil familista (87,2%), já os homens apresentam o seguinte porcentual: 95,7% carreirista, 64,3% acrobata e 12,81% familista. Convencionou-se chamar de carreirista (carreira) àquele casal que dá primazia ao desenvolvimento exclusivo da carreira ou trabalho (RAPOPORT; RAPOPORT, 1976); de acrobata, ao casal para o qual a carreira e a família possuem a mesma importância e são priorizadas igualmente (HALL; HALL, 1979); de familista (família), ao casal que assume a família como superior a outros domínios existentes na relação (RAPOPORT; RAPOPORT, 1976). Constata-se a partir dos porcentuais acima revelados que as mulheres participantes desta pesquisa estão mais direcionadas ao perfil familista. Isso demonstra que as questões familiares são fortemente priorizadas.

O estudo ainda revelou que as mulheres ganham salários menores que os dos homens; elas se veem como principal responsável pelos cuidados com a família e a casa; em relação às horas gastas com o trabalho e a atividade doméstica, houve uma semelhança entre os gêneros, ou seja, quando se toma como base a percepção do casal verifica-se que ambos estão buscando dividir o tempo despendido com as atividades, seja no trabalho ou familiar. Contudo, os homens estão mais propensos aos cuidados com os filhos, não se manifestando muito em relação às atividades que envolvam trabalhos mais específicos direcionados aos cuidados e manutenção da casa.

Um dos grandes desafios dos estudos sobre *dual career* está em consolidar a equiparação entre os gêneros quando se falar em desejos profissionais aliados aos desejos e demandas familiares, além de todas as implicações pertinentes. O paradigma já vem sendo quebrado, porém é essencial avaliar o quanto a sociedade se aproxima e efetivamente põe em prática essa equiparação. É indubitável, que ao colocar questões tão gerais, pontuações específicas devam ser consideradas, visto que há tem diversos aspectos a considerar, pois não se está falando de um perfil único de mulher, mas de diversas configurações que devem considerar de qual mulher se está falando.

O intuito deste texto é evidenciar que os papéis de gênero tradicionais estão sendo reavaliados à luz do que é funcional e ideal para pessoas que vivem a dupla carreira. Há um emergência em perceber o mundo atual de homens e mulheres que tentam negociar novas realidades em casa e no trabalho buscando uma estrutura social maior. Os homens não devem ser extirpados desse contexto, pois complementam a díade de análise, e serão em outros estudos também investigados.

Referências bibliográficas

ABRAMO, Laís. Inserção das mulheres no mercado de trabalho na América Latina: uma força de trabalho secundária? In: HIRATA, Helena; SEGNINI, Liliana (Org.). *Organização, trabalho e gênero*. São Paulo: Senac, 2007.

ACKER, J. Gendering organizational theory. In: MILLS, A. J.; TANCRED (Ed.). *Gendering organization analysis*, Newburry Park, CA: Sage, 1992.

ARAÚJO, C. et al. Percepções e práticas de gênero em perspectiva comparada. In: COSTA, A. O. et al. (Org.). *Mercado de trabalho e gênero*. Rio de Janeiro: FGV, 2008.

BARNETT, R. C.; HYDE, J. S. Women, men, work, and family. An expansionist theory. *American Psychologist*, v. 56, p. 781-796, 2001.

BOND, J. T. et al. *Highlights of the 2002 National Study of the Changing Workforce*. New York: Families and Work Institute, 2003. p. 207.

BRUSCHINI, Maria Cristina Aranha. *Mulher, casa e família*. Cotidiano nas camadas médias paulistanas. São Paulo: Fundação Carlos Chagas, 1990.

________. Trabalho e gênero no Brasil nos últimos dez anos. Fundação Carlos Chagas, Grupo de Pesquisas Socialização de Gênero e Raça. *Caderno de Pesquisa*, v. 37, n. 132, p. 537-572, set./dez. 2007.

BRUSCHINI, C.; LOMBARDI, M. R. A bipolaridade do trabalho feminino no Brasil contemporâneo. *Cadernos de Pesquisa*, n. 110, p. 67-104, jul. 2000.

BUTLER, Judith. Corpos que pesam: sobre os limites discursivos do "sexo". In: LOURO, Guacira Lopes. *O corpo educado*: pedagogias da sexualidade. Belo Horizonte: Autêntica, p. 153-172, 1999. p. 208.

CAPPELLE, M. C. A. *O Trabalho feminino no policiamento operacional*. Belo Horizonte MG: Tese (Doutorado) – Universidade Federal de Minas Gerais, 2006.

COOK, E. P. *Psychological androgyny*. New York: Pergamon, 1985.

COSTA, A. O et al. *Mercado de trabalho e gênero*: comparações internacionais. Rio de Janeiro: Editora FGV, 2008. p. 420.

DOWBOR, Ladislau. Articulando emprego, demanda e crescimento econômico no Brasil. *Revista Administração em Diálogo*. ISSN 2178-0080, v. 5, n. 1, 2003.

GARDEY, D. Perspectivas históricas. In: MARUANI, M.; HIRATA, H. (Org.). RAPKIEVICZ, C. (tradutora) *As novas fronteiras da desigualdade*: homens e mulheres no mercado de trabalho, São Paulo: Senac, 2003.

GILBERT, L. A.; RACHLIN, V. Mental health and psychological functioning of dual-career families. *The Counseling Psychologist*, v. 15(1), p. 7-49, 1987.

HALL. F.; HALL, D. *The two-career couple*. Reading. PA: Addison-Wesley, 1979.

HEILBORN, M. L. De que gênero estamos falando? *Revista Sexualidade, Gênero e Sociedade*, ano 1, n. 2, CEPESC/IMS/UERJ, 1994.

________. Gênero e condição feminina: uma abordagem antropológica. *Revista Mulher e Políticas Públicas*, Rio de Janeiro: IBAM/UNICEF, p. 23-28, 1991.

HIRATA, H.; SEGNINI, L. *Organização, trabalho e gênero*. São Paulo: Senac, 2007.

________; KERGOAT, D. A divisão sexual do trabalho revisitada. In: MARUANI, M.; HIRATA, H. (Org.), RAPKIEVICZ, C. (tradutora). *As novas fronteiras da desigualdade*: homens e mulheres no mercado de trabalho. São Paulo: Senac, 2003.

HUNTER COLLEGE WOMEN´S STUDIES COLLECTIVE. *Women´s realities women´s choices*. New York: Oxford University Press, 1983.

INSTITUTO BRASILEIRO DE GEOGRAFIA E ESTATÍSTICA – IBGE. *Pesquisa Nacional por amostra de domicílios*. Informação obtida pelo site http://www.ibge.gov.br/

home/estatistica/populacao/trabalhoerendimento/pnad2009/defaul.shtm>. Acesso em: 20 jul. 2010.

KERFOOT, D.; KNIGHTS, D. Management, masculinity and manipulation: from paternalism to corporate strategy in financial services in Britain. *Journal of Management Studies*, v. 30 (4), p. 659-677, 1993.

KORABIK, K. *Sex and gender in the millenium*. In: POWELL, G. N. *Handbook of gender and work*, Sage Publications, London: 1999. p. 214.

KUHN, T. S. *A estrutura das revoluções científicas*. 7. ed. Tradução de Beatriz Vianna Boeira e Nelson Boeira. São Paulo: Perspectiva, 2003. Coleção Debates.

LIEDKE, E. R. Trabalho. In: CATTANI, A. D. (Org). *Trabalho e tecnologia*: dicionário crítico. Petrópolis: Vozes, 1997.

LOURO, G. L. *Gênero, sexualidade e educação*: uma perspectiva pós-estruturalista. Petrópolis: Vozes, 1997.

MAIER, M. On the gendered substructure of organization: *dimensions and dilemmas of corporate masculinity*. In: POWELL, G. N., *Handbook of gender and work*, London: Sage Publications, 1999.

MAKELA, Liisa; KANSALA, Marja; SUUTARI, Vesa. The roles of expatriates' spouses among dual career couples. *Cross Cultural Management*: An International Journal, v. 18, n. 2, p. 185-197, 2011.

MARUANI, M.; HIRATA, H. *As novas fronteiras da desigualdade*: homens e mulheres no mercado de trabalho. São Paulo: Senac, 2003.

MAUME, D. J. Gender differences in providing urgent childcare among dual-earner parents. *University of Cincinnati Social Forces*, v. 87, 1, sept. 2008.

MATOS, V. C. S. Um estudo histórico das relações de gênero e classe. *Revista Multidisciplinar da UNIESP*, Saber Acadêmico, n. 7, jun. 2009.

MEDRADO Dantas, Benedito. *O masculino na mídia*: repertórios sobre masculinidade na propaganda de televisão brasileira. Dissertação (Mestrado em Psicologia Social) - PUC/SP, São Paulo, 1996. p. 216.

MEYER, Dagmar. Gênero e educação: teoria e política. In: LOURO et al. (Org.). *Corpo, gênero e sexualidade*. Vozes, 2000.

MEULDERS, D. et al. Trabalho e Maternidade na Europa. Condições de trabalho e políticas públicas. In: COSTA, A. O. et al. (Org.). *Mercado de trabalho e gênero*: comparações iInternacionais. Rio de Janeiro: FGV, 2008.

NORONHA, E. G. "Informal", ilegal, injusto: percepções do mercado de trabalho no Brasil. *Revista Brasileira de Ciências Sociais*. São Paulo, v. 18, n. 53, out. 2003.

POWELL, G. N. *Women and men in management*. 2. ed. Newbury Park, CA: Sage, 1993.

________. Introduction: examining the intersection of gender and work. In: POWELL, Gary N. *Handbook of gender and work*, USA, 1999.

QUEK, Karen Mui-Teng; KNUDSON-MARTIN, Carmen; ORPEN, Sean; VICTOR, Jason. Gender equality during the transition to parenthood: a longitudinal study of dual-career couples in Singapore. *Journal of Social and Personal Relationships* 28(7), p. 943-962, 2011.

RAPOPORT, Rhona; RAPOPORT, Robert N. Dual-career families ee-examined: *new integrations of work and family*. New York: Harper & Row, 1976.

ROSA, A. R.; MOZAR, J. B. Mulheres fardadas: reflexões sobre dominação masculina e violência simbólica na organização militar. In: *XXXII Anais do ENANPAD*, Rio de Janeiro: 2008.

RUBIN, G. The traffic in women. In: REITER, R. (Org.). *Towards an antropology of women*, New York: Monthly Review Press, 1975. p. 160-207.

SANTOS, Heliani Berlato dos Santos. *O processo de dual career family*: um estudo sobre os impactos e implicações na vida do casal. Teses FEA/USP. Banco de teses FEA/USP, 2011.

SCOTT, J. W. Preface a gender and politics of history. *Cadernos Pagu*, n. 3, 1994.

________. *Gênero*: uma categoria útil para a análise histórica. Traduzido pela SOS, Corpo e Cidadania. Recife, 1995.

SEKARAN, Uma. How husbands and wives in dual-career families perceive their family and work worlds. *Journal of Vocational Behavior* 22, 288-302 (1983).

SILVERA, R. Os salários: mantidas as condições desiguais? In: MARUANI, Margaret; HIRATA, Helena (Org.). As novas fronteiras da desigualdade: homens e mulheres no mercado de trabalho. São Paulo: Senac, 2003.

STREY, M. N. Gênero. In: STREY, M. N. (Org.). *Psicologia social contemporânea*, Petrópolis: Vozes, 1998.

Formato	17 x 24 cm
Tipografia	Iowan OldSt BT 10/13,5
Papel	Offset Sun Paper 90 g/m² (miolo)
	Supremo 250 g/m² (capa)
Número de páginas	232
Impressão	Yangraf

aqui Cole aqui

Sim. Quero fazer parte do banco de dados seletivo da Editora Atlas para receber informações sobre lançamentos na(s) área(s) de meu interesse.

Nome: ______________________________

______________ CPF: ______________ Sexo: ○ Masc. ○ Fem.

Data de Nascimento: ______________ Est. Civil: ○ Solteiro ○ Casado

End. Residencial: ______________________________

Cidade: ______________ CEP: ______________

Tel. Res.: ______________ Fax: ______________ E-mail: ______________

End. Comercial: ______________________________

Cidade: ______________ CEP: ______________

Tel. Com.: ______________ Fax: ______________ E-mail: ______________

De que forma tomou conhecimento deste livro?

☐ Jornal ☐ Revista ☐ Internet ☐ Rádio ☐ TV ☐ Mala Direta

☐ Indicação de Professores ☐ Outros: ______________

Remeter correspondência para o endereço: ○ Residencial ○ Comercial

e aqui

Indique sua(s) área(s) de interesse:

○ Administração Geral / Management
○ Produção / Logística / Materiais
○ Recursos Humanos
○ Estratégia Empresarial
○ Marketing / Vendas / Propaganda
○ Qualidade
○ Teoria das Organizações
○ Turismo
○ Contabilidade
○ Finanças
○ Economia
○ Comércio Exterior
○ Matemática / Estatística / P. O.
○ Informática / T. I.
○ Educação
○ Línguas / Literatura
○ Sociologia / Psicologia / Antropologia
○ Comunicação Empresarial
○ Direito
○ Segurança do Trabalho

Comentários

____

____

____

Corte aqui

ISR-40-2373/83

U.P.A.C Bom Retiro

DR / São Paulo

CARTA - RESPOSTA

Não é necessário selar

O selo será pago por:

atlas

01216-999 - São Paulo - SP

ENDEREÇO:

REMETENTE: